Uni-Taschenbücher 1071

Literaturstudium

Herausgegeben von Herbert Mainusch

Willi Erzgräber

Utopie und Anti-Utopie in der englischen Literatur

MORUS · MORRIS · WELLS HUXLEY · ORWELL

Wilhelm Fink Verlag München

Für Brigitte, Ursula, Bettina

2. unveränderte Auflage 1985

ISBN 3–7705–1975–2
© 1980 Wilhelm Fink Verlag, München
Gesamtherstellung: Ferdinand Schöningh, Paderborn
Einbandgestaltung: Alfred Krugmann, Stuttgart

VORWORT DES HERAUSGEBERS

Die Reihe „Literaturstudium" wendet sich an Lehrer der Sekundarstufe II sowie an Philologiestudenten in der zweiten Phase des Erst-
studiums.

Damit ist für die Auswahl der Gegenstände, die im Rahmen einer
solchen Reihe dargestellt werden müssen, eine Entscheidung getroffen:
Im Vordergrund stehen zunächst Themen, die in der Literaturwissenschaft traditionellerweise als zentral angesehen werden, heute aber einen
neuen Zugang erfordern. Das hat verschiedene Gründe. Die Literaturwissenschaft hat in den letzten Jahren Fragestellungen anderer wissenschaftlicher Disziplinen aufgenommen, ein Prozeß, der gewiß nicht immer
unproblematisch ist. Erscheinungen in der modernen Literatur und
Kunst haben ferner die Perspektive verändert, unter der wir heute die
ältere Literatur sehen, und schließlich hat ein stärkeres Bewußtsein der
Geschichtlichkeit der literarischen Werke einen wichtigen Einfluß auf
die literaturwissenschaftliche Arbeit gehabt. Wir sehen die Werke im
Zusammenhang mit ihrer Zeit und d. h. vor allem auch in Zusammenhang mit der jeweiligen zeitgenössischen Kunstproduktion. Die Geschichtlichkeit der Werke verlangt darüber hinaus ihre Darstellung in der
Perspektive eines größeren Form- und Gattungsgefüges.

Jede literaturwissenschaftliche Darstellung wird die Möglichkeiten und
Grenzen ihrer theoretischen Prämissen zu reflektieren haben, somit
einen Beitrag zur literaturwissenschaftlichen Begriffsbildung leisten.
Daneben ist die gesonderte Behandlung literaturtheoretischer Fragestellungen notwendig. Sie kann unter verschiedenen Gesichtspunkten
erfolgen, muß sich aber stets sowohl der Geschichtlichkeit ihrer Begriffe
wie auch der Geschichtlichkeit des eigenen Argumentationskontextes
bewußt bleiben.

Ein weiterer Schwerpunkt dieser Reihe sind Themen aus dem 20. Jahrhundert, und zwar auch unter dem Gesichtspunkt der Erweiterung des
Gegenstandsbereichs der Literaturwissenschaft. Neue Formen und
Gattungen haben sich gebildet oder sind stärker in das Bewußtsein
getreten, die vom Literaturwissenschaftler, aber vielleicht nicht nur von
ihm, analysiert werden müssen.

Darüber hinaus macht es nicht zuletzt die unterrichtliche Praxis in der Schule notwendig, die Behandlung von Texten, die nicht zur Literatur im engeren Sinne gehören, in die Darstellung einzubeziehen.

Da es für die Auswahl von Gegenständen in der Literaturwissenschaft keine verbindlichen Kategorien gibt, kein System, auf das man zurückgreifen könnte, kommt der Darstellung des Werkes einzelner Autoren, als einem Orientierungspunkt im Fluß der Themenvielfalt, besondere Bedeutung zu. Auch hier sollen Autoren des 20. Jahrhunderts besonders berücksichtigt werden.

Die Bände der Reihe „Literaturstudium" sind Arbeitsbücher, bei deren Abfassung die Autoren davon ausgegangen sind, daß die meisten ihrer Leser keine weiteren Hilfsmittel bei der Erarbeitung eines neuen Sachgebiets haben, d. h. weder in einem unmittelbaren Kontakt mit einer Hochschule stehen, noch eine fachwissenschaftliche Bibliothek zur Verfügung haben.

Die Bücher dieser Reihe behandeln Themen aus der Anglistik, Germanistik und Romanistik. Die ersten Bände sind aus einem Fernstudienlehrgang für Englischlehrer der Sekundarstufe II hervorgegangen. Sie bestimmen das didaktische Konzept.

H. M.

INHALT

VORWORT DES VERFASSERS

Das vorliegende Studienbuch entstand in Seminaren, die der Verfasser in den 70er Jahren an der Universität Freiburg i. Br. abgehalten hat, sowie in einem Seminar, das vom Oberschulamt Freiburg i. Br. für Gymnasiallehrer im Rahmen eines Lehrerfortbildungsprogrammes veranstaltet wurde. Allen Teilnehmern dieser Seminare möchte ich an dieser Stelle sehr herzlich für die Anregungen danken, die ich bei der Erörterung wissenschaftlicher und didaktischer Probleme sowie durch zahlreiche größere und kleinere Forschungsbeiträge erfahren habe. Zu danken habe ich weiterhin den Mitgliedern des Wissenschaftlichen Beirates Anglistik des Deutschen Institutes für Fernstudien an der Universität Tübingen, die mich durch ihre Kritik vielfach förderten.

Kollegen, Gymnasiallehrer und Studenten haben mich durch ihre Fragen gezwungen, über Probleme nachzudenken, die bei der lehrenden Vermittlung dieser Gegenstände gegenwärtig von Bedeutung sind. Es ist zu hoffen, daß sich auch künftig Vertreter der Universität – Lehrende und Lernende – und Gymnasiallehrer in der gemeinsamen Beschäftigung mit Gegenständen begegnen werden, deren wissenschaftliche Durchdringung vom Stand der Forschung geboten ist und deren Vermittlung sich sowohl an der Universität als auch an der Höheren Schule, insbesondere in der Kollegstufe, lohnt.

Das vorliegende Studienbuch stellt einen ersten Schritt in der angedeuteten Richtung dar. Alle Kritik soll weiteren Unternehmungen in der Zusammenarbeit von Universität und Schule zugute kommen. Wenn sich diese Institutionen ständig dem Gesetz von ,,challenge'' und ,,response'' unterstellen, bleibt in der Lehre in beiden Bereichen wie in der wissenschaftlichen Forschung jene Lebendigkeit erhalten, die das Signum aller Arbeit an der Universität wie an der Schule sein sollte. –

Zum Kreis derjenigen, die mir bei der Arbeit an diesem Studienbuch geholfen haben, zählen insbesondere meine Mitarbeiterinnen Frau Claudia Stehle, Frau Sabine Volk und Frau Dorothea Krieg; sie standen mir bei der Durchsicht der Korrekturen und der Beschaffung bibliographischer Angaben und Unterlagen unermüdlich zur Seite. Schließlich danke ich meiner Sekretärin Frau Ursula Becker, die für die Erstellung eines druckfertigen Manuskriptes Sorge trug.

Freiburg i. Br., 20. Juli 1980   Willi Erzgräber

I TEXTE

Dem Band liegen folgende Texte zugrunde:

1. Thomas More. *Utopia.* Translated with an Introduction by Paul Turner. Harmondsworth, Middlesex: Penguin Books, 1971.
2. William Morris. *News from Nowhere.* London and Boston: Routledge and Kegan Paul, 1974.
3. H. G. Wells. *A Modern Utopia.* Introduction by Mark R. Hillegas. Lincoln: University of Nebraska Press, 1967.
4. Aldous Huxley. *Brave New World.* Harmondsworth, Middlesex: Penguin Books, 1967.
5. George Orwell. *Nineteen Eighty-Four.* Harmondsworth, Middlesex: Penguin Books, 1971.

(Im folgenden wird Orwells Roman *Nineteen Eighty-Four* entsprechend einer weit verbreiteten Konvention mit der Jahreszahl als *1984* zitiert; diese Unkorrektheit konnte in der zweiten Auflage aus Kostengründen leider nicht berichtigt werden.)

II ZIELSETZUNGEN

1. Die genannten Werke von Morus, Morris, Wells, Huxley und Orwell werden einzeln analysiert. Dabei sollen die spezifische Form eines jeden Werkes und die Darstellungstechnik beschrieben, die thematischen Schwerpunkte der Werke ermittelt und die Wechselbeziehungen zwischen der Struktur und der Thematik erörtert werden.

2. In jedem Kapitel wird der biographische ebenso wie der historische Kontext, in dem das jeweilige Werk steht, mit berücksichtigt; auf diesem Wege sollen Fehlurteile über die ‚Intention' eines Werkes – soweit dies möglich ist – eliminiert werden.

3. Der Leser soll dazu angeleitet werden, auf analytisch-deskriptivem Wege die Darstellungsmittel eines jeden Autors herauszuarbeiten. In keinem der Kapitel können die Darstellungstechniken erschöpfend behandelt werden: es werden einige wesentliche Formelemente der Werke ausgewählt und nach jedem Kapitel Fragen gestellt, die den Benutzer auf weitere Aspekte aufmerksam machen und die er selbständig untersuchen kann.

4. Der Benutzer soll weiterhin lernen, die in den einzelnen Werken behandelten Themen zu erörtern. Ideengeschichtliche und sozialgeschichtliche Fragestellungen sind dabei aufzuarbeiten; dabei ist auch zu untersuchen, in welcher Weise bestimmte Anschauungen, die der Autor aus Werken früherer Epochen oder von seinen Zeitgenossen übernommen hat, in seinem Werk erscheinen. Der Grad der denkerischen Eigenständigkeit des Verfassers einer Utopie oder Anti-Utopie ist zu ermitteln.

5. Der Leser soll lernen, Wechselbeziehungen zwischen der Thematik und der Darstellungstechnik eines Werkes zu erkennen. Dabei ist nicht nur auf die Verknüpfung von imaginativer und expositorischer Prosa zu achten, sondern auch auf die Tonlage der Darbietung (ernster Lehrvortrag, Ironie, Satire), und zu fragen, wie durch die Art der Darbietung der Sinn des Dargebotenen mitbestimmt wird.

6. Der Benutzer soll zum kritischen Umgang mit den Texten hingeführt werden. Entsprechend der methodischen Anlage eines jeden Kapitels sollte sich die Kritik
   a) auf die künstlerische Leistung des Autors,
   b) auf den denkerischen Rang des Werkes
   beziehen. Bei dieser kritischen Auseinandersetzung mit dem jeweili-

gen Text sollte auch die Sekundärliteratur berücksichtigt werden. Ausgewählte Beispiele der Sekundärliteratur werden im Aufgabenteil zitiert. Außerdem ist jedem Kapitel eine Auswahlbibliographie beigegeben.

7. Schließlich soll der Benutzer dieses Buches in der Lage sein, die durchgearbeiteten Texte selbständig mit anderen Texten der Primärliteratur zu vergleichen und die Utopie-Problematik an anderen Texten zu erarbeiten. Die Aufgabenteile enthalten entsprechende Vorschläge.

III VORBEREITENDE AUFGABEN

1. Stellen Sie aus den verschiedensten Nachschlagewerken (Wörterbüchern, Lexika, Handbüchern der Literaturwissenschaft, der Soziologie, der Politologie, der Philosophie oder der Theologie) Definitionen des Begriffes ‚Utopie' zusammen.
2. Vergleichen Sie diese Definitionen.
   Wo liegen die Gemeinsamkeiten? Wo die Unterschiede?
3. Vergleichen Sie Ihre eigenen Resultate mit dem folgenden Kapitel „Vorbemerkungen zum Begriff ‚Utopie' ". In welcher Weise hätten Sie ein solches Kapitel aufgebaut? Worauf hätten Sie den Hauptakzent gelegt?
4. Läßt sich eine Definition des Begriffes ‚Utopie' entwickeln, bei der systematische und historische Gesichtspunkte in gleicher Weise berücksichtigt werden? Falls Sie diese Frage verneinen sollten, geben Sie die Gründe an, die eine solche Definition als unmöglich erscheinen lassen.

Im heutigen Sprachgebrauch haben die Wörter ‚Utopie‘ und ‚utopisch‘ oft eine negative Bedeutung. Mit der Wendung „Das ist doch die reinste Utopie!" kritisieren z. B. Politiker Reformpläne eines politischen Gegners, die ihrer Auffassung nach nicht verwirklicht werden können. Utopien in diesem Sinne sind ‚Träumereien‘, ‚Hirngespinste‘, ‚phantastische Vorstellungen von zukünftigen Welten, die nie Wirklichkeit werden können‘. Ebenso hat auch das Adjektiv ‚utopisch‘ häufig die Bedeutung ‚phantastisch‘, ‚unmöglich‘, ‚unglaubwürdig‘.

Daneben ist in philosophischen, politologischen oder literaturwissenschaftlichen Abhandlungen auch eine positive Bedeutung von ‚Utopie‘ und ‚utopisch‘ anzutreffen. Utopie bezeichnet in solchen Texten häufig ein ideales Staatsgebilde, die bestmögliche Form eines Gemeinwesens, wie sie z. B. Plato in seinem *Staat* bereits zu entwerfen versuchte. Eine Utopie in diesem Sinne wird meist als eine für das politische und soziale Handeln notwendige oder empfehlenswerte regulative Idee betrachtet, und in vielen Fällen gehen die Verteidiger einer Utopie davon aus, daß ein derartiges Staatsgebilde zwar nie völlig verwirklicht werden könne, als Ziel aber ständig präsent sein müsse, andernfalls werde das politische Leben seine geistige Dynamik einbüßen und einer restaurativen Stagnation ausgeliefert sein. Wie bei allen vielgebrauchten Begriffen des politischen Lebens, aber auch der Literatur- und Geistesgeschichte empfiehlt es sich, auch bei dem Begriff Utopie nach seinem Ursprung zu fragen. Er wurde 1516 von Thomas Morus geprägt, der damit einen οὐ-τόπος, einen Nicht-Ort, ein Nirgendwo bezeichnete, genauer: eine fiktive Insel, die angeblich von einem (fiktiven) Reisegefährten des Amerigo Vespucci entdeckt wurde, der dort ein ideales Staatswesen vorgefunden haben will. Dementsprechend kündigt Morus in dem Titel seines Werkes an, daß er „de optimo rei publicae statu" handeln werde, und das *Oxford English Dictionary* führt als erste Bedeutung unter dem Stichwort „Utopia" an: „An imaginary island, depicted by Sir Thomas More as enjoying a perfect social, legal and political system."

In der eigenwilligen erzählerischen Darbietungsweise des Thomas Morus ist die Utopie zwischen Fiktion und Realität angesiedelt: Sie ist ein erfundenes Gebilde; zugleich wird ihr ein bestimmter Realitätsbezug zugesprochen: der fiktive Reisende Hythlodeus mißt an dieser Norm die politischen Verhältnisse in Europa. Ob die Utopie, die Beschreibung

13

eines fiktiven Gemeinwesens mit seinen politischen und sozialen, ökonomischen, kulturellen und religiösen Einrichtungen, als die beste aller möglicher Welten zu verstehen ist (wie der Titel nahelegt) oder nur als eine zwar vorbildliche, aber heidnische Lebensordnung, die von den christlichen Völkern Europas noch übertroffen werden sollte, ist bis heute umstritten. Feststeht, daß Thomas Morus dieses Staatsgebilde in räumlicher Koexistenz zu den damaligen Staaten Europas sah und dieses Gemeinwesen mit einer humanistischen Freude am gelungenen, geistreichen Einfall ausmalte, ohne seine Schrift als ein Programm für die politischen Tageskämpfe in England zu verstehen. Im Hinblick auf spätere literarische Utopien empfiehlt es sich, bei der Charakterisierung der ersten Utopie den Begriff „Raum-Utopie" einzuführen oder auch von einem „Wunsch-Raum" zu sprechen.[1]

Vergleicht man ein Buch wie William Morris' *News from Nowhere* mit Morus' *Utopia,* so wird deutlich, daß das Werk des 19. Jahrhunderts dadurch charakterisiert ist, daß das ideale Staatswesen in das 21. Jahrhundert datiert wird. Bereits Bacon hatte mit seiner *New Atlantis* (um 1624) eine Utopie entworfen, die „die ungeheuren Möglichkeiten des durch empirisch-wissenschaftliche Methoden erzielten Fortschritts"[2] illustriert. Der erste Autor, der eine Zeit-Utopie (oder eine „Wunsch-Zeit") beschrieb, war der Franzose Louis Sébastien Mercier, der 1770 *L'An 2440* veröffentlichte. Mit der französischen Revolution, die eine neue Lebens- und Gesellschaftsordnung durch einen gewaltsamen Umsturz zu verwirklichen versuchte, und mit den Geschichtsphilosophien des 19. Jahrhunderts, die in zunehmendem Maße die Idee der Höherentwicklung, des zivilisatorischen Fortschritts in den Mittelpunkt rückten, gewann das utopische Denken und damit auch die literarische Form der Utopie ein neues Gepräge. Die Utopie wurde nicht mehr nur als eine aus einem fremden Raum geholte Norm verstanden, die der Kritik an zeitgenössischen Verhältnissen zugrunde gelegt werden konnte, sondern – ähnlich wie schon in James Harringtons *Oceana* aus dem Jahre 1656 – als ein konkretes Ziel, auf das alles politische Handeln auszurichten sei.

Es ist verständlich, daß bei Morris die Utopie als der beste Weltzustand erscheint, der mit der Anstrengung einiger Generationen in absehbarer Zukunft erreicht werden könne.[3] Mit dieser Vorstellung ist unweigerlich der Gedanke gekoppelt, daß die Utopie sich aufhebt, wenn sie von der historischen Entwicklung eingeholt wird.

In der Geschichte des Utopie-Begriffes macht sich im 19. Jahrhundert insofern ein wesentlicher Wandel bemerkbar, als Friedrich Engels sich in seiner Schrift *Die Entwicklung des Sozialismus von der Utopie zur Wis-*

senschaft (1882) in einer für spätere Marxisten paradigmatischen Weise von den herkömmlichen Utopien und Utopisten distanzierte. Sowohl die erzählerische Darstellung utopischer Zustände in Werken der Renaissance und der Aufklärung wie die theoretischen Abhandlungen der Frühsozialisten lassen – wie er darlegt – eine wissenschaftliche Analyse der Gegenwart und darauf gründende Anweisungen zum politischen Handeln in der unmittelbaren Gegenwart vermissen. Deshalb sind utopische Werke für Engels und seine Gesinnungsfreunde überholt. Die moderne negative Bedeutung Utopie = ‚Hirngespinst‘, von der wir ausgingen, dürfte durch die Engels'sche Polemik gegen die traditionellen Utopien mitbeeinflußt sein. Es muß allerdings sogleich hinzugefügt werden, daß konservative Realpolitiker – freilich aus anderen Gründen – zum gleichen Urteil über die literarischen Utopien und die politischen Utopisten gelangen können.

In der kritischen Auseinandersetzung mit dem Utopie-Begriff und der Tradition utopischen Denkens lassen sich in der Gegenwart dementsprechend verschiedene Schulen unterscheiden. So stellt Arnhelm Neusüss in seinem Buch *Begriff und Phänomen des Utopischen* (1968) den marxistischen Utopie-Kritikern eine liberalistische und eine konservative gegenutopische Kritik gegenüber. Er bemerkt dabei über die liberalistische gegen-utopische Kritik: „So gibt es liberale Weisen des Kampfes gegen Utopie, die sich, den utopischen Versprechungen des Liberalismus eingedenk, durchaus als ‚progressiv‘ verstehen und in der Tat über der Kritik an der Utopie keineswegs vergessen, Kritisches auch gegen die gesellschaftliche Wirklichkeit vorzubringen."[4] Und zur konservativen Utopiekritik führt er aus: „Die konservative Utopiekritik folgt entweder der Betonung des machtvoll Faktischen, das als das Normative selber ausgegeben wird, oder sie gehorcht der Furcht vor der sozialen und politischen Wirkmächtigkeit utopischer Impulse, je nachdem, welche Affektlage die Zeitumstände nahelegen, meist aber beidem zugleich."[5]

Die kritische Gegenbewegung gegen das utopische Denken, als dessen Exponent zu Beginn des 20. Jahrhunderts in weiten Kreisen H. G. Wells galt, und gegen die literarische Darstellung utopischer Gesellschaftszustände führte zur Entstehung der „Anti-Utopie", als deren bedeutendste Ausprägungen in der englischen Literatur des 20. Jahrhunderts Aldous Huxleys *Brave New World* und George Orwells *Nineteen Eighty-Four* anzusehen sind.[6] Huxley kritisiert die Übersteigerung naturwissenschaftlichen Denkens und die (möglichen) Einflüsse dieses Denkens auf die Umgestaltung der sozialen und politischen Verhältnisse; Orwell dagegen ist stärker mit der politischen Entwicklung der Gegenwart befaßt: Seine

Anti-Utopie zielt auf die Auswirkungen des technokratischen Denkens im Faschismus und Kommunismus (stalinistischer Prägung). In der Kritik an den in naher Zukunft möglichen Entwicklungen schwingt bei beiden Autoren die Furcht mit, daß im Streben nach einer Perfektionierung des Staates die humane Würde des Menschen ausgetilgt werde. Wenngleich Huxley und Orwell von unterschiedlichen geistigen und politischen Überzeugungen ausgehen – Huxley ist dem Liberalismus, Orwell dem englischen Sozialismus verpflichtet –, neigen beide zu einer Apologie des Bestehenden: Die Kritik an den Auswirkungen utopischen Denkens droht utopisches Denken überhaupt in Frage zu stellen. Dennoch ist bei beiden Autoren zu bemerken, daß sie einer solchen Aufhebung der utopischen Tradition nicht das Wort reden möchten; so hat Huxley allen geistigen und politischen Krisen zum Trotz sein Lebenswerk mit einer Utopie, dem Roman *Island*, abgeschlossen, und Orwell hat darauf hingewiesen, daß er durch das Schreckbild einer möglichen Zukunft die Kräfte stärken möchte, die ein menschenwürdiges Dasein für alle Völker erstreben. Wenn gegenwärtig nicht mehr in der unbekümmert-spielerischen Weise Utopien entworfen werden wie in der Renaissance, so ist die utopische Intention im politischen Denken der Menschen nicht verkümmert. Utopisches Denken hat es jedoch angesichts der politischen Entwicklungen im 20. Jahrhundert und der Auswirkungen zweier Weltkriege schwer, sich zu behaupten. „Realpolitik" scheint utopisches Denken ebenso Lügen zu strafen wie die bedrohlichen Auswirkungen der Naturwissenschaften. Dazu kommt, daß alle Versuche, eine literarische Utopie zu schreiben, mit jener Art des utopischen Denkens konkurriert, die sich im philosophischen Essay niederschlägt und im Bunde mit der Soziologie, der Politologie und Psychologie um wissenschaftliche Gegenwartsanalyse und Zukunftsprognose bemüht ist.

Schließlich ist nicht zu verkennen, daß die Utopie, je stärker sie sich als literarische Gattung an den jeweils gegenwärtigen Moment und dessen spezifische politische Gegebenheiten bindet, Gefahr läuft, allzu schnell zu veralten. Sie ist überholt, sobald die besondere Situation überholt ist, auf die sie sich bezieht. Je größer der imaginative Spielraum ist, den sich die Utopie als literarische Gattung selbst schafft, um so größer ist die Möglichkeit, daß die utopischen Verhältnisse, die geschildert werden, als imaginative und nicht primär politologische Modelle über den einmaligen, konkreten historischen Anlaß hinaus wirken und in der Phantasie und Reflexion des Lesers auf Zusammenhänge angewandt werden können, die der Autor einer literarischen Utopie sich nicht vorstellen konnte, als er sein Werk konzipierte und niederschrieb.

Die Analyse der literarischen Utopien und Anti-Utopien hat deshalb immer zweierlei zu leisten: die literarischen Techniken zu analysieren, deren sich ein Autor bedient, und die Intentionen zu ermitteln, die sich sowohl in den imaginativ gestalteten wie in den expositorisch-abstrakten Passagen eines Werkes enthalten sind. Dabei sind die Wechselbeziehungen zwischen den beiden Darstellungsweisen ständig zu berücksichtigen. Erzählerische Partien wirken auf die expositorischen, und umgekehrt wirkt die Reflexion zurück auf das dichterisch Gestaltete. Utopie bewegt sich immer im Grenzbereich zwischen Literatur und Philosophie, zwischen dichterischer Anschauung und politischer Reflexion.

Fragt man, ob in der bisherigen Forschung bei der Analyse der literarischen Utopien bereits allgemeine Gattungsmerkmale herausgearbeitet wurden, so wird man zum einen auf die Arbeit von Hubertus Schulte-Herbrüggen, *Utopie und Anti-Utopie: Von der Strukturanalyse zur Strukturtypologie* (Bochum-Langendreer, 1960) und zum anderen auf das Buch von Raymond Ruyer, *L'Utopie et les Utopies* (Paris 1950) verwiesen. Schulte-Herbrüggen vertritt im Anschluß an seine Interpretation der *Utopia* des Thomas Morus die These, daß Isolation, Selektion und Idealität die charakteristischen Formprinzipien einer Utopie sind. Die Isolation zeigt sich bei Morus „in geographischer Hinsicht: die Insellage; in staatspolitischer: der souveräne Nationalstaat; außenpolitisch: die Bündnisfreiheit; wirtschaftlich: die Autarkie; im Außenhandel: der absolute Exportüberschuß; militärisch: die eigene Überlegenheit und Unangreifbarkeit; bevölkerungspolitisch: die Kolonisationsmöglichkeit je nach Bedarf."[7] Die Selektion sieht Schulte-Herbrüggen in der vernunftgemäßen Integrität der Bewohner und in der kommunistischen Lebensform gegeben; die Idealität in der prästabilierten Harmonie der utopischen Welt.[8]

Die Kategorien, die Raymond Ruyer in seinem Buch *L'Utopie et les Utopies* (bereits zehn Jahre zuvor) herausarbeitete, überschneiden sich teilweise mit den Kategorien von Schulte-Herbrüggen oder sind in dessen Erläuterungen zu den drei Grundkategorien mit enthalten. Nach Raymond Ruyer weist eine Utopie folgende Hauptmerkmale auf: symétrie, uniformité, croyance en l'éducation, hostilité à la nature, dirigisme, collectivisme, les choses mises à l'envers (= verkehrte Welt), autarchie et isolement, ascétisme, eudémonisme collectif, humanisme, prosélytisme, prétention prophétique.[9] Insgesamt fällt auf, daß Raymond Ruyer sich vor allem auf jene Begriffe konzentriert, die geeignet sind, die Utopie als Gattung *thematisch* festzulegen; besonders hervorzuheben sind in diesem Zusammenhang: der Glaube an die Erziehbarkeit des Menschen, die humanistisch-eudämonistische Einstellung, der Kollektivismus und Dirigismus und schließlich der prophetisch-missionarische Anspruch, der der Utopie inhärent ist. Es empfiehlt sich, einen derartigen Kriterienkatalog nicht als eine dogmatische Norm, sondern als eine Hilfskonstruktion, als ein idealtypisches Modell zu begreifen und sowohl bei der Analyse einer einzelnen Utopie wie bei der kritischen Überprüfung neuerer und neuester Definition des Begriffes Utopie zu fragen, ob alle von Schulte-Herbrüggen und Raymond Ruyer genannten Kriterien zutreffen oder ob sie auf Grund der Beschaffenheit der vorliegenden literarischen Texte modifiziert werden müssen.

V ANMERKUNGEN ZUR EINLEITUNG

[1] Vgl. hierzu Alfred Doren, Wunschräume und Wunschzeiten, Vorträge der Bibliothek Warburg 1924/25, Berlin, 1927, 159–205.

[2] Vgl. Hubertus Schulte-Herbrüggen, Utopie und Anti-Utopie: Von der Strukturanalyse zur Strukturtypologie, Beiträge zur Englischen Philologie, 43. Heft, Bochum-Langendreer, 1960, 57.

[3] Vgl. A. L. Morton, The English Utopia, London, 1952, 164.

[4] Arnhelm Neusüss (ed.), Begriff und Phänomene des Utopischen (Soziologische Texte, Bd. 44), Neuwied, 1968, 35.

[5] Ebd., 39.

[6] Anstatt des Begriffes „Anti-Utopie" wird gelegentlich auch der Begriff „Dystopie" gebraucht; vgl. dazu u. a. F. Stanzel, Gulliver's Travels: Satire, Utopie, Dystopie, Moderne Sprachen 7 (1963), 106–116.

[7] H. Schulte-Herbrüggen, Utopie und Anti-Utopie, 35.

[8] Ebd., 35–36.

[9] Raymond Ruyer, L'Utopie et les Utopies, Paris, 1950.

19

VI AUSWAHLBIBLIOGRAPHIE ZUR UTOPIE (Allgemeine Darstellungen)

Bailey, J. O., Pilgrims through Space and Time. Trends and Patterns in Scientific and Utopian Fiction. New York, 1947

Berneri, M. L., Journey through Utopia. London, 1950

Bliesener, E., Zum Begriff der Utopie. Diss. Frankfurt/M., 1950

Bloch, E., Das Prinzip Hoffnung. Frankfurt/M., 1959

Buber, M., Pfade in Utopia. Heidelberg, 1950

Dege, C., Utopie und Satire in Swifts „Gulliver's Travels". Diss. Frankfurt/M., 1934

Doren, A., „Wunschräume und Wunschzeiten", Vorträge der Bibliothek Warburg 1924/25, Berlin, 1927, S. 159–205

Dupont, V., L'utopie et le roman utopique dans la littérature anglaise. Paris, 1941

Falke, R., „Utopie – logische Konstruktion und chimère. Ein Begriffswandel", GRM 37 (1956), 76–81

Freyer, H., „Das Problem der Utopie", Deutsche Rundschau 183 (1920), 321–45

Freyer, H., Die politische Insel. Eine Geschichte der Utopien von Platon bis zur Gegenwart. Leipzig, 1936

Frye, N., „Varieties of Literary Utopias", Daedalus 94 (1965), 323–47

Gerber, R., Utopian Fantasy. A Study of English Utopian Fiction since the End of the Nineteenth Century. London, 1955

Gove, P. B., The Imaginary Voyage in Prose Fiction 1700–1800. New York, 1941

Heinisch, K., J. (ed.), Der utopische Staat. Reinbek b. Hamburg, 1960 (Rowohlts Klassiker der Literatur und der Wissenschaft, Bd. 68–69)

Hertzler, J. O., The History of Utopian Thought. New York, 1965 (zuerst 1923)

Kateb, G., Utopia and Its Enemies. New York, 1963

Mannheim, K., Ideologie und Utopie. Frankfurt/M., ³1952

Manuel, F. E. (ed.), Utopias and Utopian Thought. New York, 1966

Morton, A. L., The English Utopia. London, 1952

Müller, W. D., Die Geschichte der Utopia-Romane der Weltliteratur. Diss. Münster, 1938

Mumford, L., The Story of Utopias. With a New Introduction by the Author. New York, 1962 (zuerst 1922)

Negley, G. R. u. *Patrick, J. M.* (edd.), The Quest for Utopia. An Anthology of Imaginary Societies. New York, 1952

Neusüss, A. (ed.), Utopie. Begriff und Phänomen des Utopischen. (Soziologische Texte, Bd. 44) Neuwied, 1968

Nipperdey, T., „Die Funktion der Utopie im politischen Denken der Neuzeit", Archiv für Kulturgeschichte 44 (1962) 357–78

Parrington, V. L., American Dreams. A Study of American Utopias. Providence, 1947

Reichert, K., „Utopie und Staatsroman. Ein Forschungsbericht". Deutsche Vierteljahrsschrift für Literaturwissenschaft und Geistesgeschichte 39 (1965), 259–87

Ruyer, R., L'Utopie et les utopies. Paris, 1950

Schulte Herbrüggen, H., Utopie und Anti-Utopie. Von der Strukturanalyse zur Strukturtypologie. (Beiträge zur Englischen Philologie 43), Bochum, 1960

Schwonke, M., Vom Staatsroman zur Science Fiction. Eine Untersuchung über Geschichte und Funktion der naturwissenschaftlich-technischen Utopie. (Göttinger Abhandlungen zur Soziologie 2), Stuttgart, 1957

Seeber, H. U., Wandlungen der Form in der literarischen Utopie. Studien zur Entfaltung des utopischen Romans in England. (Göppinger Akademische Beiträge 13), Göppingen, 1970

Simon, W., Die englische Utopie im Lichte der Entwicklungslehre. Diss. Breslau, 1937

Sühnel, R., „Utopie", in: Friedrich, W.-H. u. Killy, W. (edd.), Literatur 2/2 (Das Fischer Lexikon), Frankfurt/M., 1965, S. 587–601

Tuzinski, K., Das Individuum in der englischen devolutionistischen Utopie. Tübingen, 1965

Villgradter, R. und *Krey, F.* (edd.), Der utopische Roman. Darmstadt, 1973

Walsh, C., From Utopia to Nightmare. London, 1962

Woodcock, G., „Utopias in Negative", Sewanee Review 64 (1956), 81–97

VII AUFGABEN ZU ALLEN FOLGENDEN KAPITELN

1. Lesen Sie bitte immer zuerst den englischen Text.
2. Sammeln Sie beim Lesen Beobachtungen zu
   a) der Form des jeweiligen Werkes,
   b) der Thematik.
3. Legen Sie für jedes Werk eine kleine Kartei mit Stichworten an; z. B. Erzähler, Beschreibungen, Dialoge, Ironie, Satire; Wirtschaftsordnung, Sozialordnung, Stellung der Frau im Staat, Kriegsführung, Machtpolitik, Religion.
4. Lesen Sie dann die in diesem Studienbuch enthaltene Interpretation.
5. Vergleichen Sie diese Deutung mit Ihren Beobachtungen.
6. Formulieren Sie Ihre kritischen Einwände und versuchen Sie, diese Einwände mit Zitaten aus dem Text zu belegen.
7. Beantworten Sie jeweils drei der Fragen, die am Ende eines jeden Kapitels zu den einzelnen Werken gestellt werden.

Es ist empfehlenswert, wenn sich die Benutzer des Studienbuchs vor der Lektüre der folgenden Interpretation mit dem „Glossary" der Penguin-Ausgabe (S. 153–154) vertraut machen, da in der zitierten englischen Ausgabe die Eigennamen des lateinischen Originals meist durch neuenglische Entsprechungen wiedergegeben werden, während wir – der deutschsprachigen Forschung folgend – jeweils die Form der Eigennamen benutzen, die sich im Deutschen im Anschluß an das Lateinische eingebürgert hat.

So entsprechen sich z. B.:

a) im deutschen Text	b) im englischen Text
Amaurotum	Aircastle
das Land der Makarenser	Happiland
das Land der Achorier	Nolandia
das Land der Polyleriten	Tallstoria
Raphael Hythlodeus	Raphael Nonsenso

IX THOMAS MORUS: *UTOPIA*

Zur Rezeptions- und Forschungsgeschichte

In seiner Einleitung zur anglo-irischen Komödie *The Playboy of the Western World* stellt der Herausgeber T. R. Henn fest: „The Playboy does not lend itself readily to classification; as we revolve it in our hands many facets take fire and light."[1] Gleiches läßt sich auch von der *Utopia* des Thomas Morus sagen: Nicht nur das schriftstellerische Geschick des Autors erscheint bei jeder neuen Lektüre in verändertem Licht; auch der Sinn dieses hintergründigen Werkes scheint sich mit jedem neuen Interpretationsversuch zu verändern. So ist es zu erklären, daß christliche Humanisten des 16. Jahrhunderts, der Freundeskreis um Thomas Morus, es ebenso bewunderten wie Sozialisten des ausgehenden 19. Jahrhunderts (Kautsky), und daß Kommunisten des 20. Jahrhunderts die *Utopia* – das Buch eines Autors, der 1935 von der katholischen Kirche heiliggesprochen wurde – als eines der großen Bücher betrachten, in dem ihre politische Denkart vorweggenommen sei.

So vielschichtig und vielgestaltig wie die Rezeptionsgeschichte ist auch die Thomas-Morus-Forschung der letzten Jahrzehnte. Auch hier gibt es einen rechten und einen linken Flügel, von W. E. Campbell bis zu Russell Ames, wobei Autoren wie J. H. Hexter und E. L. Surtz, denen auch die mit reichen Anmerkungen versehene Neuausgabe im Rahmen der *Yale Edition of the Complete Works of St. Thomas More* zu verdanken ist, mit individueller Nuancierung eine vermittelnde Position einnehmen. Richtet man den Blick auf die deutschsprachige Forschung und vergleicht man die Ausführungen des Historikers Ritter, die in seinem Buch *Machtstaat und Utopia*, 3. Aufl. München 1940, zu finden sind, mit den Darlegungen des Anglisten Friedrich Brie in seinem Aufsatz „Thomas More der Heitere", *Englische Studien 71* (1936–37), so zeichnet sich eine polare Spannung ab, die wiederum im weiteren Sinne kennzeichnend ist für eine Reihe von Morus-Studien, die in den letzten Jahrzehnten im In- und Ausland erschienen. Ritter, vom Kapitel über die Kriegsführung und die politische Organisation der Utopier herkommend, nimmt das Werk ernst, sieht in ihm eine Einstellung zur Macht, zum Staat, zur Außenpolitik formuliert, die für englische Politik der Neuzeit überhaupt aufschlußreich sei – Brie dagegen hob bereits mit dem Titel seines Aufsatzes hervor, daß er die literarisch-spielerischen Seiten des Werkes akzentuieren wollte. Er verfocht damit eine Betrachtungsweise, die in neuerer Zeit in der englischsprachigen Forschung u. a. von C. S. Lewis vertreten und von T. S. Dorsch weiterentwickelt wurde, als dieser die *Utopia* mit Lukian und der lateinischen Satire in Verbindung brachte und damit – vom Standpunkt des Literarhistorikers – ein Gegengewicht gegen die Einseitigkeiten zu schaffen versuchte, in die sich manche Politologen oder politisch orientierte Interpreten bei ihren Kommentaren über die *Utopia* hineinmanövrierten.

Gewiß ist bei jedem Kunstwerk von Rang nicht mit einer einzigen, erschöpfenden Interpretation zu rechnen, und bei jedem Autor gibt es recht konträre Phasen in der Rezeptionsgeschichte und weiterhin ebenso konträre Einstellungen bei Interpreten, die ein und derselben Rezeptionsphase zuzuordnen sind. Shakespeares *Hamlet* ist ein Musterbeispiel für dieses literaturwissenschaftliche Problem. Dies enthebt uns jedoch nicht der Frage, wie im Einzelfall die vielfältige Wirkung eines Autors und die ebenso vielfältige Auslegung seines Werkes zu begründen sind. Bei Shakespeares *Hamlet* wird der Literaturwissenschaftler, der der Rezeption des Werkes nachgeht, für die Vielfalt der unterschiedlichen Interpretationen andere Gründe entdecken, als derjenige, der sich mit der Wirkungsgeschichte der *Utopia* befaßt. Shakespeare hat – um die Problematik nur kurz anzudeuten – eine Vorlage übernommen und Eigenes hinzugefügt, so daß manche Kritiker die Hintergründigkeit des Werkes auf die disparaten, künstlerisch nicht ganz durchgearbeiteten Entstehungsschichten des Dramas zurückführen. Ähnliches entfällt bei Thomas Morus: Er bearbeitete keine direkte Vorlage, sondern entwarf ein eigenes Bild eines Staates, für den er auch noch den Namen erfand: ‚U-topia'. Freilich verwertete auch er dabei eine Fülle von Anregungen aus antiker Philosophie und mittelalterlicher Theologie, so daß nahezu jeder Abschnitt seines Werkes zu langen quellengeschichtlichen Untersuchungen herausgefordert hat.[2]

Die Komplexität des Werkes

Die komplexe philosophische und theologische Tradition, die Morus verarbeitete, ist also *ein* Faktor, der dazu beitrug, seinem Werk einen änigmatischen Charakter zu verleihen – was um so erstaunlicher erscheinen mag, wenn man bedenkt, daß er sich einer klaren lateinischen Prosa befleißigte. Aber gerade diese einfache Prosa, manchmal sogar dem Tone einer Unterhaltung zwischen Gelehrten angenähert, täuscht den Leser, der beim ersten Aufnehmen des Werkes glaubt, alles sofort unmittelbar begreifen zu können, bis er beginnt, Einzelteile des Werkes miteinander in Beziehung zu setzen, und in einen infiniten Prozeß des Auslegens, des Kombinierens und Abwägens hineingezogen wird. Die *Utopia* ist also ein Werk, dessen Bedeutungsfülle gebändigt ist durch eine Darstellungsweise von ‚scheinbar' klassischer Simplizität.

Ich sage ‚scheinbar', weil bei genauerem Zusehen auch die Darstellungsmodi dieses Werkes von einer langen, in die Antike zurückreichenden Tradition geprägt sind und Thomas Morus in der *Utopia* eine höchst ingeniöse Verschmelzung einer Fülle von literarischen Anregungen zustande brachte. Er lehnt sich zwar an den platonischen Dialog an, gebraucht aber einen argumentativen Dialog ganz eigener Prägung;[3] er bedient sich der satirischen Techniken, aber er schmelzt sie in Passagen ein, die frei sind von jeglicher satirischer Intention. Schließlich: er verknüpft imaginative und expositorische Prosa; er führt Personen ein, charakterisiert sie in ihrem Äußeren, ihren Gebärden, durch ihre Rede – wie ein Erzähler, in mancher Beziehung wie ein moderner Romancier. Andererseits läßt er einen dieser Charaktere, den fiktiven Hythlodeus, einen längeren Bericht vortragen, der weithin einen expositorischen Charakter hat; dennoch ergibt auch hier eine genauere Analyse, daß neben Passagen, die einem philosophischen Traktat entnommen sein könnten, Abschnitte stehen, in denen – etwa bei der Beschreibung der Städte oder der Lebensweise der Utopier – die imaginative Prosa dominiert.

Die Komplexität des Autors

Bedenkt man schließlich, daß Thomas Morus, der Autor, zugleich eine ‚persona' in der *Utopia* ist, so daß stets zu fragen bleibt, ob und bis zu welchem Grade der Autor und sein fiktives Ebenbild miteinander identisch sind, oder ob nicht der Morus im Werk eine ironisch zu verstehende Maske des Autors ist, dann treffen wir damit auf einen dritten Faktor, der die Auslegung der *Utopia* so schwierig macht: die Person des Autors selbst.

Erasmus von Rotterdam hat in einem Brief an Ulrich von Hutten ein ausführliches Portrait seines Freundes Thomas Morus geliefert, das in mancher Beziehung an die Charakterisierung der Utopier denken läßt. So hebt Erasmus hervor, daß Morus sich „an schlichter Aufmachung"[4] freut, daß er „nach Freiheit und Muße gar begierig sei",[5] und auch die Abneigung gegen das Ball-, Würfel- und Kartenspiel und die Vorliebe für die griechische Literatur teilt der Autor der *Utopia* mit den Utopiern. Die Bemerkung schließlich „Vom Hofe und dem Verkehr mit den Fürsten hielt er sich ehemals mehr zurück, weil Selbstherrlichkeit ihm immer in besonderer Weise verhaßt gewesen ist, im selben Maße wie Gleichheit am angenehmsten"[6] läßt an die Einstellung des Hythlodeus zu den europäischen Herrschern und an die Ideale – insbesondere das der Gleichheit – denken, die er im Gespräch mit der ‚persona' Thomas Morus im Werk verficht. Das heißt: die bisher erwähnten Charakterzüge deuten eher auf eine Identifikation des Autors mit den fiktiven Gestalten, mit den Utopiern und Hythlodeus, als auf eine Identifikation mit der ‚persona' Morus hin. (Wir werden jedoch auf dieses Problem zurückzukommen haben.)

Zwei Charakterzüge, die bei Erasmus ebenfalls erwähnt werden – die Frömmigkeit und sein Sinn für Spiel und Scherz – wurden in der neueren biographisch orientierten Morus-Forschung weiterverfolgt. Bei R. W. Chambers – der 1935 die grundlegende und einflußreiche Morus-Biographie veröffentlichte – sind dies geradezu die Leitmotive der gesamten Darstellung. Bezüglich der religiösen Entwicklung des Autors sei hier nur daran erinnert, daß Morus in der Zeit, als er sich in London dem Studium der Rechte widmete, sich gleichzeitig einem streng religiösen Lebenswandel unterwarf; etwa vier Jahre lang ergab er sich in einer Kartause einem Leben der Andacht und des Gebets. Zur gleichen Zeit hielt er, von seinem gelehrten Freund und Lehrer Grocyn dazu aufgefordert, in der Kirche von St. Lawrence Jewry Vorlesungen über Augustinus' *De Civitate Dei*. Auch wenn er seinen ursprünglichen Plan, Mönch zu werden, nicht verwirklichte, eine Ehe einging und einen bürgerlichen Beruf ausübte, war sein ganzes Leben durch eine strenge geistige und geistliche Zucht gekennzeichnet.

Von seiner besonderen Ironie wissen mancherlei Episoden aus seinem Leben zu berichten: So wird erzählt, daß er noch auf dem Schafott eine ironische Bemerkung nicht unterdrücken konnte, als er den Henker bat, er möge warten, bis er seinen Bart beiseite geschoben habe, denn dieser habe niemals irgendeinen Verrat begangen. Und aus seinem Freundeskreis stammt die Bemerkung, daß in seinen Äußerungen schwerlich Ernst und Scherz voneinander zu trennen seien. Chambers hat eine Bemerkung des Biographen Nicholas Harpsfield aufgegriffen, der Morus „our noble new Christian Socrates"[7] nannte, und im Anschluß daran von der sokratischen Ironie bei Morus gesprochen. Wie man auch zu einer solchen Formulierung stehen mag, soviel steht fest: antike und mittelalterlich-christliche Denkweise durchdringen sich bei Morus und bilden eine Synthese, die in ihren Grundzügen für das 16. Jahrhundert, für den Kreis der ‚christlichen Humanisten', nichts Ungewöhnliches war, spätere Generationen und Interpreten jedoch immer wieder irritierte.

Bei dem Versuch, einige Hauptaspekte der *Utopia* herauszuarbeiten und zu den aufgewiesenen kontroversen Fragen Stellung zu nehmen, sei der Blick zunächst auf die eigentümliche Darbietungsweise gelenkt, die Thomas Morus wählte; nur wenn die Form des Werkes mitbedacht wird, läßt sich ein Zugang zu den in ihm angelegten thematischen Intentionen gewinnen. Andererseits führt eine rein werkimmanente Analyse gerade bei diesem Buch leicht in die Irre. Es ist daher notwendig, daß zugleich Daten aus dem historischen Kontext und der Biographie des Autors mitveranschlagt werden, wenn die Wirkungsabsicht des Autors ergründet werden soll. Ich bin mir bewußt, daß zwischen der vom Autor beabsichtigten Bedeutung des Werkes (meaning) und der Bedeutung, die ihm spätere Jahrhunderte zulegten (significance), ein Spannungsverhältnis besteht.[8] Der Akzent wird in der vorliegenden Betrachtung auf die erste Komponente gelegt: die Befragung der Texte im historisch-biographischen Kontext ist insbesondere dann nötig, wenn wir der gegenwärtig weit verbreiteten Neigung entgegenwirken wollen, Texte *nur* als Raster zu verstehen, der mit einer gewissen Willkür lesend und deutend ausgefüllt wird.

Das Formproblem: Buch I

Wenden wir uns zunächst den Formproblemen zu. Teil I der *Utopia* zeichnet sich durch eine komplexe erzählerische Struktur aus. In der Verknüpfung von Bericht und Dialog, von Dialogen und Berichten, die in einen umfassenden Bericht eingelagert sind, in der allmählichen Verschiebung des Standpunkts von Thomas Morus, dem Gesprächspartner humanistisch gesinnter Freunde, auf Hythlodeus, einer fiktiven Gestalt, die zum Träger der Hauptideen des Buches werden soll, erinnert das erzählerische Verfahren des Thomas Morus an eine Verfahrensweise, wie sie in der Geschichte der englischen Erzählliteratur erst wieder im ausgehenden 19. Jahrhundert bei Joseph Conrad angewandt wurde. Ähnlich wie Conrad in seiner Erzählung *Heart of Darkness* schildert auch hier Thomas Morus einen Freundeskreis, der im Gespräch auf ein Problem stößt, das für die folgenden Episoden, Dialoge und Berichte das eigentliche Organisationszentrum bildet. Ich möchte daher von einer „thematischen Struktur" der *Utopia* sprechen – wie sie in abgewandelter Weise in der spätmittelalterlichen Literatur W. Habicht bei den Moralitäten aufgewiesen hat.[9] Eine solche Struktur steht im Kontrast etwa zu einer Struktur, die die Entfaltung eines psychischen Konfliktes nachzuzeichnen versucht und die sich der Eigengesetzlichkeit psychischer Regungen anpassen muß, will sie im Leser den Eindruck wecken, es werde ein solcher Konflikt wahrheitsgetreu präsentiert.

Versuchen wir die einzelnen erzählerischen Phasen des ersten Buches zu charakterisieren. Morus rückt zunächst den äußeren Anlaß, der zur Begegnung mit Hythlodeus, dem Berichterstatter über Utopien, führte, in den Vordergrund, und er liefert mit der Schilderung der europäischen Verhältnisse im ersten Buch der *Utopia* zugleich den äußeren Anlaß für die Reflexion über ein ideales Staatswesen.

Im Auftrag Heinrichs VIII. reiste er nach Flandern, um Streitigkeiten mit Karl von Kastilien beizulegen. Eine Verhandlungspause gibt ihm die Gelegenheit, nach Antwerpen zu reisen und Petrus Ägidius, einen gebürtigen Holländer, von dem er im Tone höchster Bewunderung spricht, zu besuchen. An diesen Freund des Thomas Morus wird wiederum vom Autor die Aufgabe delegiert, Hythlodeus einzuführen und ihn Morus vorzustellen. Zunächst erscheint die äußere Gestalt: „. . . a sunburnt face, a long beard, and a cloak slung carelessly over one shoulder." (38)[10] – dann aber erfolgt eine Charakterisierung über antike Figuren: weniger ein Seemann wie Palinurus, der Steuermann des Aeneas, sondern eher ein Odysseus, ja noch besser: ein Plato. Damit ist das Thema: die Frage nach dem besten Staat, bereits vorbereitet. Mit dem Hinweis, Hythlodeus sei ein Reisegefährte des Amerigo Vespucci gewesen, versucht der Autor, dem Bericht über diese von ihm erfundene Gestalt und damit auch dem Bericht über den von ihm erfundenen Staat, den ‚utopos', noch größere Plausibilität zu geben.

Bedenken wir weiterhin, daß Thomas Morus sich mit seinem lateinisch geschriebenen Werk an humanistisch gebildete Leser wandte, die gewohnt waren, selber mit spielerischer Leichtigkeit mit der lateinischen und griechischen Sprache, ihren Zuordnungen und auch den Etymologien oder Pseudoetymologien umzugehen, so dürfen die einführenden Bemerkungen über den Vor- und Zunamen des Fremden, der Morus vorgestellt wird, nicht als belanglos übergangen werden: denn Hythlodeus soll wohl an ὕθλος = „Unsinn" und δάιος = „erfahren" erinnern und ihn als einen Mann charakterisieren, der „erfahren ist im Unsinn". Den Vornamen „Raphael" als „God hath healed" oder „the physician of health" zu deuten, spielt darauf an, daß sein Bericht über Utopia als Heilmittel für alle europäischen Krankheiten zu verstehen sei.[11]

Das erste Gespräch, das Morus mit Hythlodeus führt und das er im erzählerischen Bericht vorträgt, nimmt zwar einige Angaben über die Seefahrt in den fremden Gegenden auf, die Raphael kennenlernte; Morus versteht es aber geschickt, vom Reisebericht abzulenken und den Leser auf das vorzubereiten, was Raphael über „. . ., the sensible arrangements that he noticed in various civilized communities" (40) zu berichten hat.

Dem Bericht über die Utopier im 2. Buch wird jedoch ein breit angelegter Dialog vorausgeschickt, in dem die Gründe erörtert werden, die Raphael bei aller Erfahrung und allem Wissen um die besten Einrichtungen im politischen und sozialen Leben anderer Völker dazu bewegen, sich *nicht* dem König zur Verfügung zu stellen.

Die Gegenargumente, die Hythlodeus im Dialog mit Thomas Morus und Petrus Ägidius entwickelt, sind in ihrer Darbietung erzählerisch zwar überaus komplex: Hythlodeus berichtet von einem Aufenthalt in England und Gesprächen, die in der Umgebung des Cardinals John Morton geführt wurden, er schildert eine (erfundene) Ratsszene, wie sie sich am französischen Hof abspielen könnte, und entwirft schließlich noch eine zweite Beratungsszene, wie sie an jedem Hof Europas denkbar wäre. Die Intention, die Morus mit diesen Szenen verfolgt, ist jedoch klar: Es sind die Szenen aus dem politischen Leben des beginnenden 16. Jahrhunderts, denen die These gemeinsam ist, daß die „superbia" die eigentliche Triebkraft des politischen Handelns seiner Zeitgenossen sei, gehe es nun um die Aufrechterhaltung der Besitz- und Eigentumsverhältnisse in England, die Verteidigung außenpolitischer Machtpositionen oder die Beibehaltung überlieferter Prinzipien der Finanzpolitik. Nach der Tonart herrscht in Hythlodeus' Rede die Satire vor.

Hythlodeus kritisiert die Herrscher, die sich von ihrem Ehrgeiz treiben lassen, nicht aber von der Stimme der praktischen Vernunft; er kritisiert die schmeichlerischen Ratgeber der Fürsten, die ihre Meinung stets der Meinung des Herrschers anpassen; er wendet sich mit erbitterten Worten gegen die Reichen und die Adeligen, die mit einer falschen Wirtschaftsführung das Land zugrunde richten; er kritisiert insbesondere *die* Adeligen, die, um Soldaten für den Krieg zu haben, Landsknechte unterstützen, die im Frieden aber nur eine Landplage darstellen.

Das rhetorische Mittel, dessen sich Hythlodeus im Gespräch mit einem Juristen am Hofe des Cardinals Morton bedient, ist die „reductio ad absurdum".[12] Dies gilt nicht nur für seine Kritik an der Landsknechtplage. Auch die Kritik an der – nach seinem Urteil – übertrieben harten Rechtspraxis, die für Diebstahl die Todesstrafe vorsieht, ist nach diesem rhetorischen Modell gebaut. So hält er dem Juristen vor, daß man im Grunde Diebe absichtlich erzieht, um sie dann hinrichten zu können. Absurd findet Hythlodeus schließlich auch die Tatsache, daß Diebe durch harte Gesetze zum Mord getrieben werden, weil sie verhindern möchten, daß der

Beraubte sie anklagt: „So in our efforts to terrorize thieves we're actually encouraging them to murder innocent people." (51)

Satirische Funktion hat auch die Beschreibung der sich immer weiter ausbreitenden Gepflogenheit, die traditionelle Landwirtschaft aufzugeben und dafür zur Schafzucht überzugehen: Hythlodeus betrachtet die Schafe (und die Schafzucht) als Ursache für die zahlreichen Diebstähle und führt in diesem Zusammenhang aus: „Sheep . . . These placid creatures, which used to require so little food, have now apparently developed a raging appetite, and turned into man-eaters. Fields, houses, towns, everything goes down their throats." (46)

Wie in John Gowers Tierallegorie der *Vox Clamantis*, in der der Bauernaufstand des Jahres 1381 beschrieben wird, fallen auch hier die sonst so zahmen Tiere von ihrer wahren Natur ab und verwandeln sich in wütende, sogar menschenfressende Ungeheuer. Der Satiriker arbeitet hier gewiß mit einer hyperbolischen Vorstellung; der besondere Effekt dieser Passage beruht jedoch darin, daß sich nicht nur die Natur der Tiere zu verwandeln scheint, sondern mit ihr auch das Verhältnis der Menschen zu den Tieren. Der Kontext, in den Hythlodeus dieses Bild eingliedert, macht sogleich deutlich, wo die Gründe für diesen Wandel zu suchen sind. Seine Kritik richtet sich auch hier gegen hohe und niedere Adlige, aber auch gegen „einige Äbte, die nicht mehr mit den jährlichen Einkünften und Erträgnissen zufrieden sind, die ihren Vorgängern aus den Landgütern erwuchsen." (26) [„. . . several saintly abbots, have grown dissatisfied with the income that their predecessors got out of their estates." (46)] Die räuberisch-zerstörerische Natur, die zunächst den Tieren zugeschrieben wird, ist auch jenen Menschen eigen, „die alles Land als Weide umzäunen, Häuser abreißen, Dörfer zerstören und gerade noch die Kirchen als Schafställe stehen lassen" (26) [„. . . enclosing all the land they can for pasture, and leaving none for cultivation. They're even tearing down houses and demolishing whole towns – except, of course, for the churches, which they preserve for use as sheepfolds." (47)]

Das Tierbild bereitet die Beschreibung der menschlichen Verhaltensweisen vor: die in satirischer Literatur oft angewandte Technik, durch Tierfiguren menschliche Laster und Schwächen satirisch darzustellen, spielt sich hier in zwei rhetorischen Schritten ab.

Eine Steigerung der im ersten Buch geübten satirischen Kritik an den Verhältnissen in England stellt das von Hythlodeus berichtete Streitgespräch zwischen einem Höfling, der gerne den Narren spielte, und dem Mönch dar. Wenn der Höfling im Disput über die Bettler in spöttischem Tone ausruft: „Well, I propose a law for the compulsory enrolment of beggars in Benedictine monasteries, the males to become lay brethren – that's the technical term for monks – and the females to become nuns." (55) – dann verliert sein Gesprächspartner alle Selbstbeherrschung, nennt seinen Dialogpartner „einen Taugenichts, einen Ehrabschneider und Ohrenbläser, einen Sohn der Verdammnis" (34) [„He called the man every rude name he could think of, including a son of Belial, and wound up with some fearful curses out of Holy Scripture." (55)] und versucht, seinen Gegner mit Worten aus der Hl. Schrift zum Schweigen zu bringen.

Vergleicht man die satirischen Invektiven des Hythlodeus mit religiös-satirischer Literatur des Spätmittelalters, etwa den satirischen Passagen aus Langlands *Piers Plowman*, so lassen sich zahlreiche Parallelen ermitteln: die Klage über die Not der Bauern – im Zeitalter des Bauernaufstandes – ist auch dort mit der Kritik an Adel und Geistlichkeit verbunden. Und wie in der Streitszene zwischen Höfling und Mönch trifft auch bei Langland schärfste Satire all jene Vertreter der Geistlichkeit, die sich in ihrem äußeren Verhalten allzu weit von den Idealen ihres Standes oder ihres Ordens entfernt haben. Daß spätmittelalterliche und Renaissance-Satire wiederum ihre Inspiration aus der antiken Satire bezogen haben – aus Horaz insbesondere –, ist in der vorliegenden Sekundärliteratur mehrfach konstatiert worden. So hat Robert C. Elliott in seinem Aufsatz „The Shape of Utopia" (1963) bei seinem Kommentar zur Szene zwischen Höfling und Mönch auf Horaz' *Satiren* I,5 und I,7 aufmerksam gemacht.[13]

Die Differenz zwischen Morus und Horaz bleibt nicht zu übersehen. Hythlodeus ist ein Satiriker, der predigerhafte und prophetenhafte Züge zugleich hat; er beläßt es zudem nicht bei satirischen Attacken gegen die Mißstände Englands und Europas, sondern stellt bereits im I. Buch und noch deutlicher im II. Buch die Normen dar, die seiner Satire zugrunde liegen.

Als Gegenbild zur Strafrechtspraxis der Engländer skizziert Hythlodeus die Verfahrensweise der *Polyleriten*, die bei Diebstahl das gestohlene Gut dem rechtmäßigen Besitzer zurückerstatten und die Diebe zu Zwangsarbeit verurteilen.

Den machthungrigen europäischen Fürsten und ihren ehrgeizigen Ratgebern wird das Beispiel der *Achorier* entgegengestellt, die nach der Eroberung eines Landes soviele Mißlichkeiten erdulden mußten – wie ständige innere Empörung des eroberten Landes –, daß sie schließlich ihren König zwangen, auf das eroberte Reich zu verzichten, es einem Freunde zu überlassen und sich mit seinem alten Reich zu begnügen. Schließlich:

die *Makarenser*, die ihren König bei der Thronbesteigung verpflichten, niemals mehr als 1000 Pfund Gold oder einen gleichwertigen Betrag in Silber in seiner Schatzkammer zu bewahren. Ihre Einstellung wird von Hythlodeus im Kontrast zur Finanzpolitik der europäischen Könige gesehen, die sich nicht scheuen, den Reichtum der Völker für ihren persönlichen Nutzen zu verwenden.

Diese drei Exempla sind Beispiele für die „sensible arrangements" (40), die Hythlodeus auf seinen Reisen kennengelernt hat. Erzähltechnisch sind diese knappen, eingeschobenen Exempla als Vorbereitungen für den großen Bericht über die Utopier und ihr Staatswesen zu verstehen, das den Gegenstand des zweiten Buches des gesamten Werkes bildet. Auf diesen Gegenstand, die Utopia, bereitet eine Bemerkung zu Beginn des Werkes bereits vor. Die Forschungen von Hexter haben es wahrscheinlich gemacht, daß das erste Buch der *Utopia* ursprünglich kürzer war – nur die Einführung der Gesprächspartner umfaßte – und der Satz: „Nunc ea tantum referre animus est, quae de moribus atque institutis narrabat Vtopiensium" (54) [„Jetzt möchte ich nur das berichten, was er über die Sitten und Einrichtungen der Utopier erzählte" (41)] den eigentlichen Auftakt zur Darstellung des utopischen Staates bildete.

Demnach wäre der gesamte Dialog des ersten Buches erst später, in England, entstanden, und der zweite Teil des zitierten Satzes als eine spätere Ergänzung zu verstehen, denn er lautet: „praemisso tamen eo sermone, quo uelut tractu quodam ad eius mentionem reipublicae deuentum est" (54) [„nachdem ich noch das Gespräch vorausgeschickt habe, in dessen Verlauf wir gleichsam von selbst auf die Erwähnung dieses Staates kamen" (41)]. Sieht man von der etwas gezwungenen Verbindung des älteren und des jüngeren Teiles von Buch I ab, so ist im Hinblick auf den Aufbau dieses Buches zu konstatieren, daß die Satire gleichsam mit innerer Konsequenz die ihr zugrunde liegenden Normen hervortreibt und sie in den Exempla veranschaulicht.

Das Formproblem: Buch II

Im 2. Buch der *Utopia* hält Morus insofern an diesem Strukturprinzip fest, als auch dort immer wieder ein Bezug zu den europäischen Verhältnissen hergestellt wird, die durchgehend in einem kritischen Licht gesehen werden, einerlei, ob er auf die Wertschätzung des Geldes bei den Europäern, ihre komplizierten Gesetze, die vertragsbrüchigen Herrscher, ihre Einstellung zum Privatbesitz oder die Mißstände im religiösen Leben zu sprechen kommt. Diese Anspielungen auf die europäischen Verhältnisse haben zwar – vom Umfang aus gesehen – eine untergeordnete Bedeutung; aber sie rufen doch immer wieder in Erinnerung, welches der eigentliche Ausgangspunkt der Darlegungen ist; sie stellen gleichsam den geschichtlichen Orientierungsrahmen für die fiktive Schilderung Utopias dar. Da die ‚persona' Morus berichtet, was Hythlodeus seinerseits von Utopien und den Utopiern erzählte und dazu noch abschließend in einer direkten Hinwendung zu den Lesern die vorgetragene Beschreibung mit kräftigen Wertakzenten versieht, wird verhindert, daß sich die Beschreibung der besten aller Welten zu einem rein systematischen staatsphilosophischen Traktat verselbständigt und die innere Spannung zwischen der utopischen und der europäischen Wirklichkeit verloren geht. Die Beteuerungen des Hythlodeus, daß er Utopien tatsächlich gesehen habe, sind weitere erzählerische Mittel, um die utopische und die europäische Wirklichkeit ineinander zu verfugen.

Eine gewisse Lockerheit gewinnt die Darstellung des Hythlodeus dadurch, daß er gelegentlich sachlich Zusammengehöriges auseinanderrückt, über die Kriegsgründe der Utopier beispielsweise schon am Anfang – bei der Darstellung der Besiedelung – spricht und später noch einmal ein spezielles Kapitel über die Kriegsgründe folgen läßt. Er erweckt damit den Eindruck, daß er sich von dem Gegenstand zufällig – wie in einem aufgelockerten Gespräch – treiben lasse, und auch die Kapiteleinteilung deutet nicht gerade auf einen strengen Kompositionswillen hin. Bei genauerer Analyse zeigt sich jedoch, daß in der scheinbar locker gefügten Kapitelfolge sich – nach unserer Analyse – fünf größere gedankliche Abschnitte unterscheiden lassen: Hythlodeus beginnt mit einer Art geographischer Exposition, schildert die Lage der Insel, der Städte, die Organisation des politischen Lebens, den Tagesablauf der Utopier, ihr Verhältnis zur Arbeit. Es folgt sodann ein zweiter Abschnitt, der Fragen der sozialen und ökonomischen Ordnung, von der Art der Eheschließung bis zur Gütergemeinschaft, berührt. Der dritte Abschnitt, der das Zentrum des zweiten Buches bildet, handelt von der utopischen Philosophie, der Ethik insbesondere, dem Verhältnis der Utopier zu Wissenschaft und Literatur und von ihrem Erziehungssystem. Danach rücken Fragen in den Vordergrund, die das Bild von Utopia ein wenig verändern, wenn auch nicht völlig verdüstern: Hythlodeus spricht von den Fremden und Sklaven, den Kranken, den Narren, den Krüppeln, den Ehebrechern – es sind gleichsam die Abweichungen von der utopischen Norm des körperlich und geistig gesunden menschlichen Daseins, die hier ins Auge gefaßt werden. Dieser Teil enthält schließlich ein längeres Kapitel über Kriegsführung, d. h. er konzentriert sich auf die Abweichungen von der utopischen Norm des Friedens. Der letzte Abschnitt handelt von der Religion der Utopier, ihrem Verhältnis zum Tod und zu übernatürlichen Wesen, auch von ihrem Verhältnis zum Christentum. So zeichnet sich von der Exposition bis hin zur Todesthematik eine Linienführung im Aufbau ab, die sich „dramatisch" nennen ließe.

Dennoch bleibt bei aller Kunstfertigkeit in der inneren Linienführung des 2. Buches die Frage, ob die Einzelabschnitte des Werkes sich zu einem geschlossenen Gesamtbild von einem utopischen Staat runden oder ob wir nicht von einer Kette von geistreichen Einfällen sprechen müssen, die alle von der historischen Wirklichkeit her zu verstehen und als deren Umkehrung anzusehen wären.

Als Beispiel sei der Anfang genommen, d. h. die Beschreibung der schönen und fruchtbaren Insel, die Ausführungen über die weiträumigen und prächtigen Städte, über die zweckmäßige Anlage insbesondere der Straßen und über die außerordentlich schönen und fruchtbaren Gärten. Bei allen Anklängen an die englischen Verhältnisse – das Land ist in 54 Stadtstaaten aufgegliedert, was der damaligen Aufgliederung Englands in 52 Grafschaften plus Wales und London entspricht –, sind die kritischen Anspielungen auf englische Verhältnisse, etwa in der Anlage der Städte und Straßen, unverkennbar, und es ist T. S. Dorsch zuzustimmen, wenn er bemerkt: „Bei der Herausarbeitung der Einzelheiten versetzt Morus den ganz anders gearteten Zuständen in seiner Heimat England indirekte Hiebe."[14]

Noch kräftigere Hiebe versetzt er seinen Zeitgenossen in England wie in Europa, wenn er in einem späteren Kapitel Hythlodeus berichten läßt, daß die Utopier ihrer Verachtung für Gold dadurch Ausdruck verleihen, daß sie dieses Edelmetall benützen, um daraus Nachtgeschirre und Ketten für Gefangene herzustellen.

Diese und ähnliche Stellen bestätigen die früher schon vorgetragene These, daß mit der Beschreibung Utopias ein *Gegenbild* zu den Verhältnissen in Europa geliefert wird. ,Utopia' kann im Englischen auch als Homonym zu ,Eutopia' gelesen werden. Es ist ja auch nach den Worten des Hythlodeus streng genommen *kein* Nirgendwo, sondern ein glückliches, von ihm bewundertes und tatsächlich erfahrenes *Irgendwo*, wobei im Hinblick auf die spätere Entwicklung der Gattung ,Utopie' hervorzuheben ist, daß dieses Gegenbild zu Europa in die Gegenwart des Autors und seiner europäischen Leser verlegt ist – daß es nur räumlich von Morus und seinen Zeitgenossen getrennt ist, daß es nicht den Entwurf eines zukünftigen Staates darstellt.

Aber: wenn man aus den späteren Abschnitten des 2. Buches einige Passagen herausgreift, etwa Hythlodeus' Ausführungen über die Ehe und die Möglichkeiten der Ehescheidung, über die Priesterehe oder über die religiöse Toleranz der Utopier, dann stößt man auf Problembereiche, in denen der historische Thomas Morus in Traktaten wie etwa *Dialogue Concerning Heresies* oder *Confutation of Tyndale's Answer* Überzeugungen vertrat, die zu den Berichten des Hythlodeus über die Utopier in absolutem Kontrast stehen.

Dieser Kontrast ist von T. S. Dorsch dahingehend gedeutet worden, daß viele Teile des Berichtes von Hythlodeus nicht ernst zu nehmen, sondern als ein subtiles, ironisches Spiel zu verstehen seien – dergestalt, daß Morus etwa durch die von den Utopiern ermöglichte Scheidung einer Ehe um so intensiver auf die Unauflöslichkeit der Ehe habe aufmerksam machen wollen. Nimmt man diesen Interpretationsansatz einmal auf, dann verkehrt sich die ursprünglich von uns skizzierte Sicht des zweiten Buches in ihr Gegenteil: die Schilderung Utopias wäre demnach *nicht* mehr als *das ideale Gegenbild* zu Europa zu verstehen, sondern als ein ironisches, sagen wir es noch schärfer: *satirisches Gegenbild* – nicht als die Norm der Satire. Die Norm läge demnach außerhalb: in dem historischen Thomas Morus, in den Schriften, mit denen er in die politische und religiöse Situation seiner Zeit eingegriffen hat, in dem Christentum, das er gelebt und für das er in der Auseinandersetzung mit Heinrich VIII. (und dabei ging es ja um eine Scheidung) als Märtyrer gestorben ist.

Die Interpretation der *Utopia* im Ganzen ist deshalb so schwierig, weil man nicht sagen kann, daß etwa durch das Kapitel über Scheidung – liest man es im Sinne von Dorsch – die eulogistische Beschreibung der schönen Städte in Utopia in ihr Gegenteil verkehrt würde; d. h., daß man gleichsam erst vom Schluß her die dem Anfang innewohnende Ironie erkenne. Dies hieße das ironische Prinzip ins Absurde übersteigern; dazu aber gibt es keinen begründeten Anlaß. Daher bleibt festzuhalten: Dem Bericht über Utopien liegt kein einheitliches Gestaltungsprinzip zugrunde. Wir müssen mit einer doppelten Perspektive rechnen. Utopia *kann* idealisiertes Gegenbild zu Europa sein, *kann* aber auch als Satire auf die scheinbar so ‚praktischen' Lösungen verstanden werden, die die Vernunft den Utopiern nahelegt.

Um das eigentliche Spannungsverhältnis zwischen dem utopischen Staat und der europäischen Realität und weiterhin die intellektuellen Spannungen zu charakterisieren, die dem utopischen Staatsentwurf selbst inhärent sind, richten wir den Blick zunächst auf die philosophischen und religiösen Anschauungen, auf denen das gesamte Staatswesen beruht; wir verwenden dabei Ausführungen, die sich im Zentrum seines Berichtes (in dem von mir unterschiedenen 3. Abschnitt) und im Schluß (im 5. Abschnitt) finden.

Die philosophischen Anschauungen der Utopier

Das stete Richtmaß für das Handeln der Utopier ist die Vernunft.[15] Wer der Stimme der Vernunft folgt, erlangt nach der in Utopien gelehrten Ethik nicht nur für sich selber die größte Zufriedenheit, den Zustand höchsten individuellen Glücks; dieses Verhalten erzeugt im Handelnden zugleich auch das Gefühl, für die Gemeinschaft, in der er lebt, das Beste getan zu haben. Freilich bedarf es auch in Utopien im Hinblick auf mögliche Kollisionen der Interessen Einzelner einiger Gesetze, so daß sich das Werturteil über das Handeln des Einzelnen dann wie folgt bestimmt: Wer im Rahmen der gesetzlichen Ordnung nach Vorteil strebt und persönliches Glück zu erlangen sucht, handelt klug; wer gegen die gesetzliche Ordnung und die Gebote der eigenen Vernunft verstößt, handelt unrecht. Höchste sittliche Vollendung aber erreicht derjenige, der im Konfliktfalle das Glück des anderen höher stellt als das eigene; er erfüllt damit nicht nur eine durch die Sozialordnung gebotene Pflicht, sondern er handelt auch gütig und human.

Durch die Vernunft spricht nach der Ethik der Utopier zugleich die Stimme der ‚Natur' zum Menschen. Mit dieser Verknüpfung von Vernunft und Natur folgt Morus denkerischen Bahnen, die von der Stoa, aber auch von der scholastischen Philosophie vorgezeichnet waren; es sei in diesem Zusammenhang nur auf die Ausführungen Thomas' von Aquin über die ‚lex naturalis' hingewiesen. Freilich ist nicht zu übersehen, daß mit den geistigen Bestrebungen der Renaissance und des Humanismus das Vertrauen auf Vernunft und Natur merklich gewachsen war, eine Entwicklung, die bei Thomas Morus ebenfalls ihren Niederschlag findet. Der Natur folgen, die durch die Vernunft zu uns spricht, heißt für die Utopier erstens, nach einem sinnenfrohen Dasein zu streben und dabei das Gefühl haben, in der ungebrochenen Entfaltung individueller Neigungen kein Unrecht zu begehen; der Natur folgen heißt zweitens: tugendhaft sein. Eine Verbindung zwischen diesen beiden Verhaltensweisen ergibt sich dadurch, daß – wie schon angedeutet – erst durch das rechte Handeln das Glücksstreben der Menschen seine Erfüllung findet. Die Utopier vertreten also eine eudämonistische Lebensauffassung; in ihrer Lehre sind Elemente der Stoa mit Elementen der epikuräischen Lehre verknüpft.

Die Vorstellung von einem heiteren und sorglosen Leben, das zugleich ein kluges, vernünftiges, maßvolles und sittenreines Leben ist, zieht sich durch die gesamte *Utopia* und zeugt von der humanistischen Gestimmtheit, die den Verfasser erfüllte, als er diesen Teil seines Werkes niederschrieb.

Mit Nachdruck ist in diesem Zusammenhang hervorzuheben, daß nirgendwo eine extrem hedonistische Fassung des Lustbegriffes – Thomas Morus verwendet im Original den Begriff „voluptas", sein englischer Übersetzer des 16. Jahrhunderts den Begriff „pleasure"[16] – in der *Utopia* nachgewiesen werden kann. Sehr wohl wissen die Utopier körperliche Lust zu schätzen; Hythlodeus schildert u. a. die Genüsse, die durch Ohren, Augen und Nase vermittelt werden und die von den Utopiern nicht verachtet werden. Die Physis wird rückhaltlos bejaht, jedoch nicht in einem modern biologisch-vitalistischen Sinne – wie etwa bei Samuel Butler im ausgehenden 19. Jahrhundert – absolut gesetzt, denn die physischen Lustempfindungen bedürfen nach der Ethik der Utopier der Ergänzung durch psychische Erlebnisse: Die Quellen seelischen Wohlbefindens sind nach ihrer Auffassung die kontemplative Schau des Wahren, das Bewußtsein, stets ein gutes Leben geführt zu haben, und die feste Hoffnung auf ein zukünftiges Heil. Philosophisch-theoretische, ethisch-praktische und eindeutig religiöse Motive werden also zusammengenommen, um das Gefühl seelischen Wohlbefindens zu beschreiben.

Die Bemerkung, daß zu den Lustmomenten seelischer Art auch die Hoffnung auf ein zukünftiges Heil (im transzendenten Sinne) gehöre, deutet an, daß wir es bei der Sittenlehre der Utopier nicht mit einer absolut autonomen, humanistischen Ethik zu tun haben, sondern mit einer Ethik, die auf einer religiösen Basis ruht. Die beiden Lehren, die gemäß dem Bericht des Hythlodeus als religiöse Grundwahrheiten von den Utopiern anerkannt und in ihre Ethik einbezogen werden, lauten: (a) „every soul is immortal, and was created by a kind God, Who meant it to be happy" (91) und (b) „we shall be rewarded or punished in the next world for our good or bad behaviour in this one." (91). Die Utopier haben – nach den Darlegungen des Hythlodeus – diese beiden Glaubenssätze in ihre Sittenlehre aufgenommen, weil nach ihrer Auffassung die Vernunft aus eigener Kraft nicht zu ergründen vermöge, welches das wahre Heil sei. Mit dieser Auffassung von der Seele und dem Schicksal nach dem Tod distanzierte sich Morus insbesondere auch von Epikur, der die Unsterblichkeit der Seele und die Vorstellung von Vergeltung und Belohnung im Jenseits leugnete, wie stark auch sonst die Anklänge an diesen Denker sein mögen. Die Worte des fiktiven Reisenden Hythlodeus über die

Schwäche und die Unzulänglichkeit der Vernunft lassen erneut an Thomas von Aquin, an jene Stelle der *Summa theologiae*, I–II, q. 109 denken, in der von der verderbten Natur des Menschen gesprochen wird, die auf die göttliche Gnade angewiesen ist wie der Kranke auf die Arznei. Da Morus bei der Schilderung des Staates eines (weithin) heidnischen Volkes und insbesondere der utopischen Ethik nicht mit dem Begriff der Gnade operieren konnte, stützte er sich auf Sätze, die sowohl mit seinem orthodoxen Glauben gegeben waren, aber auch in der antiken Philosophie (etwa bei Platon) angetroffen werden konnten. Wenn er die zitierten Sätze ausdrücklich als Glaubenssätze in Utopia deklarierte und sie damit von ihrem Ursprung her aus der Zone des philosophischen Denkens herausnahm, dann dürfte dies darin begründet sein, daß er sich auf diese Weise gegen alle philosophischen Zweifel, die in Vergangenheit und Gegenwart gegen sie vorgebracht wurden, zu schützen versuchte. Die Bedeutung der beiden zitierten Sätze für das Zusammenleben der Utopier bekundet sich darin, daß durch sie die Priorität des Geistig-Seelischen vor dem Physischen gewahrt und gesichert wird und daß weiterhin auf diese Weise das Glücksstreben der Utopier eine religiöse Dignität erlangt; es ist nicht als ein rein innerweltliches Verlangen zu verstehen, sondern als ein Handeln, das in der Hingabe an das Diesseits den Gedanken an das Jenseits nicht aufgibt.

Die religiösen Anschauungen der Utopier

Die Darlegungen des Hythlodeus über die spezifisch religiösen Anschauungen der Utopier verstärken diesen Eindruck noch, denn er berichtet, daß die Utopier bei aller Toleranz einzelnen Sekten gegenüber nach dem Willen ihres Stammvaters zwei Lehren ihre Zustimmung versagen: es handelt sich um a) die Lehre, daß die Seele mit dem Körper vergehe, und b) die Lehre, daß der Weltlauf dem Gesetz des Zufalls unterworfen sei und nicht durch eine göttliche Vorsehung gelenkt werde. In aller Schärfe könnte man einmal so formulieren: Materialismus und Atheismus werden als Weltanschauungen in Utopia im Interesse eines wohlgeordneten Zusammenlebens aller Bürger nicht gebilligt. Der Materialismus kommt nach der Auffassung der Utopier einer Negierung der besonderen Stellung des Menschen im Stufenbau der Wirklichkeit gleich. Er wird von ihnen vor allem deshalb als eine Gefahr für ihr gesellschaftliches und politisches Leben betrachtet, weil ihrer Auffassung nach derjenige, der die Physis verabsolutiert, keine Verpflichtungen gegenüber der Gemeinschaft kennen kann. Da befürchtet werden muß, daß er sich in Widerspruch zu aller gesellschaftlichen Ordnung setzt, um die Lustgefühle seiner Natur zu befriedigen, wird er nicht zur Bürgerschaft des Landes gerechnet und darf kein Amt bekleiden.

Infolgedessen kann für die Utopier einem solchen Menschen gegenüber auch das Prinzip der Toleranz keine Gültigkeit besitzen. Sie lassen es einem Anhänger des Materialismus gegenüber an Achtung fehlen; sie strafen ihn mit Verachtung; aber – so müssen wir hinzufügen – auch nicht härter. Die Art und Weise, in der die Utopier einem Materialisten oder Atheisten begegnen, läßt erkennen, daß sie zweierlei Ziele verfolgen: sie möchten einerseits den Anhänger einer solchen Lehre in seinem elementaren Recht auf Leben schützen; sie möchten jedoch auch verhüten, daß er das allgemeine Wohl gefährdet. Man verbietet ihm daher, seine Anschauungen in der breiten Öffentlichkeit zu verkünden; man zwingt ihn andererseits nicht, seine Gesinnung um jeden Preis zu verbergen und gar mit Betrug, Falschheit und Lüge zu arbeiten. Man fordert ihn vielmehr auf, vor Priestern und erfahrenen Männern offen zu reden, in der Hoffnung, ihn von seinem Wahn befreien zu können. Solche Überlegungen mögen überaus subtil und manchem Leser der *Utopia* spitzfindig erscheinen – sie sind bei Morus aus der Praxis des Politikers zu verstehen und auch aus der im 16. Jahrhundert allgemein verbreiteten Angst vor öffentlichem Aufruhr.

Die geschichtliche Bedingtheit der ‚natürlichen Vernunft‘

Wenn gesagt worden ist, daß die Beschreibung des utopischen Staates ein „experimentum rationis",[17] einen spielerischen Entwurf eines idealen Staates aus dem Geiste der natürlichen Vernunft, darstellt, muß nach diesen Darlegungen über die Ethik und Religion der Utopier festgehalten werden, daß die natürliche Vernunft, die Morus den Utopiern zuschreibt, zugleich eine geschichtlich in vielfältiger Weise geprägte Vernunft ist. Bleiben wir nur bei den beiden Themen, so wird deutlich, daß die Antike von Plato bis Epikur und zur Stoa diese Vernunft ebenso geprägt hat wie die mittelalterliche Philosophie und Theologie. In der eigentümlichen Synthese von antiken und christlichen Elementen zeichnet sich etwas von der Mentalität des christlichen Humanistenkreises ab, an den Thomas Morus sich wandte, als er sich des Lateinischen für diese Schrift bediente – jenes Kreises, dem Erasmus von Rotterdam ebenso angehört wie Petrus Ägidius.

In der Ethik und in grundsätzlichen Glaubenssätzen ihrer Religion –

und ich könnte hinzufügen: in ihrer Einstellung zu Wissenschaft, Literatur und Erziehung – sind die Utopier gleichsam fiktive Analogien zu dem Freundeskreis um Thomas Morus. Die Utopier sind von dessen Geist geformt, und wenn die besten Utopier jeweils auch zu den verantwortlichen Ämtern im Staat gewählt werden, so klingt damit der platonische Gedanke an, daß die Philosophen – hier also Männer, die gesinnt sind wie die christlichen Humanisten – an der Spitze des Staates stehen sollten.

Ich habe mit Absicht den Begriff der Analogie gewählt, weil damit gleichzeitig die Nähe und die Differenz zwischen der historischen Wirklichkeit, in der die christlichen Humanisten lebten, und der fiktiven Wirklichkeit, in der sich die Utopier bewegen, beschrieben werden. Möglichkeiten, die Morus in sich und seinen Freunden angelegt sah, Überzeugungen, an denen sie festhielten, die Sehnsucht auch nach einem besten Staat, die sie teilten, sind in diese fiktive Welt eingegangen. Allerdings ist nun auch zu bedenken, daß in der erzählerischen Entfaltung des fiktiven Staatsentwurfs die Verklammerung von antiken, mittelalterlichen und speziell renaissancehaften Elementen nicht durchgehend in dem Maße spürbar ist wie etwa in dem Abschnitt über die utopische Ethik.

Im experimentellen Spiel der Vernunft können einzelne dieser Komponenten stärker betont werden, andere dafür zurücktreten; schließlich kann sich die Vernunft auch von diesen Bindungen gelegentlich lösen und dafür zukunftsweisende Modelle im politischen, sozialen und ökonomischen Leben der Utopier entwickeln. Daß einzelne der nur spielerisch skizzierten Lebensmöglichkeiten zukunftsweisend waren, vermögen wir aus einem Abstand von etwas mehr als 450 Jahren abzuschätzen, so daß auch E. Surtz, einer der Herausgeber der Yale-Edition der *Utopia*, einen Abschnitt seiner Einleitung mit Recht betiteln konnte: ,,Utopia: A Window to the Future. The Radicalism of Utopia.‘‘[18]

Bei dem experimentellen Spiel der einen fiktiven Staat konstruierenden Vernunft zeigt sich, daß Thomas Morus etwas von der Ambivalenz der Vernunft erfaßt, so daß neben den Idealen, die er mit seinen Humanistenfreunden teilte und auch ernst nahm, auch Auffassungen auftauchen, in denen sich das Vernunftprinzip in einer übersteigerten, die Erfahrung und das geschichtlich Gewordene mißachtenden Weise entfaltet, weshalb die ,persona‘ Morus in der *Utopia* in einem abschließenden Rückblick – der freilich auch von Selbstironie des Autors zeugt – manche der Einrichtungen der Utopier als ,,perquam absurde‘‘[19] bezeichnet.

Diese Spannweite des historisch vielfältig geprägten Vernunftsprinzips sei im folgenden an einigen Beispielen verdeutlicht.

1. Bei der Schilderung der Sozialordnung und der politischen Ordnung der Utopier fällt auf, wie stark die rational-konstruktive Komponente in diesem Bereich ausgeprägt ist. Gleich zu Beginn des zweiten Buches schildert Morus beispielsweise, wie ein ländlicher Haushalt aussieht: Er umfaßt mindestens 40 Männer und Frauen und zwei schollengebundene Dienstleute („ascriptitios seruos").[20] Jährlich kommen zu dieser Gemeinschaft zwanzig neue Mitglieder aus der Stadt hinzu; dafür kehren zwanzig andere in die Stadt zurück, die bereits zwei Jahre auf dem Lande gearbeitet haben. Die übrigen, die erst ein Jahr dem ländlichen Haushalt angehörten, weisen die Neulinge in ihre Arbeiten ein, so daß bei allem Wechsel in der Zusammensetzung stets ein gleichmäßiger Rhythmus im Leben und in der Arbeit einer solchen Gemeinschaft herrscht. Morus geht in dieser Beziehung weiter als Plato oder die mittelalterliche Soziallehre, wonach jeweils nur *ein* Stand im Staat dazu verpflichtet ist, für die Erhaltung der agrarwirtschaftlichen Basis zu sorgen.

Das Gleichheitsprinzip kommt dabei in Utopia in mehrfacher Weise zur Geltung: nahezu alle Bürger – ausgenommen sind die Regierenden, die Wissenschaftler, die Priester – beteiligen sich an der landwirtschaftlichen Arbeit, die Haushalte sind gleich groß. Diese Gleichheit dokumentiert sich auch in der äußeren Erscheinung: Hythlodeus erzählt u. a., daß die Utopier bei ihrer Arbeit schlichte Anzüge aus Leder oder Fellen tragen, die bis zu sieben Jahren halten, außerhalb der Arbeitszeit kleiden sie sich in noch einfachere Übergewänder. Prunk und Luxus in der Kleidung werden verachtet.

Der Leser kann sich bei solchen Beschreibungen an Berichte über spartanische oder klösterliche Gepflogenheiten erinnert fühlen; aber auch Bilder des modernen China können evoziert werden: d. h., wo Morus von der Gleichheit bei der Arbeit oder in der Kleidung spricht, drängen seine Beschreibungen dem modernen Leser Vorstellungen aus ganz verschiedenen Geschichtsepochen auf; die Grundtendenz ist bei ihm wie in den historischen Beispielen dieselbe: die Idee der Gleichheit der Menschen soll in der alltäglichen Wirklichkeit in den allerelementarsten Grundvorgängen des menschlichen Lebens, in der Art zu arbeiten und sich zu kleiden, verwirklicht werden.

Ein höchstes Maß an Rationalität läßt sich auch in der sozialen, politischen, ja architektonischen Struktur der Städte nachweisen: die 54 weiträumigen Städte dieses Landes gleichen sich nicht nur nach Anlage und Aussehen (soweit es die örtlichen Gegebenheiten erlauben), sondern sie stimmen auch in ihrer Sprache, ihren Sitten und Gebräuchen überein. Jede Stadt umfaßt insgesamt 6000 Familien; je 30 Familien sind zu einer Gruppe zusammengeschlossen, an deren Spitze ein Syphogrant (Phylarch) steht; je 10 Syphogranten haben als Vorgesetzten einen Traniboren (Protophylarch); aus einer Gruppe von vier Kandidaten, die vom Volk vorgeschlagen werden, ernennen die insgesamt 200 Syphogranten nach geheimer Abstimmung den höchsten Beamten des Stadtstaates. (Für dieses Stadtoberhaupt gebraucht Morus das Wort „princeps" – es wäre falsch, diesen Terminus im Englischen mit „prince" wiederzugeben; seine nächste Entsprechung ist vielmehr „Lord Mayor".[21])

Die Angaben über die Anzahl der Volksvertreter, die Größe der Städte und der Familien mögen den meisten Lesern der *Utopia* ganz selbstverständlich vorkommen, weil solche Angaben in staatsphilosophischen Traktaten der Antike ebensogut auftauchen wie in der Moderne; bei Morus sind sie jedoch nicht nur als ein Zeichen eines politischen Rationalismus zu werten; es bekundet sich in diesen Angaben und Beschreibungen ein ästhetischer Sinn. Wie viele seiner Zeitgenossen und humanistisch gesinnten Freunde betrachtete auch er den Staat als eine Art Kunstwerk, und es versteht sich von selbst, daß er bei der Charakterisierung der politisch-sozialen Ordnung in Utopia dieselben Prinzipien zur Geltung kommen läßt, die auch in der damaligen klassisch-humanistischen Poetik gang und gäbe waren. Für die Ästhetik wie für den politischen Konstruktivismus von Thomas Morus sind Natur und Vernunft zentrale Begriffe; hier wie dort erstrebt man eine klare, einfache, schlichte, übersichtliche und harmonische Anordnung der Teile, eine Gestaltung des Ganzen (des Staates wie des Kunstwerks) nach wohlerwogenen mathematischen und geometrischen Grundverhältnissen.[22] Das Vergnügen, das – nach der Ästhetik der Renaissance – der Betrachter des Kunstwerkes empfindet, wenn diese Grundverhältnisse getroffen sind, ist dem Vergnügen vergleichbar, welches die Utopier angesichts der Ordnung ihres gesellschaftlichen Zusammenlebens erfüllt.

Die Familienstruktur

2. Die kleinste Einheit des gesellschaftlichen Lebens ist – wie aus den Ausführungen über die Lebensordnung auf dem Lande und in der Stadt hervorgeht – die Familie. Vergegenwärtigt man sich, daß es neben oder in Verbindung mit der Familie keinerlei sonstige Organisationen oder Korporationen, keine Handwerksgilden, keine Singvereine wie bei den Meistersängern des 16. Jahrhunderts und auch keine ‚Ritterorden' oder

ähnliches gibt, dann wird ersichtlich, wie hoch der Familienverband in Utopien einzustufen ist: im Frieden wie im Krieg ist der Einzelne, sind Männer, Frauen und Kinder in diesen Verband eingegliedert. Die Eigenart und Bedeutung der Familie im Leben der Utopier läßt sich durch einen Blick auf Platos *Staat* wie auf weitere Angaben über die Familie, die sich zerstreut an verschiedenen Stellen des Werkes finden, noch stärker verdeutlichen: die Vorstellung von der Weibergemeinschaft, der Morus einmal in seinen frühen Schriften in Anlehnung an Plato zuneigte, hat er in der *Utopia* aufgegeben. Er hat vielmehr den Geltungsbereich von Ehe und Familie so stark akzentuiert und ausgeweitet, daß er für die Utopier auch die Priesterehe gelten läßt. Analysiert man seine Angaben über die Familie, so erweisen sich die Utopier als Anhänger einer streng patriarchalischen Familienstruktur. So heißt es beispielsweise bei der Schilderung der religiösen Gebräuche der Utopier: ,,But before going to church at an Ending feast, wives kneel down at home before their husbands, and children before their parents, to confess all their sins of omission and commission, and ask to be forgiven." (126) Und bei ihren gemeinsamen Mahlzeiten ist die Tischordnung so gestaltet, daß der ,,respect for the older generation tends to discourage bad behaviour among the younger ones" (83).

Schließlich dienen die Gesetze der Utopier dazu, die Monogamie zu festigen. Die Utopier dulden es z. B. nicht, daß ein Mann seine Frau verstößt, wenn ihre Schönheit verblüht ist und sie keine Kinder mehr gebären kann, ein solches Verhalten wäre ihrer Auffassung nach unbillig. Die gleiche Argumentation findet sich – wie Surtz dargelegt hat[23] – u. a. bei Thomas von Aquin in der *Summa contra Gentiles*. Ehebrecher werden mit Zwangsarbeit bestraft, und Rückfällige trifft die Todesstrafe.

Wenn Hythlodeus über das Familienleben der Utopier u. a. berichtet, daß Familien durchschnittlich 10–16 Mitglieder zählen und daß der Staat, falls eine Familie diese Grenze überschreitet, kurzerhand die gewünschte Größe dadurch wieder herstellt, daß er die überschüssigen Familienmitglieder anderen Familien zuweist, so kann man in einer solchen Bemerkung einen beiläufigen Humanistenscherz sehen; man kann eine solche Bemerkung aber auch als einen Beispielfall für das Aufeinandertreffen zweier Denkweisen betrachten: In einer solchen staatlichen ,Lenkungsmaßnahme' spiegelt sich ein rationalistisches Denken, dem es nur auf die Einhaltung gewünschter Größenverhältnisse ankommt und das natürlich gewachsene oder auch geschichtlich bedingte Verhältnisse im Zusammenleben der Menschen kurzerhand durch administrative Maßnahmen überspielt und mit dem Einzelnen, dem Kind, das einer Familie genommen und einer anderen zugeteilt wird – nur weil die Quantitäten nicht stimmen –, willkürlich umgeht.

Von der politischen und sozialen Ordnung her gesehen, ist also ein Ineinanderwirken von traditionalistischen und rationalistisch-progressiven Vorstellungen zu konstatieren: die Äußerungen über die Bedeutung von Ehe und Familie stehen weithin im Einklang mit mittelalterlich-christlichen Vorstellungen, in den nach dem Gleichheitsprinzip aufgebauten politischen Einheiten der Stadtstaaten meldet sich ein rationalistisches Denken zu Wort, dem ein zukunftsweisender Charakter eigen ist: der Staat plant, ordnet und verwaltet nach rationalistischen Prinzipien.

Die Toleranzidee

3. Von dem rationalistischen Einschlag in der Mentalität der Utopier zeugt auch ihre Tendenz „gradually . . . to drift away from all these inferior creeds, and to unite in adopting what seems to be the most reasonable religion" (118).

Die meisten Utopier glauben an „a single divine power, unknown, eternal, infinite, inexplicable" (117) – mit dem Zusatz „This power they call ‚The Parent'" (117) ist freilich wiederum eine Brücke von einem rationalistisch-philosophisch getönten Weltverständnis zu einer Gottesvorstellung geschlagen, die in die Nähe – freilich nur in die Nähe – der christlichen Vorstellung vom Schöpfergott führt.

Wenn die Utopier, die vom Christentum erfuhren und zum Teil zu dieser Religion übertraten, sich zugleich zur Idee der religiösen Toleranz bekennen, so beruht diese Haltung nicht nur auf einer vernünftigen Erwägung, sondern sie wird als das Resultat einer geschichtlichen Entwicklung charakterisiert: Sowohl die erste Phase in der Geschichte des utopischen Volkes wie der von Hythlodeus beschriebene augenblickliche Zustand ist durch ein Neben- und Miteinander von mehreren religiösen Überzeugungen gekennzeichnet. Ursprünglicher und gegenwärtiger Zustand unterscheiden sich jedoch dadurch voneinander, daß die anfängliche Vielfalt religiöser Überzeugungen in einen Kampf aller gegen alle auszuarten drohte, während der gegenwärtige Zustand durch die „Achtung der meisten vor den meisten" charakterisiert ist. (Atheisten und Materialisten werden – wie dargelegt – nicht in den Toleranzspielraum der Utopier einbezogen.)

Wenn Utopos in dem von ihm begründeten und nach ihm benannten Staat das Toleranzgebot einführte, so geschah dies primär aus folgendem

Grund: Er konnte beobachten, daß die religiösen Streitigkeiten der Ureinwohner des Landes es ihm erleichterten, sie zu bezwingen. Um den Staat politisch zu stärken, um Frieden zu stiften, sorgte er dafür, daß sich jeder *der* Religion anschließen kann, die ihm beliebt. Utopos folgte in dieser Frage der natürlichen, hier der praktisch-politischen Vernunft. Das Toleranzgebot gilt hinfort als eine Art Regulator für alle Spannungen, die zwischen religiös verschieden denkenden Menschen immer wieder auftauchen können. Versuche, einen anderen zu bekehren, sind nur erlaubt, wenn der Werbende und Bekehrende seine Anschauung mit ruhiger und vernünftiger Duldsamkeit vorträgt und dabei auf gehässige Äußerungen, auf Schmähungen und auf die Anwendung der Gewalt verzichtet. Wo das vernünftige Maß bei solchen Bemühungen überschritten wird, trifft den Schuldigen die Strafe der Verbannung und der Zwangsarbeit. Das gilt – vom Standpunkt der Utopier aus gesehen – nicht nur für das Spannungsgefüge der in ihrem Staat vorhandenen divergierenden heidnischen Religionen, sondern auch für die christliche Religion, mit der sie bekannt gemacht wurden.

Hythlodeus berichtet, daß einer der Utopier nach seinem Übertritt zum Christentum mit allzu großem Eifer („maiore studio quam prudentia", S. 270) über die Verehrung Christi sprach. Dabei äußerte er sich so scharf über alle Andersdenkenden, daß er verhaftet und verbannt wurde.

Zieht man andere Schriften des Thomas Morus heran, in denen er sich mit religiösen Fragen, insbesondere der Häresie befaßt, so zeichnet sich eine deutliche Differenz zwischen den Äußerungen des Hythlodeus über die Toleranz der Utopier und den eigenen Ausführungen des Autors über Andersgläubige außerhalb der *Utopia* ab.

T. S. Dorsch ist auch dieser Frage nachgegangen und hat dabei u. a. auf die Schrift „The Apologye of Sir Thomas More" hingewiesen, wo Morus – im 25. Kapitel – „die Verbrennung einiger Ketzer, die er mit Namen nennt", billigt, und weiterhin ist – wie Dorsch ebenfalls bemerkt – „ein großer Teil der ‚Debellation of Salem and Bizance' der Verteidigung der Gesetze gegen die Ketzerei gewidmet, und dies häufig in kräftigsten Ausdrücken".[24] Die *Utopia* bietet den Entwurf eines Staates nach Prinzipien der Vernunft, die nicht nur aus Vorstellungen der Vergangenheit lebt, sondern auch in einem fiktiven, noch nicht von geschichtlicher Realität angereicherten Raum Möglichkeiten menschlichen Zusammenlebens – auch verschiedener Glaubensrichtungen – entwirft. In der geschichtlichen Realität, insbesondere in den Jahren nach dem Auftreten Luthers, hat sich Morus in seinem politischen Handeln mit unerbittlicher Strenge an die Grundsätze seines katholischen Glaubens gehalten.

4. Eine ähnliche Spannung zeichnet sich ab, wenn man seinen Äußerungen über den Kommunismus der Utopier nachgeht. Zunächst ist festzustellen, daß alle Stellen, an denen die Gütergemeinschaft der Utopier, ihr Verzicht auf Privateigentum, Geld oder Gold (im innenpolitischen Bereich), ihr gemeinschaftliches Zusammenleben gepriesen werden, Hythlodeus in den Mund gelegt sind.

Bereits im I. Buch führt Hythlodeus die Mißstände in Europa auf das Privateigentum und die verhängnisvolle Rolle des Geldes zurück. Seine Kritik an den Reichen und sein Lob der utopischen Gütergemeinschaft wiederholt Raphael im Bericht über die Wirtschafts- und Sozialordnung der Utopier, und er faßt seine Argumente am Schluß des zweiten Buches noch einmal zusammen, wenn er dort feststellt:

„There, with the simultaneous abolition of money and the passion for money, how many other social problems have been solved, how many crimes eradicated! For obviously the end of money means the end of all those types of criminal behaviour which daily punishments are powerless to check: fraud, theft, burglary, brawls, riots, disputes, rebellion, murder, treason, and black magic. And the moment money goes, you can also say good-bye to fear, tension, anxiety, overwork, and sleepless nights. Why, even poverty itself, the one problem that has always seemed to need money for its solution, would promptly disappear if money ceased to exist." (130)

Im gleichen Zusammenhang verdeutlicht Raphael, worin er die Wurzel allen Übels sieht: es ist die *superbia,* die er „that beastly root of all evils" nennt und die er mit einer höllischen Schlange vergleicht, „gliding through human hearts . . . always dragging us back, and obstructing our progress towards a better way of life" (131).

Hythlodeus ist also bei seiner Analyse der Mißstände in Europa – wie wir andernorts schon sahen – moraltheologisch orientiert: in seinen Analysen, ob sie nun von der Außen- oder Innenpolitik der Fürsten und Völker oder von der ökonomischen oder sozialen ‚Ordnung‘ ausgehen, stößt er bei den Europäern immer auf das gleiche Faktum: die „superbia", mit der „avaritia", „luxuria" und „accidia" eng verknüpft sind; d. h., er legt den Akzent (wie ein mittelalterlicher Autor) auf die erste der Sieben Todsünden. Aus der ‚superbia‘ entspringt alle Ungerechtigkeit. Sein Ziel aber (und das Ziel der von ihm bewunderten Utopier) ist die Gerechtigkeit. Der Weg dorthin führt seines Erachtens über die Verwirklichung des Gleichheitsprinzips; die Gütergemeinschaft ist bei diesem Bemühen nach

Hythlodeus das vornehmste und zugleich wirkungsvollste Mittel, um dieses Ziel zu erreichen.

Es fällt weiterhin auf, daß Hythlodeus sich bei der Entwicklung dieser Gedanken zum einen auf Plato, zum anderen auf Christus beruft, und eine Reihe von Interpreten, die sich mit dem Problem des „utopian communism"[25] befaßten, haben diese Hinweise aufgenommen und weiterausgebaut; freilich sind dabei die Unterschiede zwischen der platonischen und der christlichen Ausprägung dieses Gedankens der Gütergemeinschaft einerseits und den Darlegungen Morus' andererseits nicht zu übersehen. Plato verbindet den Gedanken der Gütergemeinschaft mit der Schilderung der Klasse der Wächter, in patristischen Schriften wird diese Vorstellung gelegentlich in Verbindung mit der Schilderung des prälapsarischen Zustandes verwendet; niemals aber wird die Forderung erhoben, ein ganzes Volk – alle seine Bürger und Stände – müßte sich dieser einen Forderung unterwerfen. Diese Vorstellung ist bei Morus neu. Er vertrat sie und fand dafür auch nach der Veröffentlichung der *Utopia* die Zustimmung seiner humanistisch gesinnten Freunde. Hythlodeus' ‚utopian communism' ist der Ausdruck eines radikalen christlichen Humanismus, der auf seine Weise mit der Forderung nach Gerechtigkeit und Gleichheit im Zusammenleben der Menschen ernst zu machen suchte. Und nach allem, was wir über die zeitgenössische Rezeption der *Utopia* wissen, ging gerade von dieser Idee die stärkste Wirkung auf die Leser des 16. Jahrhunderts aus.

Es bleibt allerdings nun die Frage, wie die Äußerungen der ‚persona' Thomas Morus in der *Utopia* und die Äußerungen des Staatsmannes und Theologen Thomas Morus über das gleiche Problem zu vestehen sind.

Gegen die Forderung, aller Besitz müsse Gemeinbesitz sein, wendet die ‚persona' Thomas Morus ein:

„I disagree. I don't believe you'd ever have a reasonable standard of living under a communist system. There'd always tend to be shortages, because nobody would work hard enough. In the absence of a profit motive, everyone would become lazy, and rely on everyone else to do the work for him. Then, when things really got short, the inevitable result would be a series of murders and riots, since nobody would have any legal methods of protecting the products of his own labour – especially as there wouldn't be any respect for authority, or I don't see how there could be, in a classless society" (67).

Es sind dies traditionelle Argumente gegen den Kommunismus aus der aristotelisch-thomistischen Denktradition, die Morus *vor* dem Bericht des Hythlodeus vorbringt und die Hythlodeus mit seinen Ausführungen über

Utopia Punkt für Punkt zu widerlegen sucht. Er beruft sich dabei auf seine (angebliche) Erfahrung: so kann nur sprechen – so lautet eine Entgegnung in abgekürzter Form –, wer nicht in Utopien war. Die Institutionen der Utopier, ihre Rechtsprechung ebenso wie ihre Erziehung, verhindern die Gefahren, die Morus dem kommunistischen System zuschreibt.

Dennoch wiederholt Morus (als persona) im II. Buch seinen Einwand, dieses Mal aber nicht im Dialog, sondern in der direkten Leseransprache:

„While Raphael was telling us all this, I kept thinking of various objections. The laws and customs of that country seemed to me in many cases perfectly ridiculous. Quite apart from such things as their military tactics, religions, and forms of worship, there was the grand absurdity on which their whole society was based, communism minus money. Now this in itself would mean the end of aristocracy, and consequently of all dignity, splendour and majesty, which are generally supposed to be the real glories of any nation" (131/132).

Für den Leser, der dieses Buch aus der Hand legt, ist das Urteil, daß der Kommunismus, der zu den utopischen Einrichtungen gehört, als „perquam absurde" zu bezeichnen ist, recht eindeutig, und er fragt sich, ob Morus damit gleichsam den gesamten utopischen Bericht, den Hythlodeus im Tone großer Bewunderung vorgetragen hat – es ist das Lob, das der satirischen Schelte des I. Buches entgegengesetzt ist – mit dieser Schlußbemerkung entwerten, *um*werten wollte.

Er muß jedoch ein wenig nachdenklich werden, wenn er sieht, daß Morus hier zur Verteidigung seiner Position Worte wie „nobilitas, magnificentia, splendor, maiestas" benutzt, die durch die satirischen Attacken auf die europäischen Fürsten, die Adligen und die Reichen so gründlich in Frage gestellt wurden. Danach wäre also die „persona Morus" und ihr abschließendes Urteil in die Satire des gesamten Werkes eingeschlossen.[26] Ein Blick in die übrigen Schriften des Thomas Morus und in seine Biographie müssen den Leser auch bezüglich dieser These nachdenklich stimmen. So führt T. S. Dorsch im Rahmen seiner Darlegungen über den „utopian communism" aus:

„Schon C. S. Lewis hat darauf hingewiesen, daß Morus in der ‚Confutation' den Kommunismus als eine der ‚scheußlichsten Ketzereien' der Wiedertäufer verurteilt und daß er im ‚Dialogue of Comfort' privaten Reichtum verteidigt."[27]

Weiterhin – so Dorsch – „zeigen ihn die Portraits von Holbein in Gewändern, die seiner hohen Stellung angemessen waren, und als er in den Tower gebracht wurde, trug er eine kostbare goldene Halskette".[28]

Daraus ist zu entnehmen, daß die Charakterisierung der „persona Morus" am Ende der *Utopia* nicht nur als ein rhetorisch-satirischer Trick zu nehmen ist, sondern Züge enthält und eine Einstellung beschreibt, die auch bei dem historischen Thomas Morus zu beobachten sind.

Es wäre weiterhin zu folgern, daß der Verfasser der *Utopia* sich im Werk gleichsam in zwei Rollen aufspaltete, Hythlodeus zum Sprecher eines radikalen christlichen Humanismus machte und die Problematik seiner Vernunft an dieser Figur verdeutlichte, die einen Staat konstruiert, dafür Elemente der antiken, der mittelalterlich-christlichen und der zeitgenössisch-humanistischen Tradition benützt, während die ‚persona' Morus einer „philosophia civilior", einer weltläufigen Philosophie das Wort redet, die bereit ist, bei der Gestaltung des politischen Lebens mitzuwirken – bereit ist, auch Kompromisse zu schließen und dabei von der Voraussetzung ausgeht, daß der Mensch weder ungebrochen gut noch völlig verderbt ist und eine bessere Gesellschaftsordnung nur allmählich mit diplomatischem Geschick verwirklicht werden kann.

Freilich ist es meines Erachtens nicht genug, in dieser Doppelrolle des Autors nur einen psychischen und intellektuellen Konflikt dieses einen Mannes Thomas Morus zu sehen.[29] Es ist dies der Konflikt, den das Bürgertum, das den christlichen Humanismus trug, in diesen Jahren in sich verspürte: Es gibt zwei Wege: a) radikale Lösung von den überlieferten Ordnungen, b) Kompromiß mit den historisch gewordenen Ordnungen. In Hythlodeus schilderte Morus einen Vertreter der radikalen Kritik und der Kompromißlosigkeit. In der ‚persona' Morus läßt er die Bereitschaft zum Kompromiß erkennen.

Faßt man Morus' weitere Entwicklung ins Auge, so müssen wir sagen, daß er sich als Lordkanzler Heinrichs VIII. und im Konflikt mit ihm auf eine dritte Position zubewegte: auf die kompromißlose Verteidigung einer aus dem Mittelalter stammenden Ordnung von Kirche und Staat, dabei mit dem radikalen Ethos, das dem des Hythlodeus in der *Utopia* verwandt ist, einer Vereinigung von weltlicher und kirchlicher Macht in der Hand eines Königs sich widersetzte, die er mit seinem Gewissen nicht mehr vereinbaren konnte. Sein Tod auf dem Schafott war der sichtbare Beweis dafür, daß er sich zu einer Eingrenzung staatlicher Gewalt bekannte, wie sie das ganze Mittelalter hindurch gefordert, gelehrt und weithin auch praktiziert worden war; er nannte sich „the King's good servant, but God's first".[30]

X ANMERKUNGEN ZU THOMAS MORUS

[1] T. R. Henn (ed.), J. M. Synge, The Playboy of the Western World. London, 1960, 16.

[2] Vgl. hierzu u. a. die beiden grundlegenden Werke von E. Surtz, The Praise of Pleasure (1957) und The Praise of Wisdom (1957).

[3] Vgl. hierzu insbesondere H. U. Seeber, Wandlungen der Form in der literarischen Utopie, 46ff.

[4] Karl Büchner, Die Freundschaft zwischen Hutten und Erasmus. München, 1948, 37.

[5] Ebd.

[6] Ebd.

[7] Zit. nach R. W. Chambers, Thomas More. London, 1935, repr. 1949, 16.

[8] Zu dieser Unterscheidung zwischen ‚meaning' und ‚significance' vgl. E. D. Hirsch, jr., Validity in Interpretation. New Haven, London, 1967.

[9] Vgl. W. Habicht, Studien zur Dramenform vor Shakespeare; Moralität, Interlude, romaneskes Drama. Heidelberg, 1968.

[10] Englische Zitate nach Thomas More, Utopia, translated with an Introduction by Paul Turner. Penguin Books, Zitate aus dem lat. Original nach E. Surtz und J. H. Hexter (edd.), The Complete Works of St. Thomas More, vol. 4, Utopia, New Haven, London 1965. – Aus stilistischen Gründen wird gelegentlich nach der deutschen Übersetzung von K. J. Heinisch, Der utopische Staat, Morus: Utopia; Campanella: Sonnenstaat; Bacon: Neu-Atlantis, Rowohlts Klassiker der Literatur und Wissenschaft, 1960, zitiert.

[11] Vgl. E. Surtz und J. H. Hexter (edd.), Utopia. 301.

[12] H. U. Seeber, Wandlungen der Form in der literarischen Utopie. 61ff.

[13] R. C. Elliott, „The Shape of Utopia", English Literary History 30 (1963), 323.

[14] T. S. Dorsch, „Sir Thomas Morus und Lukian", 23; „Sir Thomas More and Lucian", 353. Die Zitate aus der Abhandlung von T. S. Dorsch werden aus stilistischen Gründen nach der deutschen Übersetzung „Sir Thomas Morus und Lukian, eine Interpretation der Utopia", in: W. Erzgräber (ed.), Interpretationen 7, Englische Literatur von Morus bis Sterne. Frankfurt/M., 1970, S. 16–35 gebracht. Die englische Version „Sir Thomas More and Lucian: An Interpretation of Utopia" findet sich in: Archiv 203 (1967), 345–363.

[15] Ich übernehme im folgenden einige Abschnitte aus meiner Abhandlung „Zur Utopia des Thomas Morus", die sich in der Schubel-Festschrift: G. Müller-Schwefe und K. Tuzinski (edd.), Literatur – Kultur – Gesellschaft in England und Amerika, Frankfurt/M., Berlin, Bonn, München 1966, S. 229–256 findet.

[16] Vgl. J. H. Lupton (ed.), The Utopia of Sir Thomas More, Oxford, 1895; diese Ausgabe basiert auf dem lat. Text des Jahres 1518; ihr ist zugleich die erste englische Übersetzung von Ralph Robynson aus dem Jahre 1551 beigegeben.

17 Vgl. E. Jäckel, Experimentum rationis. Christentum und Heidentum in der Utopia des Thomas Morus, Diss. (Masch.-Schr.) Freiburg i. Br., 1955.

18 E. Surtz und J. H. Hexter (edd.), Utopia, CV.

19 Ebd., 244.

20 Ebd., 114.

21 Vgl. J. H. Lupton (ed.), The Utopia of Sir Thomas More, XLV, Anm. 1 u. 136, Anm. 1.

22 Vgl. hierzu R. P. Adams, ,,The Philosophic Unity of More's Utopia", Studies in Philology 38 (1941), 45–65.

23 E. Surtz, The Praise of Wisdom, 246 u. 341, Anm. 5.

24 T. S. Dorsch, ,,Sir Thomas Morus und Lukian", 28–29; ,,Sir Thomas More and Lucian", 358.

25 Vgl. insbesondere E. Surtz, ,,Thomas More and Communism", Publications of the Modern Language Association, 64 (1949), 549–564.

26 Vgl. hierzu die Abhandlung von R. C. Elliott, ,,The Shape of Utopia", English Literary History 30 (1963), 317–334.

27 T. S. Dorsch, ,,Sir Thomas Morus und Lukian", 32; ,,Sir Thomas More and Lucian", 361.

28 T. S. Dorsch, ,,Sir Thomas Morus und Lukian", 32; ,,Sir Thomas More and Lucian", 362.

29 Vgl. hierzu D. M. Bevington, ,,The Dialogue in Utopia: Two Sides to the Question", Studies in Philology 58 (1961), 496–509.

30 R. W. Chambers, Thomas More, 350.

XI AUFGABEN ZU THOMAS MORUS' *UTOPIA*

1. In welcher Weise verwendet Morus im 1. Buch das Kontrastprinzip bei der Darstellung der europäischen und außereuropäischen Verhältnisse; welche Funktionen hat dieses Darstellungsprinzip?
2. Morus charakterisiert im 2. Buch die Utopier immer im Plural; William Morris dagegen stellt in *News from Nowhere* auch einzelne Angehörige des utopischen Staates vor. Worin ist nach Ihrer Auffassung diese unterschiedliche Technik begründet? Erörtern Sie die Vor- und Nachteile einer jeden Technik.
3. Gegen welche Gruppen richten sich im 1. Buch die satirischen Angriffe des Autors? Auf welche historischen Verhältnisse spielt er dabei an?
4. Was berichtet Hythlodeus über das Erziehungswesen der Utopier? Wie ordnet sich das Erziehungsprogramm in die Gesamtkonzeption des utopischen Staates ein?
5. Was führt Hythlodeus über die Kriegsgründe der Utopier aus? Wie fügen sich diese Angaben in das Gesamtbild des utopischen Staates ein, das Morus entwirft? Sehen Sie einen Bruch in der Gesamtkonzeption?
6. Was berichtet Hythlodeus über die Sklaven in Utopien? Ist Sklaverei mit der Idee eines utopischen Staates vereinbar? Wie ist es zu erklären, daß Morus überhaupt den Gedanken der Sklaverei in sein Werk aufgenommen hat?
7. Vergleichen Sie die Abhandlung von T. S. Dorsch, Sir Thomas More and Lucian: An Interpretation of Utopia, Archiv 203 (1967), 345–363, mit dem Appendix in der Utopia-Übersetzung von Paul Turner (S. 149–151). Wie beurteilen die beiden Autoren Thomas Morus' Einstellung zum Kommunismus? Welcher dieser beiden Darstellungen messen Sie größeres Gewicht bei? Versuchen Sie Argumente aus dem Text für die Begründung Ihrer Meinung zu finden.
8. Stellen Sie Anspielungen auf die griechische Antike im 2. Buch der *Utopia* zusammen. Stellen Sie weiterhin Anspielungen auf mittelalterliche Anschauungen und Lebensverhältnisse im gleichen Buch zusammen.

Wie ist es zu erklären, daß Morus in der Beschreibung eines utopischen Staates auf Vorstellungen vergangener Epochen zurückgreift?

Hat er die antiken und mittelalterlichen Anschauungen zu einer inneren Einheit verbunden?

9. In seinem Buch The Political Thought of Plato and Aristotle (London, 1959) bemerkt Sir Ernest Barker: „It is obious that More has many affinities with the modern socialism from which Plato so greatly differs." (Zitiert nach W. Nelson (ed.), Twentieth Century Interpretations of Utopia. A Collection of Critical Essays. Englewood Cliffs, N. J., 1968, 101.) – Wo sehen Sie Beziehungen zwischen der *Utopia* und dem modernen Sozialismus? Sehen Sie auch Unterschiede? Belegen Sie Ihre Thesen.

10. J. D. Mackie bemerkt in The Earlier Tudors, 1485–1558, The Oxford History of England, Oxford 1952, über Thomas Morus: „His planned state was a danger to world-peace – it resembled strangely the Germany of Hitler. It was an organized community wherein everyone had his place; where there was no unemployment; where the rough work was done by alien laborers or by the forced toil of persons who did not conform to the standards set by the state; where all citizens were trained to arms yet where few citizens lost their lives in wars which were conducted by „secret weapons", propaganda, and „fifth column", where aggression was justified whenever *Lebensraum* was needed on the ground that an intelligent people could use land better than their uninstructed neighbours." (Zitiert nach W. Nelson (ed.), Twentieth Century Interpretations of Utopia, 110.)

Wie stehen Sie zu dieser Deutung? Begründen Sie Ihre Stellungnahme mit entsprechenden Textstellen.

11. Russel Ames vertritt in seinem Buch Citizen Thomas More and His Utopia, Princeton, N. J., 1949, folgende These: „More's *Utopia* expresses the various reforming purposes of the statesman, the lawyer, the merchant, the humanist, and the man of religion. These purposes were, of course, intertwined and overlapping as well as distinguishable. The middle class, in its inconsistent and only partly conscious campaign against feudalism, had the merchants as its chief economic power and the humanists as its ideological shock troops – with More active in both groups. The *Utopia*, incorporating many views acceptable to the London merchants, presented a program of social reform, and was, first of all, a humanist tract. Its form and spirit owed much to classical literature and to religious tradition, but its substance was contemporary and secular." (Zitiert nach W. Nelson (ed.), Twentieth Century Interpretations of Utopia, 53.) Wie beurteilen Sie diese Interpretation?

12. Vergleichen Sie die Charakterisierung der Utopier mit der Charakterisierung der Houyhnhnms in *Gulliver's Travels*. Welche Übereinstimmungen ergeben sich? Wie erklären Sie diese Übereinstimmungen? Wo sehen Sie Unterschiede?

XII AUSWAHLBIBLIOGRAPHIE ZU THOMAS MORUS

I. Ausgaben

Surtz, E. und *J. H. Hexter* (edd.), The Yale Edition of the Complete Works of St. Thomas More, vol. 4: Utopia, New Haven, London 1965.

Lupton, J. H. (ed.), The Utopia of Sir Thomas More, Oxford 1895.

Turner, Paul, Utopia (translated), Penguin Books, Harmondsworth, Middlesex, 1971.

Adams, Robert M., Sir Thomas More, Utopia, A New Translation, Backgrounds, Criticism, A Norton Critical Edition, New York 1975.

Heinisch, K. J., Der utopische Staat, Morus: Utopia; Campanella: Sonnenstaat; Bacon: Neu-Atlantis; Rowohlts Klassiker der Literatur und Wissenschaft, 1960.

Ritter, G., Thomas Morus, Utopia, dt. Übers. mit einem Nachwort von Eberhard Jäckel, (Reclam), 1964.

II. Sekundärliteratur

Adams, R. P., „The Philosophic Unity of More's Utopia", Studies in Philology 38 (1941), 45–65.

Adams, R. P., The Better Part of Valor: More, Erasmus, Colet and Vives on Humanism, War and Peace, 1496–1535. Seattle, 1962.

Ames, R., Citizen Thomas More and His Utopia. Princeton, N. J., 1949.

Bevington, D. M., „The Dialogue in Utopia: Two Sides to the Question", Studies in Philology 58 (1961), 496–509.

Berglar, P., Die Stunde des Thomas Morus, Olten und Freiburg i. Br., 1978.

Brie, F., „Machtpolitik und Krieg in der Utopia des Thomas More", Historisches Jahrbuch 61 (1941), 116–137.

Brie, F., „Thomas More der Heitere", Englische Studien 71 (1936–37), 27–57.

Campbell, W. E., More's Utopia and his Social Teaching. London, 1930.

Chambers, R. W., Thomas More. London, 1935.

Cruse, H., Die Utopia des Thomas Morus und die soziale Frage. Diss. Erlangen, 1904.

Donner, H. W., Introduction to Utopia. London, 1945.

Dorsch, T. S., „Sir Thomas More and Lucian: An Interpretation of Utopia", Archiv 203 (1967), 345–363. Deutsche Übers. in: W. Erzgräber (ed.), Interpretationen 7, Englische Literatur von Morus bis Sterne. Frankfurt/M., 1970, 16–35.

Elliott, R. C., „The Shape of Utopia", English Literary History 30 (1963), 317–334.

Elliott, R. C., The Shape of Utopia. Studies in a Literary Genre. Chicago, 1970.

Erzgräber, W., „Zur Utopia des Thomas Morus", in: G. Müller-Schwefe und K. Tuzinski (edd.), Literatur – Kultur – Gesellschaft in England und Amerika (Festschrift für Fr. Schubel). Frankfurt/M., Berlin, Bonn, München, 1966, S. 229–256.

Fisch, G., Die literarische Gestalt der Utopien Mores, Bacons und Harringtons. Diss. Freiburg i. Br., 1953.

Gallagher, L. (ed.), More's Utopia and Its Critics. Chicago, 1964.

Heiserman, A. L., „Satire in the Utopia", PMLA 78 (1963), 163–174.

Hexter, J. H., More's Utopia. The Biography of an Idea. Princeton, 1952.

Hogrefe, P., The Sir Thomas More Circle. A program of ideas and their impact on secular drama. Urbana, Illinois, 1959.

Jaeckel, E., Experimentum rationis. Christentum und Heidentum in der ‚Utopia' des Thomas Morus. Diss. (Masch.-Schr.) Freiburg i. Br., 1955.

Johnson, R. S., More's Utopia: Ideal and Illusion. New Haven, 1969.

Kautsky, K., Thomas More und seine Utopie. Stuttgart, 1888.

Kern, H., Staatsutopie und allgemeine Staatslehre. Ein Beitrag zur allgemeinen Staatslehre unter besonderer Berücksichtigung von Thomas More und H. G. Wells. Diss. Mainz, 1952.

Lewis, C. S., English Literature in the Sixteenth Century Excluding Drama. Oxford, 1954, S. 164–181.

Möbus, G., Die Politik des Heiligen. Geist und Gesetz der Utopia des Thomas Morus. Berlin, 1953. Zweite erweiterte Auflage: Politik und Menschlichkeit im Leben des Thomas Morus. Mainz, 1966.

Mölk, U., „Philologische Bemerkungen zu Thomas Morus' Utopia", Anglia 82 (1964), 309–320.

Nelson, W. (ed.), Twentieth Century Interpretations of Utopia. A Collection of Critical Essays. Englewood Cliffs, N. J., 1968.

Nipperdey, T., „Die Utopia des Thomas Morus und der Beginn der Neuzeit", in: T. Nipperdey, Reformation, Revolution, Utopie. Göttingen, 1975, S. 113–146.

Oncken, H., Die Utopia des Thomas Morus. Reden und Aufsätze 1919–1935. Berlin, 1935.

O'Sullivan, R., „Social Theories of St. Thomas More", The Dublin Review 19 (1936), 46–62.

Ritter, G., Machtstaat und Utopia. München, 1940. – Neu bearbeitet: Die Dämonie der Macht. Stuttgart, 1947.

Schoeck, R. J., „More, Plutarch, and King Agis: Spartan History and the Meaning of Utopia", Philological Quarterly 35 (1956), 366–375.

Seeber, H. U., Wandlungen der Form in der literarischen Utopie. Studien zur Entfaltung des utopischen Romans in England. (Göppinger Akademische Beiträge 13), Göppingen, 1970.

Seitz, L., Thomas Morus und seine Utopia im Urteil der Renaissance. Diss. Freiburg i. Br., 1925.

Süssmuth, H., Studien zur Utopia des Thomas Morus. Ein Beitrag zur Geistesgeschichte des 16. Jahrhunderts. Münster, 1967.

Surtz, E., „Thomas More and Communism", Publications of the Modern Language Association, 64 (1949), 549–564.

Surtz, E., The Praise of Pleasure: Philosophy, Education, and Communism in More's Utopia. Cambridge, Mass., 1957.

Surtz, E., The Praise of Wisdom. Chicago, 1957.

Sylvester, R. S. und *Marc'hadour, G. P.* (edd.), Essential Articles for the Study of Thomas More. Hamden, 1977.

Traugott, J., „A Voyage to Nowhere with Thomas More and Jonathan Swift. ‚Utopia' and the ‚Voyage to the Houyhnhnms'", Sewanee Review 69 (1961), 334–365.

Vickers, B., „The Satiric Structure of Gulliver's Travels and More's Utopia", in: B. Vickers (ed.), The World of Jonathan Swift. Essays for the Tercentenary. Oxford 1968, S. 233–257.

Der Fortschrittsoptimismus des 19. Jahrhunderts, der Glaube an die Möglichkeit einer Höherentwicklung des Menschengeschlechtes – sei es auf dem Wege der Evolution, sei es durch Revolution – erfüllte die Gattung Utopie mit neuem Leben. Die Utopie rückte stärker als je zuvor in die Nachbarschaft des politischen Traktates und des programmatischen Aufrufs zum Handeln. Sie mußte sich jedoch auch gegenüber der expositorischen Prosa der Vertreter des wissenschaftlichen Sozialismus behaupten, die alle bisherigen literarischen Umschreibungen eines besseren Zustandes der menschlichen Gesellschaft für überholt erklärten und nur noch konkrete wissenschaftliche Analyse und entsprechende Anweisungen zum Handeln im Bereich des politischen Schrifttums für sinnvoll und nützlich erachteten.

William Morris: Dichter, Kulturkritiker, politischer Schriftsteller

Als William Morris gegen Ende des 19. Jahrhunderts sein einflußreiches Werk *News from Nowhere* veröffentlichte – es erschien zunächst in Fortsetzungen in der Zeitschrift *Commonweal* im Jahre 1890, ein Jahr später in Buchform –, hatte er bereits reiche Erfahrungen als Dichter, sozialkritisch engagierter Schriftsteller, Geschäftsmann und Politiker gesammelt.[1] Im Jahre 1858 war er mit der Sammlung *The Defence of Gunevere* hervorgetreten, die Gegenstände aus dem Artuskreis behandelt, und auch in den folgenden Jahren wählte er ähnlich wie Tennyson für seine Versdichtungen mittelalterliche und antike Stoffe, die er nach dem Vorbild der Chaucerschen Verserzählungen zu bearbeiten versuchte, ohne freilich je die faszinierende, ironisch gebrochene Erzählkunst Chaucers ins 19. Jahrhundert übertragen zu können.

Sehr früh fühlte er sich durch zeitgenössische Literatur – insbesondere die kulturkritischen Schriften von Carlyle und Ruskin[2] – auch dazu angeregt, über die Funktion der Kunst in der zeitgenössischen Gesellschaft und über die für ein sinnvolles künstlerisches Schaffen notwendigen äußeren Voraussetzungen nachzudenken. Er bewunderte John Ruskins Buch *The Stones of Venice*, aus dem er das Kapitel „The Nature of Gothic" später für eine gesonderte Publikation in der von ihm gegründeten Kelmscott Press auswählte. Es war vor allem der Gedanke, daß die Kunst

59

der Ausdruck der Arbeitsfreude des Menschen sei, den er von Ruskin übernahm und den er in immer neuen Variationen in seinen Essays und Vorlesungen und schließlich auch in seiner Utopie *News from Nowhere* weiterentwickelte.

Morris blieb jedoch niemals nur ein Theoretiker der Kunst; er war zugleich ein geschickter Kunsthandwerker, der versuchte, die äußeren, überaus häßlichen Lebensbedingungen des viktorianischen Zeitalters im Sinne der kunsttheoretischen Anschauungen zu verändern, die er im Anschluß an Carlyle und Ruskin vorgetragen hatte. Sein Zorn richtete sich insbesondere gegen die geschmacklosen Einrichtungsgegenstände, die Londoner Tischler und Tapezierer zu liefern pflegten. Und es wird berichtet, daß er 1857, als er zusammen mit William Rossetti, dem Freund aus dem Kreis der Präraffaeliten, in Red Lion Square eigene Zimmer ausstatten wollte, Innendekorationen nach seinem Entwurf zu entwickeln begann. „Bald lernt(e) er alles mögliche in der Blumensprache der Ornamente entwerfen: Tapeten, Stickereien, auch Möbel und Glasmalereien."[3] Im Jahre 1861 gründete er eine eigene Firma Morris, Marshall, Faulkner and Co., die Möbel, Wandbehänge, Tapeten, Glasmalereien und Kunstgewerbeartikel herstellte; 1890 folgte die Gründung der Kelmscott Press, für die er eigene Drucktypen und Ornamente entwarf, um den Zeitgenossen nicht nur nützliche, sondern auch schöne Bücher zu liefern.

William Morris begnügte sich jedoch nicht damit, nur als Schriftsteller und Innendekorateur, Färber, Teppichsticker und Weber an der Umgestaltung der Lebensverhältnisse seiner Zeitgenossen zu arbeiten. Insbesondere seitdem in den 80er Jahren des vorigen Jahrhunderts sozialistisches Gedankengut in England einen intensiven Einfluß auf die öffentliche Diskussion ausübte, fühlte er sich auch zur Politik hingezogen, 1883 schloß er sich der 1881 von Hyndman gegründeten Democratic Federation (die später in Social Democratic Federation umbenannt wurde) an; 1884 gründete er selber die Socialist League, die er allerdings 1890 wieder verließ.[4] William Morris war allzeit ein eigenwilliger, oft auch eigensinniger Verfechter seiner Ideen, der im Gegensatz zu vielen seiner sozialistisch gesinnten Freunde keine Kompromisse mit dem bestehenden System schließen wollte und von der Notwendigkeit einer revolutionären Änderung der Gesellschaftsordnung (im Sinne von Karl Marx) überzeugt war.

Der Anstoß für die Utopie *News from Nowhere* ging von Edward Bellamys Buch *Looking Backward: 2000–1887* aus, das 1888 erschien und sehr schnell in Amerika wie in England Aufsehen erregte.[5] Bellamy schildert einen Staat zu Beginn des 21. Jahrhunderts, in dem alle Menschen von Vernunft und Gemeinsinn geleitet werden und in dem das Ideal der klassenlosen Gesellschaft verwirklicht ist. Jeder Bürger erhält bis zum 21. Lebensjahr eine gründliche Erziehung und Ausbildung, muß dann drei Jahre lang Arbeiten verrichten, die sonst niemand im Staat freiwillig verrichten möchte, arbeitet danach in einem Beruf, für den er sich nach Neigung und Begabung entscheiden kann, bis zum 45. Lebensjahr und wird anschließend in den Ruhestand versetzt. Die Technik hat einen hohen Grad an Perfektion erreicht, es herrscht großer materieller Wohlstand, Geld ist als Zahlungsmittel abgeschafft, Waren werden auf Kreditkarten bezogen, Handel und Industrie werden zunächst von Trusts und Syndikaten gesteuert, bis sich schließlich ein einziges großes Syndikat herausbildet: der Staatssozialismus ist erreicht. In seinem idealistischen Enthusiasmus fand Bellamy mit diesem Buch bei den amerikanischen Lesern eine so große Zustimmung, daß in Kürze 150 Bellamy-Clubs gegründet waren, die an der Verwirklichung des von ihm beschriebenen wirtschaftlichen und politischen Ziels mitarbeiten wollten.

Bellamys Utopie ist eine Version des American Dream, die bei einem Engländer wie William Morris auf schärfste Ablehnung stieß. In einem Brief an seinen Freund Bruce Glasier schrieb er:

> I suppose you have seen or read, or at least tried to read *Looking Backward*. I *had* to on Saturday, having promised to lecture on it. Thank you, I wouldn't care to live in such a Cockney paradise as he imagines.[6]

Und in seiner Besprechung dieses Buches in *Commonweal*, dem Organ der Socialist League – in dem auch *News from Nowhere* erschien, obgleich ihm 1890 die Herausgeberschaft entzogen wurde – verlieh er seinen Vorbehalten gegen Bellamys Utopie deutlichen Ausdruck: es störten ihn vor allem der bürokratische und technokratische Perfektionismus und die unkritisch-enthusiastische Bewunderung allen technischen Fortschritts.[7] William Morris gehört zu den Autoren des 19. Jahrhunderts, die zwar eine radikale, revolutionäre Veränderung der bestehenden Verhältnisse bejahen, sich als Ziel der Menschheitsgeschichte aber eine Rückkehr zur Natur im Sinne der rousseauistischen Tendenzen der englischen Romantik erhoffen.

Morris wählte die Form der Traumerzählung mit einer knappen Rahmenhandlung, um in *News from Nowhere* seine Ideen über einen utopischen Staat darzubieten.[8] Er griff damit auf eine Form zurück, die im ausgehenden Mittelalter, insbesondere im 14. Jahrhundert, in der englischen Literatur beliebt war – einer Zeit, mit der er sich bereits in dem Buch *A Dream of John Ball* (1888) befaßt hatte, weil er imBauernaufstand des Jahres 1381 einen ersten revolutionären Schritt sah, der zu dem von ihm erhofften Ziel einer Gesellschaft der Freien und Gleichen hinführen wollte. Eine gewisse Parallele zwischen der Traumvision des Piers Plowman, die William Langland zugeschrieben wird, und Morris' Traumvision besteht darin, daß beide Autoren den Traum benutzen, um dichterische Einsichten in das gesellschaftliche Leben der Menschen mitzuteilen. Langland erhoffte sich eine „regeneratio" und „reformatio" der Menschen aus dem Geist des christlichen Glaubens, Morris plädiert für eine Veränderung der bestehenden Verhältnisse im Sinne des Marxismus und Sozialismus. Jeder der beiden Autoren benutzt die Traumvision, um Wahrheiten zu verkünden, die seiner Auffassung nach aus der alltäglichen Erfahrung nicht direkt abgeleitet werden können, und um aus der Aktualität des geschichtlichen Ablaufs herauszutreten und auf zukünftige Möglichkeiten in der Gestaltung der gesellschaftlichen Verhältnisse hinzuweisen. Der wesentliche Unterschied zwischen dem mittelalterlichen und dem neuzeitlichen Autor besteht darin, daß Langland an der hierarchischen Struktur der mittelalterlichen Gesellschaft festhielt, daß er auf eine spirituelle Erneuerung der Menschheit hoffte, während Morris die Veränderung der sozialen und ökonomischen Strukturen als die Voraussetzung für die Erneuerung der Gesellschaft ansah. Da im Sinne von Karl Marx die Verhältnisse den Menschen bestimmen, müssen auch seiner Auffassung nach die herrschenden Verhältnisse geändert werden, wenn die angeborene Güte des Menschen zum Vorschein kommen soll.

Der Erzähler

Der Erzähler der Traumvision wird in der Rahmenhandlung zunächst mit „a friend", dann mit „our friend" (1) eingeführt; erst am Ende der Einführung wechselt Morris in einer etwas schwerfälligen Weise in die erste Person über:

> But, says he, I think it would be better if I told them in the first person, as if it were myself who had gone through them; which, indeed, will be

the easier and more natural to me, since I understand the feelings and desires of the comrade of whom I am telling better than any one else in the world does. (3)

Am Ende des Buches bleibt Morris in der ersten Person, auch in der Rahmenhandlung, und es ist offensichtlich, daß er sich als Autor mit dem Ich-Erzähler stark identifiziert; die anfänglich gebrauchte Wendung „a friend" ist gleichsam nur eine Maske, die er sich zunächst vorhält, dann aber bald zur Seite legt. Er spricht nicht aus ironisch-spielerischer Distanz zum Gegenstand, sondern aus einer engagierten Identifikation mit den vorgetragenen Ideen.[9]

Auffallend ist, daß sich der Erzähler in der Rahmenhandlung in einer isolierten Situation befindet. Er war zwar mit den Freunden der Socialist League zusammen – im Buch spricht er einfach nur von „the League" –, er löste sich jedoch von diesem Kreis, weil jeder von ihnen eine eigene Meinung vertrat. Wenn es an einer Stelle der Rahmenhandlung heißt: „One of the sections, says our friend, a man whom he knows very well indeed, sat almost silent at the beginning of the discussion, but at last got drawn into it, and finished by roaring out very loud, and damning all the rest for fools" (1), dann dürfte damit nicht nur der Erzähler, sondern – nach allen Berichten über William Morris, die uns zur Verfügung stehen – auch der Autor ein Selbstportrait geliefert haben. Das aber bedeutet: Der Erzähler (und der Autor) erfährt in der historischen Realität nicht jene Solidarität des politischen Denkens und Handelns, die nötig wäre, wollte er zusammen mit Gesinnungsfreunden die politische Entwicklung Englands auf jenes Ziel hin vorantreiben, das im Traum beschrieben wird.

Wenn man über eine autobiographische Deutung hinausgeht und den Erzähler des Rahmens mit anderen Erzählern im viktorianischen Roman vergleicht, läßt sich insofern eine Verwandtschaft zwischen Morris' Erzähler und Captain Marlow, dem Erzähler in Joseph Conrads Erzählung *Heart of Darkness* (1900) entdecken, als jeder Erzähler auf seine Art ein Einzelgänger ist, auch wenn er äußerlich einem bestimmten Freundeskreis zugeordnet wird. Die Erzähler erfahren an sich jene gesellschaftliche Entfremdung, die in den realistischen Romanen von Dickens bis Hardy und Conrad das zentrale Thema der viktorianischen Erzählkunst bildet.[10] Die Erfahrung der Entfremdung kann auch Morris in seinem Buch nicht eliminieren, wenn er sich – wie im Rahmen – der realistischen Darstellungsweise bedient. Andernfalls würde er die Wirklichkeit, würde er die Einsichten einer Generation von Erzählern verfälschen. Und es wird von diesem Erörterungszusammenhang her auch einsichtig, weshalb er im Traum selbst weitgehend auf die realistische Darbietungsweise verzichtete und sich an den Erzählstil der Romanze anlehnte, um die utopische Vision seinen Lesern zu vermitteln.[11] Die poetische Verwandlung des Realen, die der Romanzenstil gebietet und leistet, ist die formale Entsprechung für die Thematik des Traumes, die Verwandlung der gesellschaftlichen Verhältnisse. Sobald der Erzähler sich auf die Erfahrungswirklichkeit des 19. Jahrhunderts bezieht, dominiert der realistische Stil.

Der Schlußteil des Rahmens (182) charakterisiert die eigentümliche Zwischenstellung, die Morris als utopischer Schriftsteller zwischen Gegenwart und Zukunft einnimmt. Er wird sich bewußt, daß er die zukünftige Realität nur von außen, durch den Schleier der gegenwärtigen Zweifel und Vorurteile wahrnahm. Und er deutet den traurigen Blick, mit dem Ellen, eine Gestalt aus der utopischen Vision, vom Ich-Erzähler Abschied nahm, als eine Aufforderung, der Verzweiflung zu widerstehen, die ihn überkommen kann, wenn er sich des Unterschieds zwischen einem Zeitalter der Entfremdung und einem Zeitalter der freien Selbstbestimmung bewußt wird. Beachtenswert ist, daß Morris in seinem letzten Satz den Begriff „dream" und den Begriff „vision" gegeneinander ausspielt:

> Yes, surely! and if others can see it as I have seen it, then it may be called a vision rather than a dream (182).

„Dream" bezeichnet den subjektiven Traum, „vision" eine Vorstellung, die andere mit ihm teilen und die zugleich das gemeinsame Handeln bestimmen kann.

Die utopische Wirklichkeit

In seinem utopischen Traum geht Morris davon aus, daß die Menschheit im 21. Jahrhundert ohne die meisten Errungenschaften der modernen Zivilisation und insbesondere der modernen Naturwissenschaft leben könne – und mehr noch, daß die Menschheit insgesamt bereit sei, weithin auf die Technologie zu verzichten. So stellt Walter, einer der Utopier, im Gespräch mit dem Ich-Erzähler, der für die Utopier einfach der „Gast" ist, über die Themse-Schleusen einmal fest:

> ‚You see, guest, this is not an age of inventions. The last epoch did all that for us, and we are now content to use such of its inventions as we find handy, and leaving those alone which we don't want. I believe, as a matter of fact, that some time ago (I can't give you a date) some

elaborate machinery was used for the locks, though people did not go so far as try to make the water run uphill. However, it was troublesome, I suppose, and the simple hatches, and the gates, with a big counter-poising beam, were found to answer every purpose, and were easily mended when wanted with material always to hand: so here they are, as you see.' (146)

Wie ein Verzicht auf die Errungenschaften der Technik zu bewerkstelligen sei, wie Millionen von Menschen in allen Erdteilen existieren können, ohne die Möglichkeiten der Technik umfassend zu nutzen, wird in Morris' Werk nicht erörtert. Sein Buch spiegelt nur die Sehnsucht des Autors und einiger seiner Zeitgenossen wider, frei zu sein von den häßlichen Auswirkungen der Industrialisierung. Morris sehnt sich zurück in einen vorindustriellen Zustand, teilt aber – wie bereits hervorgehoben – die politische Überzeugung der Marxisten, wonach nur durch eine Revolution, die von der Arbeiterklasse getragen werde, der gegenwärtige Zustand, d. h. für Morris der Zustand, in dem sich England und Europa im ausgehenden 19. Jahrhundert befanden, geändert werden könne. Wenn E. P. Thompson sein 1955 veröffentlichtes Buch *William Morris: Romantic to Revolutionary* betitelte, dann wies er damit auf eine Spannung hin, die sich im gesamten Werk des William Morris abzeichnet: Er war ein Romantiker, der sich zum marxistischen Revolutionär weiterentwickelte. Er streifte jedoch seine ursprünglich romantischen Anschauungen nicht ab, als er seine Utopie *News from Nowhere* schrieb, sondern nutzte romantische Ausdrucksmöglichkeiten, insbesondere jene Techniken, die romantische Autoren ausgebildet hatten, um idyllisch pastorale Landschaften und Menschen, die in einer solchen Umwelt leben, beschreiben zu können. Morris wandte sich dichtungsgeschichtlich der Vergangenheit zu, um seine Vision einer zukünftigen Menschheit überhaupt ausdrücken zu können.

Die Landschaftsbeschreibung

Als Beispiel für seine Darstellung der utopischen Welt sei eine Landschaftsbeschreibung aus dem 30. Kapitel von *News from Nowhere* zitiert:

In a few minutes we had passed through a deep eddying pool into the sharp stream that ran from the ford, and beached our craft on a tiny strand of limestone-gravel, and stepped ashore into the arms of our up river friends, our journey done.

I disentangled myself from the merry throng, and mounting on the cart-road that ran along the river some feet above the water, I looked round about me. The river came down through a wide meadow on my left, which was grey now with the ripened seeding grasses; the gleaming water was lost presently by a turn of the bank, but over the meadow I could see the mingled gables of a building where I knew the lock must be, and which now seemed to combine a mill with it. A low wooded ridge bounded the river-plain to the south and south-east, whence we had come, and a few low houses lay about its feet and up its slope. I turned a little to my right, and through the hawthorn sprays and long shoots of the wild roses could see the flat country spreading out far away under the sun of the calm evening, till something that might be called hills with a look of sheep-pastures about them bounded it with a soft blue line. Before me, the elm-boughs still hid most of what houses there might be in this river-side dwelling of men; but to the right of the cart-road a few grey buildings of the simplest kind showed here and there.

There I stood in a dreamy mood, and rubbed my eyes as if I were not wholly awake, and half expected to see the gay-clad company of beautiful men and women change to two or three spindle-legged back-bowed men and haggard, hollow-eyed, ill-favoured women, who once wore down the soil of this land with their heavy hopeless feet, from day to day, and season to season, and year to year. But no change came as yet, and my heart swelled with joy as I thought of all the beautiful grey villages, from the river to the plain and the plain to the uplands, which I could picture to myself so well, all peopled now with this happy and lovely folk, who had cast away riches and attained to wealth. (172–3)

Einzelne Angaben wie ,,a tiny strand of limestone-gravel", ,,the ripened seeding grasses" oder ,,a low wooded ridge" geben der Landschaftsbeschreibung ein realistisches Gepräge: Die utopische Idylle wird für den (englischen) Leser, der mit der beschriebenen Gegend vertraut ist, in die Nähe seiner alltäglichen Erfahrung gerückt. Zugleich aber ist festzustellen, daß Morris die Einzelbeobachtungen zu einem absichtsvoll stilisierten Gesamtbild zusammengefügt hat: Stimmungstragende Adjektive wie ,,calm" (auf das Wort ,,evening" bezogen) oder ,,happy and lovely" (dem Substantiv ,,folk" zugeordnet) evozieren die Vorstellung einer idyllischen paradiesischen Wirklichkeit. Mensch und Natur und auch die von Menschenhand geschaffene Umgebung befinden sich im Einklang miteinander: das Adjektiv ,,beautiful" wird sowohl auf die Wendung ,,men and women" wie auf die Fügung ,,grey villages" bezogen.[12]

Auf die idyllisch-pastoralen Züge dieser Landschaft weist Morris in diesem Zusammenhang hin, wenn er von „hills with a look of sheep-pastures about them" spricht. Noch deutlicher wird der Hinweis auf die Tradition der Pastoralpoesie im 22. Kapitel, wo sich der Satz findet: „and then Ellen showed us to our beds in small cottage chambers, fragrant and clean as the ideal of the old pastoral poets" (131); die märchenhafte Atmosphäre der englischen Gartenlandschaft wird sodann im 23. Kapitel von Dick unterstrichen, der feststellt: „Look, guest,' . . . ‚doesn't it all look like one of those very stories out of Grimm that we were talking about up in Bloomsbury? Here are we two lovers wandering about the world, and we have come to a fairy garden, and there is the very fairy herself amidst of it: I wonder what she will do for us.'" (133) Die Menschen, die Morris in seinem utopischen Traum beschreibt, sind geborgen im Kreislauf der Natur. Die Rückkehr zu einem Anfangsstadium der Menschheitsgeschichte, zu einer agrarischen Gesellschaftsform scheint möglich zu sein; im Erntefest der utopischen Idylle, das den Höhepunkt und zugleich den Abschluß der Fahrt Themse-aufwärts bildet, ist sie Wirklichkeit geworden. Die Zeit scheint in dieser idyllisch-utopischen Welt stille zu stehen, so daß der alte Hammond, der durchaus über Vergangenheit und Zukunft nachzudenken vermag, im Gespräch mit dem ‚Gast' feststellt: „Meantime, my friend, you must know that we are too happy, both individually and collectively, to trouble ourselves about what is to come hereafter." (87) Es ist kennzeichnend für den utopischen Zustand, den der alte Hammond preist und den Morris beschreibt, daß in ihm das größtmögliche Glück des Einzelnen und zugleich das größtmögliche Glück aller Menschen Wirklichkeit geworden sind. Für den Ich-Erzähler bleibt nur die ‚sentimentalische' Sehnsucht (im Sinne Schillers), an diesem Zustand teilhaben zu können – eine Sehnsucht, die unerfüllt bleiben muß.

Die Darstellung der Charaktere

Der Versuch, einen idyllisch-utopischen Zustand zu schildern, hat tiefgreifende Konsequenzen für die Darstellung der einzelnen Charaktere, denen der Ich-Erzähler in der Traumvision begegnet. Wer Morris' Figurendarstellung kritisiert und dabei seine Maßstäbe aus dem viktorianischen Roman holt, wer nach komplexen Charakteren Ausschau hält, wie sie bei Thackeray oder Emily Brontë zu finden sind, geht von falschen Voraussetzungen aus. Morris mußte in der Menschendarstellung ebenso wie in den Landschaftsbeschreibungen die realistischen Konventionen beiseite schieben, wollte er bei seinen Lesern den Eindruck erzeugen, er schildere Menschen, die frei sind von allen Zwängen und allen Spuren der Ausbeutung und Erschöpfung. Unüberbrückbare Gegensätze zwischen zwei Charakteren, wie sie etwa Thomas Hardy zur gleichen Zeit in seinen Wessex-Romanen schilderte, gibt es bei Morris nur in Ausnahmefällen.

Die meisten Personen, die er auftreten läßt, sind als „flat characters" im Sinne E. M. Forsters zu bezeichnen: Sie sind durch individuelle Idiosynkrasien gekennzeichnet, die von den Mitmenschen mit Nachsicht belächelt werden.[13] Als Beispiel eines „flat character" kann Henry Johnson, der allgemein Boffin genannt wird, gelten. Obgleich er Müllkutscher ist, liebt er das vornehme, ein wenig angeberische Auftreten; „we only call him Boffin as a joke, partly because he is a dustman, and partly because he will dress so showily, and get as much gold on him as a baron of the Middle Ages." (18) Wenn Morris weiterhin berichtet, daß Boffin auch Romane schreibt, so will er darauf hinweisen, daß in der utopischen Gesellschaft der Unterschied zwischen ‚niedriger' manueller und ‚hoher' intellektueller Arbeit aufgehoben ist. Boffin ist – wie andere Charaktere auch – eine Gestalt, die eine illustrative Funktion hat; Morris versucht durch ihn zu verdeutlichen, wie bestimmte utopische Forderungen in die Wirklichkeit umgesetzt werden. Ein kurioser Außenseiter ist Ellens Großvater, der als „a grumbler" (128) vorgestellt wird und sich in der Rolle eines Lobredners vergangener Zeiten gefällt – „the past days, in which such splendid works of imagination and intellect were produced" (129) –, so daß ironischerweise der Ich-Erzähler, aus dem 19. Jahrhundert stammend, versuchen muß, ihn von den Vorzügen der utopischen Lebensform zu überzeugen, die er gerade erst kennengelernt hat. Der alte Nörgler ist als eine Art Kontrastfigur zu dem alten Hammond gedacht, der die Funktion eines Mentors in den Gesprächen mit dem ‚Gast' erfüllt, die bestehenden Verhältnisse (des 21. Jahrhunderts) preist und das 19. Jahrhundert in einer Tonart kritisiert, die an den politischen Polemiker William Morris denken läßt. Wenn Ellen von allen Frauengestalten, die in dieser idyllischen Utopie auftreten, am ehesten als ein plastisch ausgeformter Charakter zu bezeichnen ist, dann ist dies darin begründet, daß sich der Ich-Erzähler am stärksten von ihr angesprochen fühlt. Die Vorzüge, die er bei den Utopiern beobachtet hat, sind bei ihr zur höchsten Vollendung gediehen; daher ist ihr auch das Lob der Natur in den Mund gelegt, die sie als die Macht versteht, aus der alles Leben stammt und die alles Leben erhält.

She led me up close to the house, and laid her shapely sun browned hand and arm on the lichened wall as if to embrace it, and cried out, ‚O me! O me! How I love the earth, and the seasons, and weather, and all things that deal with it, and all that grows out of it, – as this has done!‘

I could not answer her, or say a word. Her exultation and pleasure was so keen and exquisite, and her beauty, so delicate, yet so interfused with energy, expressed it so fully, that any added word would have been commonplace and futile. (174)

Wenn es zwischen den Menschen in Morris' Utopien dennoch zu Spannungen kommt, dann sind sie ausschließlich in unterschiedlichen psychischen Veranlagungen, nicht aber in gesellschaftlichen, politischen oder religiösen Unterschieden begründet. Immer wieder taucht, wenn von den Beziehungen zwischen mehreren Menschen die Rede ist, das Motiv der Eifersucht auf: Dick und Clara haben sich für einige Zeit getrennt und ihre Kinder zu Verwandten gegeben, und auch wenn einmal von einem Mord berichtet wird, ist Eifersucht die Ursache. Ansonsten verlaufen die Begegnungen zwischen den Utopiern weitgehend spannungslos. Die berichteten Vorgänge spielen sich in einem Rhythmus ab, der am ehesten mit den Adjektiven „sanft" oder „gleitend" zu charakterisieren wäre. Und es kann nicht überraschen, wenn ein Leser, der seine Urteile über epische Literatur von einem spannungsgeladenen Kriminalroman ableitet, konstatiert, daß Morris' *News form Nowhere* ihn langweile. Einem solchen Urteil setzt sich jeder Verfasser utopischer Literatur aus, wenn es ihm primär darum geht, einen friedlichen, idyllischen, paradiesischen Zustand zu beschreiben. Thomas Morus ist dieser Gefahr insofern bis zu einem gewissen Grade entgangen, als er Hythlodeus über die religiösen, politischen, wirtschaftlichen und kulturellen Verhältnisse in Utopia berichten läßt und diesen Bericht in einen argumentativen Zusammenhang eingliedert. Niemals aber wird ein einzelner Utopier namentlich genannt und im Gespräch mit Hythlodeus vorgeführt; eine Liebesepisode ist in Morus' Werk völlig undenkbar.

Die Dialoge

Die meisten Gespräche und Begegnungen in Morris' *News from Nowhere* haben deshalb keinen dramatischen, sondern einen didaktischen Charakter, weil der ‚Gast' in Utopien, der als Ich-Erzähler im Mittelpunkt steht, zunächst verwirrt und erstaunt ein verändertes England sieht und veränderte Menschen beobachtet, bis er dann schrittweise Gründe für die eigentümlichen Lebensgewohnheiten der Utopier erfährt. Programmatische Erörterungen, die Morris mit seinen politischen Freunden in der Social Democratic Federation und der Socialist League führte und die er in zahllosen Vorträgen, Artikeln und Essays fortsetzte, sind in diese Dialoge von *News from Nowhere* eingegangen.[14]

Von zentraler Bedeutung sind die Lehrgespräche zwischen dem Ich-Erzähler und dem alten Hammond. Kapitel-Überschriften wie „Concerning Love" (Kap. 9), „Concerning Government" (Kap. 11), „Concerning the Arrangement of Life" (Kap. 12) oder „Concerning Politics" (Kap. 13) könnten auch Essay-Überschriften sein; sie beweisen, daß Morris in diesem Teil seiner Utopie bestimmte Fragen in systematischer Weise abhandeln wollte. Auf die künstlerische Komposition dieser Dialoge hat er – hält man platonische Dialoge zum Vergleich daneben – keine große Sorgfalt verwendet. Die Fragen des Ich-Erzählers bilden oft nur den äußeren Anreiz für den alten Hammond, jeweils ein neues Sachgebiet abzuhandeln; entfällt dieser Anreiz, so lockt der Mentor des ‚Gastes' durch Fragen geschickt die gewünschte Anregung des Gesprächspartners hervor. Da der alte Hammond auf Grund seiner historischen Studien die Phase in der englischen Geschichte kennt, aus der der Ich-Erzähler stammt, bauen sich die Gespräche auf ein wechselseitiges Verständnis auf. Anders sind dagegen die anfänglichen Dialoge zwischen Dick und dem Ich-Erzähler strukturiert. Da der Ich-Erzähler zunächst noch stark in seinen herkömmlichen, dem viktorianischen Zeitalter entstammenden Wertmaßstäben und Konventionen befangen ist, kommt es oft zu peinlich-kuriosen Mißverständnissen. Erst nachdem der alte Hammond in dem ‚Gast' ein Verständnis für die unterschiedlichen Haltungen und sozialen Normen der Alten und der Neuen Welt, des 19. und des 21. Jahrhunderts geweckt hat, vermag der ‚Gast' in Utopien auf der Fahrt zum Erntefest (im letzten Teil des Buches) die neue Wirklichkeit auf sich wirken zu lassen.

Die utopische Lebensart

Im Gegensatz zu Thomas Morus, der ja keinen Traum, sondern (angeblich) reale Erfahrungen eines Reisenden mitteilt und der – bei allen ‚Leerstellen', die sich auch in seiner *Utopia* finden – viel präzisere Angaben über die Sozialordnung, über die Struktur des Staates, über das Verhältnis der Utopier zum Krieg oder zu Fragen der Rechtsprechung macht, will Morris weniger die intellektuelle Struktur eines Staates transparent werden lassen, als vielmehr eine bestimmte Lebensart veranschaulichen, die Wirklichkeit werden könnte, wenn die Menschheit von Gewalt und Sklaverei befreit ist.[15]

Zur Frage des Privateigentums

An Thomas Morus erinnert Morris (bei allen Unterschieden in Einzelfragen) insofern, als auch er die Abschaffung des Privateigentums als Voraussetzung für die Erlangung des utopischen Zustandes betrachtet. Es fällt jedoch auf, daß Morris in *News from Nowhere* kein radikaler Verfechter dieses Gedankens ist. Wenn er von der Abschaffung des Privateigentums spricht, denkt er vor allem an die Produktionsmittel. Weiterhin ist zu konstatieren, daß die Utopier nicht mehr über finanzielle Mittel verfügen, so daß der Erwerb von Eigentum ausgeschlossen ist. Und es wird schließlich auch berichtet, daß es keine Verbrechen mehr gibt, die aus äußerer Not begangen werden. Alle lebensnotwendigen Güter sind vorhanden, und jeder kann sie, je nach Bedarf, beziehen. Andererseits ist jedoch auch zu beobachten, daß die Utopier über Dinge des alltäglichen Lebens von den Feldfrüchten bis zu den Booten und Häusern verfügen, wie man herkömmlicherweise über Privatbesitz verfügte. Es ist offenbar jedem gestattet, innerhalb bestimmter materieller Voraussetzungen eine eigene, persönliche Welt aufzubauen und einen individuellen Lebensstil zu entwickeln. Morris setzt voraus, daß die Utopier so viel Altruismus besitzen, daß sie bereit sind, freiwillig einiges von den Dingen, über die sie gerade verfügen, abzutreten, wenn es die besondere Situation eines anderen Menschen oder das Gemeinwohl verlangen.

Keine Gesetze

Es gibt nach allem, was in *News from Nowhere* über die utopische Sozialordnung gesagt wird, keine Gesetze und Vorschriften, die das Zusammenleben der Menschen im materiellen Bereich regeln; Morris' Utopier scheinen sich offenbar in dem Willen, Gutes zu tun, gegenseitig zu übertreffen. Hatte Thomas Morus in seiner *Utopia* für ein geordnetes Zusammenleben der Menschen noch Gesetze gefordert, die so abgefaßt sein sollten, daß auch der einfachste Mensch sie verstehen könne, hatte er für rückfällige Ehebrecher noch die Todesstrafe vorgesehen, so gibt es in *News from Nowhere* weder ein Strafrecht noch ein Zivilrecht. Die Bewohner von Nowhere halten es für unvernünftig, wenn im Zusammenleben der Geschlechter „contracts of sentiment or passion" (49) durch das Gesetz geschützt oder erzwungen werden, und mit der Abschaffung des Privateigentums wird ihrer Auffassung nach auch das Strafrecht überflüssig:

> In your sense of the word, we have no criminal law either. Let us look at the matter closer, and see whence crimes of violence spring. By far the greater part of these in past days were the result of the laws of private property which forbade the satisfaction of their natural desires to all but a privileged few, and of the general visible coercion which came of those laws. All *that* cause of violent crime is gone. (68)

Verbrechen gilt nach den in Nowhere geltenden Sitten und Gebräuchen als ein Irrtum, auf den – so die allgemeine Überzeugung – die Reue mit innerer Notwendigkeit folgt:

> In a society where there is no punishment to evade, no law to triumph over, remorse will certainly follow transgression. (70)

Verbrechen werden zugleich als Krankheiten betrachtet, die mit Behutsamkeit, Takt, Vernunft und menschlicher Anteilnahme geheilt werden müssen. Das herkömmliche Strafrecht wird in Nowhere abgelehnt, weil es nach der Auffassung der Utopier nur die Racheinstinkte weckt und stärkt:

> If in addition we torture the man, we turn his grief into anger, and the humiliation he would otherwise feel for *his* wrong-doing is swallowed up by a hope of revenge for *our* wrong-doing to him. He has paid the legal penalty, and can 'go and sin again' with comfort. Shall we commit such a folly, then? (70)

Aus einer späteren Bemerkung Walters geht allerdings hervor, daß es auch die Möglichkeit der Verbannung in besonders extremen Fällen gibt (vgl. 143).

Schließlich fehlt in Nowhere auch das Wirtschaftsrecht, wenngleich es gewisse Regelungen für den Markt und auch einzelne Personen gibt, denen Organisation und Verwaltung Vergnügen macht. Hier wie anderwärts liefert Morris keine genauen inhaltlichen Angaben über die Sitten und Gebräuche, nach denen der Markt geregelt wird; zur Wendung „regulations of the market" fügt er lediglich hinzu: „varying according to the circumstances and guided by general custom" (71). Das Leben in Nowhere wird im Ökonomischen, aber auch im politischen und sozialen Bereich durch Gebräuche bestimmt, die teilweise durch äußere Umstände und Bedingungen modifiziert werden können. Es spricht aus all diesen Angaben ein unermeßliches Vertrauen auf die Vernunft, den gesunden Menschenverstand und die Bereitschaft zur Kooperation.

Die Ethik

Wie Morus ist auch Morris davon überzeugt, daß Vernunft und Natur den Menschen dazu antreiben, im Sinne des Gemeinwohls (commonweal) zu handeln, daß der Einzelne in der Regel bereit sei, sich vernünftiger Einsicht zu beugen und sein Eigeninteresse dem Gesamtinteresse unterzuordnen, wobei Morris deutlich werden läßt, daß er nicht einer absoluten Vorherrschaft der Staatsräson das Wort reden möchte.

> . . . it is a point of honour with us not to be self-centred (49).

Morris plädiert für die größtmögliche Freiheit des Einzelnen, für den Geist brüderlicher Kooperation, für die Selbstentfaltung eines jeden Einzelnen unter dem Gesetz der Chancengleichheit („equality of condition"). Mit andern Worten: Er plädiert für die Verwirklichung der Ideale der französischen Revolution unter den Voraussetzungen eines Sozialismus, wie er selber ihn in den politischen Auseinandersetzungen in England gegen Ende des vorigen Jahrhunderts entwickelt hatte.

Er verficht damit – ähnlich wie George Eliot nach ihrer Abkehr vom Puritanismus – eine „religion of humanity" (113), eine Ethik ohne jegliche Bindung an einen transzendenten Bereich.[16] Wenn der alte Hammond das Credo der Bewohner von Nowhere formuliert, dann setzt er diese neue, moderne „religion of humanity" zwar einerseits in Beziehung zur traditionellen christlichen Ethik; er ist jedoch überzeugt, daß erst in der Gegenwart die Voraussetzungen geschaffen wurden, um eine solche Ethik überhaupt praktizieren zu können:

> In times past, indeed, men were told to love their kind, to believe in the religion of humanity and so forth. But look you, just in the degree that a man had elevation of mind and refinement enough to be able to value this idea, was he repelled by the obvious aspect of the individuals composing the mass which he was to worship . . . But now, where is the difficulty in accepting the religion of humanity, when the men and women who go to make up humanity are free, happy, and energetic at

least, and most commonly beautiful of body also, and surrounded by beautiful things of their own fashioning, and a nature bettered and not worsened by contact with mankind? (113–14)

Die Erziehung

Während andere Verfasser utopischer Romane der Erörterung pädagogischer Fragen verhältnismäßig breiten Raum zubilligen und Thomas Morus etwa davon berichtet, mit welcher Begeisterung sich die Utopier dem Schrifttum der griechischen Antike zuwandten, finden sich in Morris' *News from Nowhere* nur wenige verstreute Bemerkungen über die Erziehung junger Menschen. Es zeugt von dem elementaren Vertrauen, das die Bewohner von Nowhere in die menschliche Natur setzen, wenn sie auf ein durchdachtes Erziehungssystem verzichten. So versteht Dick im Gespräch mit dem Ich-Erzähler überhaupt nicht, was das Wort „school" in Verbindung mit „children" bedeuten soll, allenfalls sind ihm die Wendungen „a school of herring" oder „a school of painting" (23) vertraut. Und als der ‚Gast' nach dem Erziehungssystem, „system of education" (23) fragt, erhält er folgende Antwort: „‚Education?' . . . ‚I know enough Latin to know that the word must come from *educere*, to lead out; and I have heard it used; but I have never met anybody who could give me a clear explanation of what it means" (23). Die Ausbildung der physischen Anlagen vollzieht sich von selbst, Schwimmen und Reiten lernen die Kinder ohne besonderen Unterricht, und auch das Lesen eignen sich die Vierjährigen angeblich mühelos an („‚Most children, seeing books lying about, manage to read by the time they are four years old . . .'" (24). Man hält es weiterhin nicht für nötig, ihnen sehr früh das Schreiben beizubringen; solche Versuche verderben nach der Auffassung der Bewohner von Nowhere nur die Handschrift. Ebenso einfach wie das Erlernen des Lesens stellt sich Morris offenbar auch das Erlernen der Fremdsprachen vor. Die Kinder eignen sich Französisch oder Deutsch durch den Umgang mit Kindern aus den fremden Völkern an oder sie übernehmen diese Sprachen von ihren Eltern, die alle Französisch und Deutsch sprechen (vgl. 25), und über das Studium alter Sprachen bemerkt Dick als Gesprächspartner des Ich-Erzählers nur: „‚O yes . . . they mostly learn Latin and Greek along with the modern ones, when they do anything more than merely pick up the latter.'" (25) Aus dem Gespräch zwischen Dick und dem Ich-Erzähler geht weiterhin hervor, daß in Nowhere eine deutliche Abneigung gegen eine allzu starke intellektuelle Schulung besteht: „we don't encourage early bookishness" (25). Dafür begrüßt man es, wenn die Kinder sich in handwerklicher Arbeit schulen und ihre Eltern beim Haus- und Straßenbau imitieren. Ein weiterer Dialog, den der ‚Gast' in Nowhere mit Hammond führt, ergänzt die Angaben von Dick über Fragen der Erziehung. Hammond führt dabei nicht nur aus, daß die Utopier es ablehnen, jemanden mit Zwang mathematische Kenntnisse beizubringen, sondern er versucht auch die Gründe für ihre Abneigung gegen die Erziehung im herkömmlichen Sinn zu erläutern:

> In the nineteenth century, society was so miserably poor, owing to the systematized robbery on which it was founded, that real eduaction was impossible for anybody. The whole theory of their so-called education was that it was necessary to shove a little information into a child, even if it were by means of torture, and accompanied by twaddle which it was well known was of no use, or else he would lack information lifelong: the hurry of poverty forbade anything else. All that is past; we are no longer hurried, and the information lies ready to each one's hand when his own inclinations impel him to seek it. In this as in other matters we have become wealthy: we can afford to give ourselves time to grow. (54)

Die Schule des 19. Jahrhunderts stellt für Hammond (und den Autor Morris) eine Mühle dar, aus der niemand unversehrt entlassen wird. Lernen hieß damals offenbar nur ‚Information' aufnehmen. Hammonds Haupteinwand aber richtet sich gegen das übereilte Lehren und Lernen. Wenn in der pädagogischen Theorie (nach Theodor Litt) die Alternative lautet: „Führen oder Wachsenlassen", so entscheiden sich Morris' Utopier eindeutig für das Rousseausche Prinzip des Wachsenlassens (vgl. 54: „,My friend, can't you see a proceeding means ignoring the fact of *growth*, bodily and mental?'").

Ehe und Familie

Die Utopier Morris' folgen als Kinder ihren Neigungen und bleiben auch als Erwachsene bei dieser Gewohnheit. Die strengen Gesetze bezüglich Ehe und Familienleben, von denen Thomas Morus in seiner *Utopia* spricht, lassen sich bei Morris nicht nachweisen. Er macht kaum Angaben über die Ehe, betont vielmehr das freie, gleichberechtigte Zusammenleben der Geschlechter. Eine Trennung – auch eine vorübergehende Trennung –, die aus einer seelischen Verstimmung herrührt, kann zwischen

zwei Partnern jederzeit vollzogen werden; da nicht mehr über die Verteilung von Eigentum zu entscheiden ist, gibt es auch keine Scheidungsge-
setze. Hammonds Äußerungen über die Rolle der Frau in der Gesellschaft lassen erkennen, daß Morris sich sowohl von der herkömmlichen
Vorstellung einer partriarchalischen Familienstruktur distanzierte wie
von den Emanzipationsbestrebungen des 19. Jahrhunderts, die nach
Hammond biologische Grundgegebenheiten des menschlichen Lebens zu
überspielen versuchen:

> So that, you see, the ordinarily healthy woman (and almost all our
> women are both healthy and at least comely), respected as a child-
> bearer and rearer of children, desired as a woman, loved as a compan-
> ion, unanxious for the future of her children, has far more instinct for
> maternity than the poor drudge and mother of drudges of past days
> could ever have had; or than her sister of the upper classes, brought
> up in affected ignorance of natural facts, reared in an atmosphere of
> mingled prudery and prurience. (52)

Morris' Ideal ist ein partnerschaftliches Verhältnis zwischen den Geschlechtern; es gibt weder eine Tyrannei der Männer über die Frauen
noch umgekehrt (vgl. 50); es herrscht vielmehr eine Atmosphäre der ge-
genseitigen Achtung und Freundschaft.

Dörfliche Gemeinschaften

Den eigentlichen Kern der utopischen Gesellschaft bilden bei Morris die
Haushalte, die aus den Familien hervorgehen und die einem Freundeskreis gleichen, in dem alle Fragen des Zusammenlebens im Geist brüderlicher Freundschaft entschieden werden. Das Leben in Haushalten und
kleinen Gemeinschaften wird in Nowhere dadurch gefördert, daß es kaum
große Städte gibt. Zahlreiche frühere Städte haben sich zu Dörfern aufge-
lockert; bevorzugt werden ländliche Wohnungen, Höfe, die sich gut in die
Landschaft einfügen. Eine strenge Scheidung von Stadt und Land, wie sie
im 19. Jahrhundert die englischen Lebensverhältnisse kennzeichnete, ist
in Nowhere überwunden. Die dörflichen Gemeinschaften, die autonom
zu sein scheinen, heißen „commune", „ward" oder „parish" und werden
als Verwaltungseinheiten („units of management", 74) definiert. Die einzige politisch-organisierte Einheit, die es in Nowhere gibt, nennt sich
„mote", die Dorfversammlung. Das Londoner Parlament hat keinerlei
politische Bedeutung mehr, so daß die Parlamentsgebäude als Lagerraum
für Dünger benutzt werden.

Die Dorfversammlung hat die Aufgabe, Fragen, die die Gemeinschaft betreffen – etwa den Bau einer Brücke –, zu diskutieren und zu entscheiden, wobei das Mehrheitsprinzip angewendet wird. Minoritäten, so führt Hammond aus, beugen sich in der Regel – wenn auch erst nach mehreren Beratungen – dem Willen der Majorität. Der Ich-Erzähler sieht im Gespräch mit Hammond in dieser politischen Praxis die Rechte des Einzelnen und der Minoritäten nicht genügend gesichert und erwägt die Möglichkeit, daß jedem die unumschränkte, anarchistische Freiheit zugebilligt werden könnte, „that every man should be quite independent of every other, and that thus the tyranny of society should be abolished" (76). Hammond nimmt einen solchen Einwand ernst, glaubt jedoch, daß in der sozialen und politischen Ordnung, in der er lebt, ein Maximum an Frieden, Wohlstand und Glück verwirklicht ist, so daß er seinen Gesprächspartner nur ironisch fragen kann: „A terrible tyranny our Communism, is it not?" (76).

Dieser Zustand wird dadurch noch gefestigt, daß nicht nur innerhalb eines Landes wie England der Klassenantagonismus überwunden ist, sondern im Zusammenleben der Völker auch jegliche Rivalität verschwunden ist; „,the whole system of rival and contending nations which played so great a part in the ‚government' of the world of civilization has disappeared along with the inequality between man and man in society.'" (72) Ob in allen Ländern der Erde bereits das gleiche sozialistische System eingeführt wurde wie in England läßt Morris offen; er weckt im Leser jedoch die Vorstellung, daß England mit gleichstrukturierten Völkergemeinschaften in einem friedlich-nachbarlichen Verhältnis lebt.

Kreative Selbstentfaltung

In einer Welt, die innen- wie außenpolitisch problemlos ist, sind am ehesten die Voraussetzungen für die freie Entfaltung des Einzelnen gegeben. Freie individuelle Entfaltung aber bedeutet für Morris – der sich in dieser Beziehung an Ruskin anlehnt – kreative Betätigung bei der Arbeit. Jegliche Form der Arbeit, auch schwere Arbeit enthält nach Morris die Möglichkeit, schöpferisch tätig zu sein. Arbeit wird nicht mehr als eine Last oder ein Fluch empfunden, der auf dem Menschengeschlecht lastet. Arbeit und Vergnügen gehen ineinander über, was sich auch in Wortprägungen wie „work-pleasure" (114) oder „easy-hard work" (149) ausdrückt. Das sogenannte ‚Kunsthandwerk' im weitesten Sinne des Wortes ist für

Morris das Ziel, das er der Menschheit bei der kreativ-arbeitenden Selbstentfaltung gesetzt sieht. So führt Hammond in dem langen Lehrgespräch einmal aus:

> The art of work-pleasure, as one ought to call it, of which I am now speaking, sprung up almost spontaneously, it seems, from a kind of instinct amongst people, no longer driven desperately to painful and terrible overwork, to do the best they could with the work in hand – to make it excellent of its kind; and when that had gone on for a little, a craving for beauty seemed to awaken in men's minds, and they began rudely and awkwardly to ornament the wares which they made; and when they had once set to work at that, it soon began to grow. (114/ 115).

Lohnarbeit ist in Morris' Utopie abgeschafft; der Lohn der Arbeit liegt in der Erfahrung der schöpferischen Selbstentfaltung. Da jeder in diesem gesellschaftlichen Verband lernen kann, was er will, da der Einzelne angespornt wird, mehrere Berufe zu erlernen, sind die Voraussetzungen für eine möglichst vielseitige Selbstentfaltung gegeben. In der schöpferischen Selbstentfaltung sind ästhetische, soziale und moralische Zielsetzungen zu einer Einheit miteinander verschmolzen. Insofern die Arbeit einer kreativen Betätigung gleichkommt, ist ihr ein ästhetischer Zug eigen; insofern sie anderen Menschen nutzt, hat sie einen sozialen Charakter; insofern der Mensch dabei zugleich das Gefühl hat, dem Gemeinwohl zu dienen, ist ihr auch eine moralische Qualität zuzusprechen. Mit dieser Vorstellung von Arbeit und Kunst steht Morris in deutlichem Gegensatz zu einem rein utilitaristischen Arbeitsverhältnis, wie es für die Industriegesellschaft seiner Zeit kennzeichnend war; er widerspricht mit diesen Thesen zugleich der im ausgehenden 19. Jahrhundert weitverbreiteten These des ,l'art pour l'art', die die kreativ-künstlerische Selbstentfaltung in eine rein hedonistische Perspektive gerückt hatte: Künstlerischer Genuß war für Oscar Wilde höchster Lebens- und Selbstgenuß zugleich; eine derartige Deutung des schöpferischen Verlangens im Menschen konnte Morris auf Grund seiner sozialistischen Prämissen nicht akzeptieren. Am deutlichsten spiegelt sich seine innere Distanz zu den Thesen der l'art-pour-l'art-Bewegung in der Tatsache, daß die Produktion von Luxuswaren im Lande Nowhere eingestellt ist.

Wenn Morris in *News from Nowhere* die Kunst der Viktorianer kritisiert – sei es aus der Perspektive des Ich-Erzählers oder durch die Kommentare des alten Hammond –, dann herrschen meist Adjektive wie „ugly" oder „hideous" vor. Als Beispiel sei eine Passage aus dem

7. Kapitel zitiert, wo die Erinnerung des Ich-Erzählers an Trafalgar Square mitgeteilt wird:

> A great space surrounded by tall ugly houses, with an ugly church at the corner and a nondescript ugly cupolaed buildung at my back; the roadway thronged with a sweltering and excited crowd, dominated by omnibuses crowded with spectators. In the midst a paved be-fountained square, populated only by a few men dressed in blue, and a good many singuarly ugly bronze images (one on top of a tall column). The said square guarded up to the edge of the roadway by a four-fold line of big men clad in blue, and across the southern roadway the helmets of a band of horse-soldiers, dead white in the greyness of the chilly November afternoon – (35).

Im Gegensatz zu einer Stillehre, die besagt, daß Wiederholungen zu meiden sind und in der präzisen, differenzierten Sprache ein ästhetischer Reiz liegt, häuft Morris das Adjektiv „ugly". Es geht ihm nicht darum, „die nicht mehr schönen Künste" des viktorianischen Zeitalters mit fachmännischen Vokabular zu kritisieren – über das er als Theoretiker der Kunst wie als Kunsthandwerker verfügte –, sondern darum, beim Leser einen bestimmten emotionalen Effekt zu erzeugen. So wie das Adjektiv „happy" wiederholt benutzt wird, um die Sympathien des Lesers bei der Beschreibung der utopischen Wirklichkeit zu lenken, so tritt das Adjektiv „ugly" ein, wenn die Antipathien gegen das viktorianische Zeitalter mobilisiert werden sollen. Vergleicht man Beiträge, die Morris für Zeitschriften verfaßte oder auch Briefe, die er an den Herausgeber einer Zeitung oder Zeitschrift schrieb, so ist zu beobachten, daß er dort die gleiche Strategie benutzte. In einem Artikel aus *Commonweal* (April 1885) schreibt Morris über „The Worker's Share of Art" folgendes:

> It is the lack of this pleasure in daily work which has made our towns and habitations sordid and hideous, insults to the beauty of the earth which they disfigure, and all the accessories of life mean, trivial, ugly – in a word, *vulgar*. Terrible as this is to endure in the present, there is hope in it for the future; for surely it is but just that outward ugliness and disgrace should be the result of the slavery and misery of the people; and that slavery and misery once changed, it is but reasonable to expect that external ugliness will give place to beauty, the sign of free and happy work.[17]

Das Vokabular ist klar organisiert: Der Bereich negativer Werturteile wird durch Adjektive und Substantive wie „sordid", „hideous", „mean",

„trivial", „ugly", „vulgar", „outward ugliness", „external ugliness", „disgrace" markiert; für positive Urteile dagegen verwendet Morris Wörter und Wendungen wie „the beauty of the earth", „beauty" oder „free and happy work". Eine solche Kontrasttechnik läßt sich in *News from Nowhere* durchgehend beobachten. Die Schönheit Utopiens weckt in dem Besucher immer wieder Erinnerungen an die Häßlichkeit der viktorianischen Umwelt; seine Erinnerungen werden ergänzt durch die Beispiele, an die der alte Hammond anknüpft, um dem Besucher die Vorzüge des utopischen Lebens durch einen Vergleich der gegenwärtigen mit den früheren Zeitzuständen zu verdeutlichen.

Kritik des viktorianischen Zeitalters

In den Rückblicken auf das viktorianische Zeitalter zeichnen sich einige Schwerpunkte ab, die aus der Interessenrichtung des Autors zu erklären sind: a. die Bereiche der Künste und des Bildungswesens, b. der ökonomische Bereich, c. der politische Bereich. Die polemisch-satirische Bewertung dieser verschiedenen Gebiete sei im folgenden nur in den Grundzügen verdeutlicht, zumal einige Aspekte notwendigerweise bei der Charakterisierung der utopischen Lebensordnung mitberührt werden mußten.

Die Künste und das Bildungswesen

Bei der Schilderung der künstlerischen Betätigungen der Viktorianer brandmarkt Morris wiederholt die Häßlichkeit ihrer Architektur. Dick spricht beim Gang durch London von „these old buildings" (27), und der Ich-Erzähler erinnert sich an die häßlichen Brücken („,Gothic' cast-iron bridges", 137) und die geschmacklosen Villen der Reichen im Themse-Tal „the hideous vulgarity of the cockney villas of the well-to-do" (127). Diese scharfe Kritik an der viktorianischen Baukunst ist darin begründet, daß Morris die Architektur als die Königin der dekorativen Künste betrachtete, d. h. jener Künste, in denen der Arbeiter am ehesten eine Synthese von „work" und „pleasure" zu erreichen vermochte. Der viktorianischen Architektur fehlt jedoch jeglicher Sinn fürs Schöne; sie ist der Ausdruck reinsten Nützlichkeitsdenkens. Gegen das Prinzip der utilitaristischen Verwertbarkeit wendet sich Morris auch, wenn der Wert der universitären Bildung erörtert wird, wie sie im 19. Jahrhundert in Oxford und Cambridge vermittelt wurde. Bei den Lehrgesprächen zwischen dem alten Hammond und dem ‚Gast‘ läßt er den Mentor über die Universität Oxford feststellen: „It is real learning, knowledge cultivated for its own sake – the Art of Knowledge, in short – which is followed there, not the Commercial learning of the past. Though perhaps you do not know that in the nineteenth century Oxford and its less interesting sister Cambridge became definitely commercial." (59) Es ist bemerkenswert, daß Morris hier im Hinblick auf die utopischen Verhältnisse die Formel „knowledge cultivated for its own sake" gebraucht, die an die Wendung „art for art's sake" erinnert. Offenbar ging es ihm primär darum, die utopische Wissenschaft als die freie Entfaltung der geistig-kreativen Kräfte gegen jegliche Form einer kommerziell-zweckgebundenen wissenschaftlichen Betätigung abzugrenzen. In einer sehr verdeckten Form zweckgebunden ist nach Morris' Auffassung auch jene Form von Bildung, die im 19. Jahrhundert insbesondere in Oxford angetroffen werden konnte. Wenn Morris diese Bildung als „an exaggeration of cynicism" (59) charakterisiert, dachte er möglicherweise an Oscar Wilde, der in Oxford studiert hatte, oder an Wildes Lehrer Walter Pater, der mit dem Nachwort zu seinen *Studies in the History of the Renaissance* einen Sturm der Entrüstung ausgelöst hatte. Morris widersetzt sich einer Bildung, die sich in eitler Selbstbespiegelung gefällt. Die Zyniker, gegen die er sich wendet, sind nach den Worten des alten Hammond nicht mehr als die Hofnarren, die sich das reiche Bürgertum leistet. Sie führen – ähnlich wie die Kinder der Aristokraten, die ihre Jugend in Eton verbringen (vgl. 138) – eine parasitäre Existenz. Die reichen Bürger dulden diese ‚Gebildeten‘ mit verächtlicher Toleranz – und bezahlen sie zugleich. Damit aber gliedern sich die Zyniker in den kommerziellen Lebensstil der Bourgeoisie ein.

Der ökonomische Bereich

Die Wurzel allen Übels ist in der viktorianischen Gesellschaft das Privateigentum, dessen ungleiche Verteilung die Klassenstruktur bedingt. Die Paradoxie der viktorianischen Lebensordnung besteht darin, daß nach den Darlegungen Hammonds Staat, Polizei, Gesetz und Rechtsprechung aufgeboten werden, um eine gesellschaftliche ‚Ordnung‘ zu schützen, die in der systematischen Ausbeutung der Schwachen durch die Starken – Hammond spricht einmal auch von „the systematized robbery" (54) – ihren Ursprung hat. Die Armen sehen sich gezwungen, ihre Arbeitskraft dem Profitstreben der Reichen anzubieten und zu opfern, die ihrerseits nur auf die Vermehrung der Quantität der erzeugten Waren bedacht sind, um den ständig expandierenden Markt nicht zusammenbrechen zu lassen. Arbeit bedeutet im viktorianischen Zeitalter ein stumpfsinniges Erzeugen von Waren, ein Anhäufen von falschen Reichtümern („riches") und eine Zerstörung des wahren Reichtums („wealth"), an dem alle in gleicher Weise teilhaben sollten.

Nicht nur der Klassenantagonismus innerhalb einer Nation ist nach Hammond auf ökonomische Faktoren zurückzuführen; auch die Rivalitäten zwischen den Nationen werden vom Marktmechanismus her erklärt: die Reichen saturieren den Markt und verkaufen einander Waffen, mit denen sich ihre Landsleute gegenseitig vernichten; „. . . it is said that even when two nations were at war, the rich men of each nation gambled with each other pretty much as usual, and even sold each other weapons wherewith to kill their own countrymen" (66).

Der politische Bereich

Es herrscht infolgedessen in den Nationalstaaten des 19. Jahrhunderts nur die brutale Gewalt (vgl. 65). Die Könige dieses Zeitalters werden in Anlehnung an die Diktion Carlyles „the parliamentary commercial sham-kings" (139) genannt; das Parlament erscheint in dieser Sicht als die Interessenvertretung der Oberklassen, als eine Institution, die zugleich beim Volk die Illusion erzeugt, es habe an der Regelung seiner eigenen Angelegenheit aktiven Anteil. Für Morris ist das viktorianische Zeitalter daher nicht nur eine Epoche, in der im Bereich der Künste das Häßliche dominiert, sondern auch eine Epoche der Heuchelei (vgl. 36: „hypocrites. . . pretended to be humane"). Die über das ganze Buch verstreuten Anklagen gegen das im 19. Jahrhundert bestehende System fassen Gedanken zusammen, die Morris in unzähligen politischen Vorträgen und Streitschriften geäußert hatte. Sie sind ein Nachklang zugleich des Verdiktes, das Carlyle bereits in der Mitte des Jahrhunderts über sein Zeitalter gesprochen hatte, als er mit der zornigen Gebärde eines Propheten, der seine Zeitgenossen um das goldene Kalb tanzen sah, vor den Auswirkungen der Industrialisierung warnte. Morris war insbesondere von Carlyles Schrift *Past and Present* angesprochen, die er im Jahre 1843 gelesen hatte. In seinen zeitkritischen Bemerkungen spiegelt sich weiterhin altes utopisches Gedankengut, das er von Thomas Morus übernehmen konnte, dessen *Utopia* er in das Programm der Kelmscott Press aufnahm. Schließlich ist hervorzuheben, daß er zutiefst von den Zeitanalysen betroffen war, die Karl Marx in seinen Werken, insbesondere in seinem Buch *Das Kapital* vorgetragen hatte; biographische Forschung belehrt uns, daß Morris seit Beginn des Jahres 1883 damit befaßt war, die Werke von Karl Marx (in französischer Sprache) zu studieren.

Marxistisches Gedankengut und persönliche Erfahrungen, die Morris im politischen Alltag in England sammeln konnte, beeinflußten ihn auch nachhaltig als er die beiden zentralen Kapitel seines Buches niederschrieb, die er „How the Change Came" (Kap. 17) und „The Beginning of the New Life" (Kap. 18) betitelte.[18]

Der Weg in die neue Gesellschaft: Probleme der Darstellung

Der Bericht Hammonds über die Entwicklung Englands vom ausgehenden 19. Jahrhundert bis zur Revolution im Jahre 1952 unterscheidet sich von den vorausgehenden Lehrgesprächen insofern, als Hammond sich hier vom Gegenstand her gezwungen sieht, sich in verstärktem Maße der realistischen Stilart zuzuwenden. Je näher er seinen Bericht an die faktisch-detaillierte, wirklichkeitsgetreue Darstellungsweise eines Historikers heranrückt, um so authentischer klingen seine Ausführungen über den Antagonismus zwischen Kapitalismus und Sozialismus. Die knappen dialogischen Unterbrechungen durch den Gesprächspartner verklammern diesen Bericht mit den vorausgehenden und folgenden Dialogen; die Fragen des Ich-Erzählers sind jedoch meist sehr knapp gehalten. Wendungen wie „How about those ameliorations . . . what were they? or rather of what nature" (92) fordern den alten Hammond nicht nur dazu heraus, ausführlicher über die äußeren Vorgänge zu referieren, sondern auch die Gründe für das Geschehen, seine Interpretation der historischen Vorgänge darzulegen. Eine Belebung des Berichtes kommt dadurch zustande, daß Hammond sich vorübergehend auf einen Augenzeugenbericht bezieht, der schildert, wie die Rebellen zeitweilig mit militärischer Gewalt bezwungen wurden. Morris meidet jedoch eine allzu starke Dramatisierung der Ereignisse; Dialoge zwischen den streitenden Parteien werden beispielsweise nirgendwo mitgeteilt. Eine solche Darbietungsweise hätte Hammonds Bericht über die Revolution allzu stark von der Darstellung der idyllischen Lebensweise der Utopier nach der Revolution abgesetzt. Hammond spricht aus der Rückschau, aus der ruhigen Distanz des Utopiers, nicht aus dem Engagement eines am Geschehen unmittelbar Beteiligten.

Innerhalb des Berichtes lassen sich deutlich drei Phasen in der Chronologie der Ereignisse unterscheiden. Zunächst führt Hammond in die politische Situation ein, die in England im ausgehenden 19. Jahrhundert, d. h. zu der Zeit bestand, als Morris sein Buch schrieb. Hammonds Aufmerksamkeit gilt dabei insbesondere den Sozialisten, die zwar davon überzeugt sind, daß die klassenlose Gesellschaft der einzig erstrebenswerte Zustand sei – „they well knew, and even stated in public, that the only reasonable condition of Society was that of pure Communism" (89) –, denen es aber an politischer Initiative fehlt, um im gegenwärtigen Augenblick einen Wandel herbeiführen zu können. Morris spielt hier offenbar auf jene sozialistischen Gesinnungsfreunde an, die im politischen Tageskampf zu verzagen drohten. Wenn er (durch Hammonds Bericht) auch jene Theorie verurteilt, die auf eine allmähliche Verbesserung der Lebensbedingungen der Arbeiter und eine graduelle Angleichung von Arm und Reich setzte, so dürften dabei seine Kontroversen mit der Politik der Fabian Society eine Rolle gespielt haben. Wer auf einen graduellen Wandel hofft – so läßt er Hammond argumentieren –, täuscht sich über die wahren gesellschaftlichen Verhältnisse hinweg: Eine stufenweise Verbesserung der Lebensbedingungen führt allenfalls dazu, daß einige Vertreter der Arbeiterklasse sich im Lebensstil und Wohlstand der Mittelklasse anpassen; solange aber das bestehende System nicht von Grund auf geändert wird, sieht Hammond keine Möglichkeit, die politischen Ziele „freedom" und „equality" zu erreichen.

Wiewohl in dieser Phase das politische Bewußtsein der Arbeiter noch unzureichend geformt ist, gelangen sie in einer ersten, mehr instinktiven Auflehnung gegen die Unternehmer zur Überzeugung, daß nur durch Gewalt eine Änderung ihrer Situation erzielt werden könne. Die Arbeiter werden dabei durch einen politischen Apparat gesteuert, den Morris „State Socialism" nennt und den er als „that machinery of life for the use of people who didn't know what they wanted of it" (90) definiert. „State Socialism" ist für ihn der Inbegriff der politischen Kräfte, die dem Kommerzialismus, dem kapitalistischen System, Widerstand leisten. Solange die Arbeiter schlecht organisiert waren, konnten sie bei ihren Bestrebungen, die auf eine Verbesserung ihrer Lebensverhältnisse abzielten, nur geringe Erfolge erzielen. Erst mit der strafferen Organisation der Arbeiterbewegung stellen sich auch die äußeren Erfolge ein: So werden die Arbeitgeber gezwungen, die tägliche Arbeitszeit zu reduzieren, einen Mindestlohn zu gewähren, den Stundenlohn zu erhöhen und Höchstpreise für lebenswichtige Güter festzusetzen. Der Staat seinerseits trägt den Forderungen der Arbeiter dadurch Rechenschaft, daß er staatseigene Betriebe für die Produktion lebenswichtiger Güter gründet.

Die Ausbreitung der kommunistischen Theorien führte – so berichtet Hammond weiter – zu einer weitgehenden Lähmung des kapitalistischen Systems; die Arbeiter fordern schließlich in einer Resolution, die Hammond in das Jahr 1952 datiert, die Verstaatlichung aller Rohstoffquellen und aller Produktionsmittel. Damit aber tritt die Auseinandersetzung zwischen den Arbeitern und den Sozialisten einerseits und dem Staat und den Kapitalisten andererseits in eine neue (zweite) Phase: Es kommt zu Demonstrationen und Unruhen in England; in London ist der Trafalgar Square der Hauptschauplatz der Ereignisse. Bei der ersten Auseinandersetzung zwischen den demonstrierenden Arbeitern und der Polizei sind die Arbeiter in einer solchen Überzahl, daß die Polizei nur wenig auszurichten vermag. Fünf Personen werden getötet, einige Hundert werden verhaftet. Ähnlich verläuft die zweite Massenversammlung, die vom Volk als Sieg gefeiert wird und die schließlich dazu führt, daß ein Komitee mit dem Namen Committee of Public Safety gegründet wird, das die politischen Aktivitäten der Arbeiter steuert. Die Regierung antwortet auf diese Vorgänge damit, daß sie den Ausnahmezustand proklamiert und dem jüngsten General die Befehlsgewalt in London überträgt.

Der Bericht Hammonds über die Ereignisse, die sich auf Trafalgar Square bei der nächsten größeren Protestversammlung abspielen, bildet den Höhepunkt in der Darstellung der zweiten Phase des Kampfes zwischen Sozialismus und Kapitalismus. Wenn Hammond ausführt, wie sich die Demonstranten in eine Falle locken ließen, auf dem Trafalgar Square von Polizei und Militär umstellt wurden und schließlich wehrlos dem Geschützfeuer ausgeliefert waren, dann basiert dieser Bericht (in den ein Augenzeugenbericht eingelegt ist) teilweise auf Erfahrungen, die William Morris selbst am ,,Bloody Sunday", dem berüchtigten 13. November 1887 auf dem Trafalgar Square sammeln konnte und die er bereits am 19. November 1887 in *Commonweal* unter der Überschrift ,,London in a State of Siege" beschrieben hatte. Der junge General, der am ,,Bloody Sunday" mit brutalen Mitteln gegen die Demonstranten vorging, war Sir Charles Warren, über den Morris in dem zitierten Artikel in *Common weal* feststellt: ,,Sir Charles Warren . . . has given us a lesson in street fighting."[19]

Bei der Darstellung der Ereignisse, die auf das Blutbad vom Trafalgar Square folgen, lehnt sich Morris zwar auch in Einzelheiten an historische Vorgänge an; im ganzen wird jedoch spürbar, daß auch Elemente seines politischen Wunschdenkens in Hammonds Bericht eingegangen sind. Auf die Vermischung von historisch authentischem Material und fiktiven Angaben weist Morris allein schon dadurch hin, daß er die in *News from Nowhere* dargestellten Ereignisse nicht in das Jahr 1887 datiert, sondern dafür die Jahreszahl 1952 einsetzt.

Die dritte Phase des von Hammond geschilderten Kampfes der Arbeiter ist erreicht, als sich allmählich eine bürgerkriegsähnliche Situation herausbildet. Die Zeitungen greifen in die politischen Auseinandersetzungen ein, die Regierung läßt die Mitglieder des Committee of Public Safety verhaften, setzt sie aber nach kurzer Zeit überraschend auf freien Fuß, so daß sie ihre politische Arbeit fortsetzen können. Als das Parlament mit politischer Raffinesse die Macht den Konservativen in die Hand spielt und die Mitglieder des Committee of Public Safety wiederum verhaftet werden, lassen sich die Arbeiter nicht mehr zum Straßenkampf verlocken, sondern setzen als neue Waffe den Generalstreik ein. Zwar verschlechtert sich die Lage der Reichen schnell, aber es kommt dennoch zu einer bewaffneten Auseinandersetzung, zu einem regulären Bürgerkrieg, weil die Ober- und Mittelklassen nicht bereit sind, ihre Machtstellung kampflos preiszugeben.

Der Beginn einer neuen Ära

Es fällt auf, daß Morris über die militärischen Ereignisse, die schließlich zum Sieg des Kommunismus führen, nur in knappen Andeutungen berichten läßt und auch die Darstellung der Anfänge der neuen geschichtlichen Ära (im 18. Kapitel) auf wenige Seiten zusammendrängt. Wie sich der Übergang vom Bürgerkrieg zur kommunistischen Gesellschaftsordnung im einzelnen abspielte, wird nicht berichtet. Reiche und Arme treffen sich in der Schlußphase des Bürgerkrieges in dem Willen zur Destruktion: Die Reichen sind lediglich noch darauf bedacht, dem Gegner zu schaden, als sie begreifen, daß der Krieg für sie verloren ist, und die Armen tilgen alle Spuren des Systems, unter dem sie ehedem litten. ,,,It was a common saying amongst them, let the country be cleared of everything except valiant living men, rather than that we fall into slavery again!'" (112).

Morris unterläßt es, im einzelnen darzustellen, wie aus der Negation des Negativen, aus der Zerstörung des Kapitalismus und nahezu der gesamten Technologie des 19. Jahrhunderts die neue Gesellschaft erwachsen kann.[20] Er begnügt sich damit anzudeuten, daß eine ,regeneratio' möglich sei, wenn sich die Menschen dem instinktiven Verlangen nach Freiheit und Gleichheit überlassen; so spricht er im 17. Kapitel von „that instinct for freedom" (90) oder „that revolutionary instinct" (110), und auf instinkthafte Regungen führt Morris es (im 18. Kapitel) auch zurück, wenn die Menschen im Zustand der Freiheit sich jener Art von Arbeit zuwenden, die zugleich schöpferische Qualitäten hat.

Wichtiger als alle konkreten Angaben über den Wiederaufbau und die Konsolidierung der Verhältnisse in England ist für Morris die Charakterisierung der eigentümlichen Atmosphäre, die nach der Revolution im Volk herrscht. Mehrfach gebraucht Hammond das Wort „pleasure", um die friedlich-heitere Stimmung zu charakterisieren, die das Leben der Menschen in der neuen Epoche bestimmt. War anfangs unter den Menschen nur eine sehr schwache Vorstellung von dem vorhanden, was Hammond „the real pleasure of life" (111) nennt, so stärkt sich die Einstellung, sobald man begriffen hat, daß nicht mehr Sklavenarbeit verlangt wird, sondern die schöpferische Selbstentfaltung das höchste Ziel der neuen Gesellschaftsordnung ist.

> Thus at last and by slow degrees we got pleasure into our work; then we became conscious of that pleasure, and cultivated it, and took care that we had our fill of it; and then all was gained, and we were happy. So may it be for ages and ages! (115)

Zur Bewertung von News from Nowhere

Es ist verständlich, daß Kritiker marxistischer Provenienz William Morris' *News from Nowhere* allgemein sehr hoch einstufen. So urteilt beispielsweise A. L. Morton:

> If it is richer in content than all earlier utopias this is because it was written, not in isolation, but as a part of the actual struggle by one who was both a scientific socialist and a great poet. Morris' is the first Utopia which is not utopian. In all its predecessors it is the details which catch our attention, but here, while we may be dubious about this detail or that, the important things are the sense of historical development and the human understanding of the quality of life in a classless society.[21]

Und E. P. Thompson schließt seine Betrachtung von *News from Nowhere* in seiner umfangreichen Gesamtdarstellung *William Morris: Romantic to Revolutionary* mit den Sätzen:

> Do we sometimes forget how savage has been the imprint of capitalist

ethics upon the human heart in the past hundred years, and how, in all but the soundest center of working-class life man has been made a stranger to man by fear, suspicion, selfishness and indifference, which colour his whole attitude to life? And is it possible that *News from Nowhere* is nearer to the truth of a fully Communist life than we are capable of understanding?[22]

Skeptischer urteilt E. Bloch, der in *Das Prinzip Hoffnung* von dieser „gleichzeitig naiven und sentimentalischen Intellektuellen-Mischung von Neugotik und Revolution"[23] spricht, wenn er Morris' *News from Nowhere* charakterisiert.

Bei diesen Erörterungen über die Eigenart und auch die Grenzen von *News from Nowhere* ist es nützlich, daß man sich immer wieder auf eine Selbstcharakterisierung besinnt, die Morris von sich gegeben hat; er erklärte: „I *am* a sentimentalist in all the affairs of life, and I am proud of the title."[24] Er reagierte auf die Wirklichkeit als ein Gefühlsmensch, als ein Künstler, der sich durch die politischen Diskussionen und Aktivitäten, an denen er teilnahm, in einen Traum, in die Vision einer von allem Zwang befreiten Menschheit hineinsteigerte und der durch seinen Enthusiasmus seine Zeitgenossen zu politischem Handeln zu bewegen versuchte. Die umfassende kritische Reflexion über das angestrebte Ziel und über die Wege, die zur ‚regeneratio' der menschlichen Gesellschaft führen sollten, war dabei für ihn von untergeordnetem Rang.

XIV ANMERKUNGEN ZU WILLIAM MORRIS

[1] Vgl. dazu B. Fehr, Die englische Literatur des 19. und 20. Jahrhunderts, in: O. Walzel (ed.), Handbuch der Literaturwissenschaft, Berlin-Neubabelsberg, 1923, 223 ff.

[2] Vgl. in diesem Zusammenhang E. P. Thompson, William Morris, 59 ff., 62 ff. et passim und P. Meier, William Morris: The Marxist Dreamer, 112 ff. und 120 ff.

[3] B. Fehr, Die englische Literatur des 19. und 20. Jahrhunderts, 172.

[4] Vgl. E. P. Thompson, William Morris, 341 ff. und Jack Lindsay, William Morris, His Life and Work, 252 ff.

[5] Vgl. hierzu Glenn Negley u. J. Max Patrick, The Quest for Utopia, New York, 1952, 75: ,,In America, the name Bellamy is almost synonymous with Utopia. Bellamy has assumed a position as the modern representative in the sequence of classic utopists: Plato, More, Bacon, Campanella, Bellamy. This reputation is understandable, for it is doubtful that any single utopia, including the classics, has had so great an impact on the thoughts and actions of men as can be claimed for *Looking Backward*. The number of copies published in the sixty-two years since it first appeared is well over a million; the work has been translated into every important language, including Bulgarian, Russian, and Arabic; and it would be impossible to determine the number of utopian works, both critical and speculative, which were directly inspired by *Looking Backward* . . . In addition, Bellamy was responsible for the principles of the Nationalist Movement, which in turn became the Platform of the People's Party, and although the political promise of this movement was short-lived, the influence of the spread of Bellamy's ideas in America alone on the future course of political opinion is incalculable.''

[6] May Morris (ed.), The Collected Works of William Morris, 24 vols., London, 1910–15, vol. 21, 28.

[7] William Morris' Besprechung von Bellamys *Looking Backward* findet sich in May Morris (ed.), William Morris, Artist – Writer – Socialist, vol. 2, New York, 1966, 501–507. – Zu Morris und Bellamy vgl. auch P. Meier, William Morris, The Marxist Dreamer, vol. I, 73–93.

[8] Über die Funktion des Traumes bei William Morris handelt ausführlich: K. Honnef, Dichterische Illusion und gesellschaftliche Wirklichkeit; vgl. weiterhin: J. Lindsay, William Morris: His Life and Art, 343–345.

[9] Zum Problem des Erzählers vgl. B. Calhoun, The Pastoral Vision of William Morris: The Earthly Paradise, 218. – Weiterhin H. U. Seeber, Wandlungen der Form in der literarischen Utopie, 124 ff. und E. P. Thompson, William Morris, 804–805.

[10] Vgl. dazu J. Goode, William Morris and the Dream of Revolution, in: Literature and Politics in the Nineteenth Century. Essays with an introduction by John Lucas, London, 1971, 221–280; hier insbesondere 239.

11 Vgl. hierzu auch Karl Honnef, Dichterische Illusion und gesellschaftliche Wirklichkeit, 80 ff.

12 Vgl. in diesem Zusammenhang auch H. U. Seeber, Wandlungen der Form in der literarischen Utopie, 122 ff.

13 Zur Figurengestaltung vgl. auch V. Dupont, L'Utopie et le roman utopique dans la littérature anglaise, 511 ff.

14 Zur Dialoggestaltung vgl. H. U. Seeber, Wandlungen der Form in der literarischen Utopie, 129 ff.

15 Zur Thematik vgl. V. Dupont, L'Utopie et le roman utopique dans la littérature anglaise, 500 ff. und P. Meier, William Morris, 247 ff. sowie die (unveröffentlichte) Staatsarbeit von Rudolf Weber, William Morris' *News from Nowhere* und die Idee des Utopischen, Freiburg i. Br. 1975.

16 Vgl. in diesem Zusammenhang P. Meier, William Morris, 91–92.

17 Zitiert nach A. Briggs (ed.), William Morris: Selected Writings and Designs, (Penguin), Harmondsworth, Middlesex, 1962, repr. 1973, 141.

18 Vgl. in diesem Zusammenhang die detaillierten Ausführungen von P. Meier, William Morris: The Marxist Dreamer, 306 ff. Meier unterscheidet zwei Entwicklungsstufen („stages"): „During the first stage of the new society the needs of compulsion and organisation had given rise to a centralised power, to State Socialism, which Morris regarded with disfavour although he considered it inevitable. As these needs disappeared this power becomes unneccessary and the State itself withers little by little. The characteristic of the second stage is its complete disappearance. Such a state of affairs can only come about very slowly, and the poet foresees it with a clarity of vision that is the more astonishing since in his day he did not suspect the greatest obstacle standing in its path: the persistence and hostility of the capitalist environment. In formulating this vision, Morris faithfully follows the logical exposition of Marx and Engels . . ." Wenn ich im folgenden von drei „Phasen" spreche, so beziehe ich mich auf die Ereignisse *innerhalb* der ersten, von Meier unterschiedenen Entwicklungsstufe, die im Zeichen des Staatssozialismus steht.

19 Zitiert nach E. P. Thompson, William Morris: Romantic to Revolutionary, 578.

20 Vgl. in diesem Zusammenhang P. Meier, William Morris: The Marxist Dreamer, 311: „While it is true that William Morris did not care to foretell the successive transformations which would mark the withering-away of the State, he did formulate a hypothesis which could serve as a general indication. In one of his letters to Rev. George Bainton, after referring to the need for a régime of State socialism during the first phase, he considers that this might rapidly be modified and adopt ‚the municipal rather than the imperial form.'"

21 A. L. Morton, The English Utopia, London, 1952, 164.

22 E. P. Thompson, William Morris: Romantic to Revolutionary, 808.

23 Ernst Bloch, Das Prinzip Hoffnung, Berlin 1955, Bd. 2, 184.

24 Zitiert nach E. P. Thompson, William Morris: Romantic to Revolutionary, 828.

XV AUFGABEN ZU WILLIAM MORRIS' *NEWS FROM NO-WHERE*

1. Vergleichen Sie die Technik der Personendarstellung in *News from Nowhere* und in Wells' *A Modern Utopia.*
2. Welche Mittel der Leserbeeinflußung lassen sich in *News from Nowhere* unterscheiden?
3. Morris verwendet in *News from Nowhere* die lyrische und die didaktische Darstellungsweise. Welche Funktion erfüllen die beiden Techniken? Ist es Morris gelungen, sie aufeinander abzustimmen?
4. V. Dupont wirft William Morris vor, daß es seinem Buch an Überzeugungskraft fehle, daß die didaktische Absicht die künstlerische Leistung beeinträchtigt habe. ,,Ce manque de vertu persuasive est une faiblesse d'ordre littéraire. Nous ne craignons pas le bonheur; mais le tableau qui nous en est fait nous ennuie. Et l'idée nous vient parfois qu'il a ennuyé son auteur, au moment même où celui-ci le composait. Certaines de ces pages dédiés à la joie auraient donc été écrites sans joie, par fidélité à l'intention première. La volonté didactique, en faisant violence au tempérament poétique de Morris, est allée à l'encontre de ses propres fins." (V. Dupont, L'Utopie et le roman utopique dans la littérature anglaise. Paris, 1941, 520–521).
   Wie stehen Sie zu diesem Urteil?
5. Erörtern Sie die erzählerische Behandlung von Raum und Zeit in *News from Nowhere.*
6. Welche Funktion haben die idyllischen Naturbeschreibungen in *News from Nowhere*?
7. Welche Funktion hat die Form der Traumvision in Morris' *The Dream of John Ball* und *News from Nowhere*?
8. Erörtern Sie den Einfluß der Romanzenliteratur auf *News from Nowhere.*
9. Welche Funktion haben in *News from Nowhere* die Rückgriffe auf das Mittelalter, insbesondere auf das Zeitalter Chaucers?
10. Erörtern Sie William Morris' Sicht der englischen Geschichte im 19. und 20. Jahrhundert.
11. Vergleichen Sie die Darstellung der Lebensverhältnisse um das Jahr 2000 in William Morris' *News from Nowhere* und in Bellamys *Looking Backward: 2000–1887.*
12. Erläutern Sie William Morris' Einstellung zu Industrie und Technik.

13. E. P. Thompson stellt in seinem Buch William Morris: Romantic to Revolutionary, London, 1955, 763, fest: „. . . Morris has not emphasized sufficiently the *ideological* role of art, its active agency in *changing* human beings and society as a whole, its agency in man's class-divided history." (Hervorhebungen im Text). Wie bewerten Sie die Rolle der Kunst und des kreativen Schaffens in *News from Nowhere?*

14. Erörtern Sie A. L. Mortons These: „Morris' is the first Utopia which is not utopian." (A. L. Morton, The English Utopia, London, 1952, 164.)

15. Wie stehen Sie zu dem Urteil von Ernst Bloch, der von einer „gleichzeitig naiven und sentimentalischen Intellektuellen-Mischung von Neugotik und Revolution" (Das Prinzip Hoffnung, Berlin, 1955, Bd. 2, 184) spricht, wenn er *News from Nowhere* charakterisiert.

16. V. Dupont spricht bei der Interpretation von *News from Nowhere* von einem „anarchistischen Kommunismus" (vgl. V. Dupont, L'Utopie et le roman utopique dans la littérature anglaise, 506: „Cette synthèse si personnelle d'influences subies, d'efforts et de raisonnements et d'impulsions irrésistibles se résout par une doctrine de communisme anarchiste . . . Le communiste anarchiste prétend établier sa théorie sociale sur des faits matériels et psychologiques étudiés et constatés.") – Erörtern Sie Morris' Verhältnis zum Anarchismus. Ziehen Sie dabei auch seinen Aufsatz „Communism and Anarchism" (in: May Morris (ed.), William Morris, Artist – Writer – Socialist, vol. 1, New York, 1966, 317–321) heran.

17. Karl Honnef führt in seinem Buch Dichterische Illusion und gesellschaftliche Wirklichkeit: Zur ästhetischen Struktur und historischen Funktion der Vers- und Prosaromanzen im Werk von William Morris, München, 1978, über *News from Nowhere* folgendes aus: „Die Konstruktion von *News from Nowhere* erweist sich damit insofern als utopisch im Sinne des wissenschaftlichen Sozialismus, als sie auf jener Geschichtsvorstellung basiert, wie sie Marx in seinen Schriften begründet hat. In diesem Zusammenhang zeigt die Darstellung von „How the Change Came" (Kap. XVII), wie bewußt sich Morris über die Theorie des Marxismus mit der bürgerlichen Gesellschaft und ihrer Organisation auseinandergesetzt hat. Die wissenschaftlich-analytische Form der Annäherung an den utopischen Gegenstand wird allerdings in dem Augenblick aufgegeben, als Morris versucht, die von Marx mit Vorbedacht offengelassenen näheren Kennzeichnungen der neuen Gesellschaft durch seine Vorstellungskraft zu füllen. Morris'

Zukunftsvision gewinnt in dem Maße utopisch-illusionäre Züge, wie sich sein ästhetisches Welt- und Lebensgefühl durchsetzt und er – in Anlehnung an seine Erfahrungen der frühen Oxford-Zeit – die Welt von *Nowhere* konzipiert als eine überdimensionale Künstler-Kommune, in der menschliche Tätigkeit mit künstlerischer Produktion identisch wird." (82) –

Nehmen Sie zu dieser These vom Doppelcharakter der Morris'schen Utopie (1. utopisch im Sinne des wissenschaftlichen Sozialismus, 2. utopisch-illusionär) Stellung.

Arnot, R. P., William Morris: A Vindication. London, 1934.

Ashbee, C. R., An Endeavour Towards the Teaching of John Ruskin and William Morris: Being a Brief Account of the Work, the Aims, and the Principles of the Guild of Handicraft in East London. London, 1901.

Bloomfield, P., William Morris. London, 1934.

Briggs, A. (ed.), William Morris: Selected Writings and Designs. (Penguin), Harmondsworth, Middlesex, 1962, repr. 1973.

Calhoun, B., The Pastoral Vision of William Morris: The Earthly Paradise. Athens, 1975.

Clutton Brook, A., William Morris: His Work and Influence. London, 1914.

Cole, G. D. H., „William Morris", in: L. Abercrombie (ed.), Revaluations: Studies in Biography. New York, 1967.

Dupont, V., L'Utopie et le roman utopique dans la littérature anglaise. Paris, 1941.

Faulkner, P., William Morris and W. B. Yeats. Dublin, London, 1962.

Faulkner, P. (ed.), William Morris: The Critical Heritage. London, Boston, 1973.

Fritzsche, G., William Morris' Sozialismus und anarchistischer Kommunismus: Darstellung des Systems und Untersuchung der Quellen. Leipzig, 1927.

Furneaux, J. R., The Medieval Vision of William Morris: Transactions of the William Morris Society. A Lecture. London, 1960.

Goode, J., „William Morris and the Dream of Revolution", in: J. Lucas (ed.), Literature and Politics in the Nineteenth Century. London, 1971, S. 221–280.

Grennan, M., William Morris: Medievalist and Revolutionary. New York, 1965.

Henderson, O., William Morris. (Writers and Their Work 32), London, 1963.

Henderson, P., William Morris: His Life, Work, and Friends. London, 1967.

Honnef, K., Dichterische Illusion und gesellschaftliche Wirklichkeit. Zur ästhetischen Struktur und historischen Funktion der Vers- und Prosaromanzen im Werk von William Morris. München, 1978.

Hough, G., The Last Romantics. London, New York, 1961.

Küster, E. C., Mittelalter und Antike bei William Morris: Ein Beitrag zur Geschichte des Mediaevalismus in England. Berlin, Leipzig, 1928.

Lewis, C. S., Rehabilitation and Other Essays. Oxford, 1939.

Lindsay, J., William Morris: His Life and Work. London, 1975.

Lougy, R. E., „William Morris' ‚News from Nowhere': The Novel as Psychology of Art", English Literature in Transition (1880–1920) 13 (1970), 1–8.

Mackail, J. W., The Life of William Morris. London, 1899.

Meier, P., William Morris: The Marxist Dreamer. Hassocks, Sussex und Atlantic Highlands, N. J., 1978.

Morton, A. L., The English Utopia. London, 1952.

Mumby, L. M., „William Morris' Romances and the Society of the Future", Zeitschrift für Anglistik und Amerikanistik 10 (1962), 56–70.

Redmon, J. (ed.), William Morris: News from Nowhere. London, 1970.

Roebuck, G. E. (ed.), Some Appreciations of William Morris, Walthamstow, 1934.

Seeber, H. U., Wandlungen der Form in der literarischen Utopie. Studien zur Entfaltung des utopischen Romans in England. (Göppinger Akademische Beiträge 13), Göppingen, 1970.

Thompson, E. P., William Morris: Romantic to Revolutionary. London, 1955.

Thompson, P., The Work of William Morris, London, 1967.

Von der Apokalypse zur Utopie

Die schriftstellerische Karriere von H. G. Wells begann in den 90er Jahren des vorigen Jahrhunderts. In seinen ersten Büchern stellte er zwar die zukünftigen Geschicke der Menschheit dar, er schloß sich jedoch zunächst nicht der utopischen Tradition an, sondern folgte einer fin-de-siècle-Mode und beschrieb apokalyptische Katastrophen: In *The Time Machine* (1895) entwarf er visionäre Bilder von der Degeneration der Menschheit und vom Ende allen Lebens auf der Erde, in *The War of the Worlds* (1898) beschrieb er den Schrecken und die Zerstörung, die durch das Eindringen der Marsmenschen verursacht werden. Wenngleich Wells auch nach 1900 noch zu ähnlichen Themen zurückkehrte – wie etwa in *The War in the Air* (1908) – rückten mit der Veröffentlichung seines Buches *A Modern Utopia* (1905) Elemente der utopischen Gattung in den Vordergrund. Die Wirkung dieses und ähnlicher Bücher von H. G. Wells war bei den Zeitgenossen so groß, daß er bei den meisten Lesern und Kritikern des 20. Jahrhunderts als *der* Verfasser optimistisch-utopischer Literatur galt. An dieser Einschätzung änderten auch die wenig hoffnungsvollen Prophezeiungen nichts, die er gegen Ende seines Lebens – er starb im Jahre 1946 – publizierte und die von einer Verdüsterung seines dichterischen Weltbildes zeugen.[1]

In *A Modern Utopia*[2] stellte sich Wells die Aufgabe, die gesamte utopische Tradition von Plato, Morus, Campanella bis hin zu William Morris aufzuarbeiten und in einem eigenen neuen Entwurf gleichsam auf die Höhe des zeitgenössischen Bewußtseins zu bringen. Die Geschichte des utopischen Denkens ist in diesem Buch im hegelianischen Sinne ‚aufgehoben'; Anregungen aus Plato und Morus werden in eine moderne Vorstellung vom utopischen Staat eingearbeitet, Thesen anderer Utopisten, die ihm abwegig erschienen, werden in ausführlicher Argumentation abgelehnt.[3] Wells bedient sich dabei des Stils eines wissenschaftlichen Essayisten, zitiert seine Quellen und Sekundärliteratur, die er verarbeitete, so daß die expositorische Prosa bei ihm weit stärker in den Vordergrund rückt als bei William Morris. Dennoch bezieht auch Wells fiktive Elemente in seine Darstellung eines modernen utopischen Staates mit ein; er beschreibt die Menschen und die Umwelt, in der sie leben, in Anlehnung an den Stil der Realisten des 19. Jahrhunderts, so daß der Leser eine konkrete Vorstellung von der Wellsschen Utopie gewinnt. Es zeugt von einem hohen Grad literarischer Bewußtheit, daß Wells seine Darstellungsweise von vornherein erläutert und begründet und den Leser auf diese Weise am Aufbau einer fiktiven utopischen Wirklichkeit teilhaben läßt.

Formprobleme: Die Utopie zwischen Essay und Diskussionsroman, zwischen monologischem Kommentar und Bericht

Wie er in seiner Einleitung ausführt, boten sich ihm als Formen der reine Essay und der Diskussionsroman (wie ihn zu Beginn des 19. Jahrhunderts Thomas Love Peacock entwickelt hatte), der kommentierende Monolog und der rein realistische Roman an. Er entschied sich gegen die Form des Essays, die ihn auf eine einseitig argumentierende Entfaltung seiner Ideen festgelegt hätte, und gegen den Diskussionsroman, der ihn gezwungen hätte, eine größere Anzahl von Charakteren einzuführen und den fiktiven Spielraum zu stark zu erweitern. Wie aus den Romanen Aldous Huxleys hervorgeht, die – wie *Point Counter Point* – nach dem Peacockschen Vorbild geschrieben wurden, ist der Diskussionsroman dann ein geeignetes Instrument für einen Erzähler, wenn er eine Vielzahl von Thesen und Theorien gegeneinander ausspielen möchte, ohne sich selbst bei der Darstellung dieses intellektuellen Wechselspiels auf eine bestimmte Position festzulegen. Wells deutet zwar an, daß sein Entwurf einer modernen Utopie einer unter einer Vielzahl von möglichen Entwürfen ist, aber das gesamte Buch läßt doch erkennen, wie stark er von der Richtigkeit seiner Vorstellungen überzeugt war und wie sehr er sich scheute, nur ein ironisches Wechselspiel von Ideen zu präsentieren. Wenn Wells weiterhin bemerkt, daß er weder einen kommentierenden Monolog noch eine einfache Geschichte schrieb, so ist diese Behauptung insofern richtig, als er sich nicht *durchgehend* für eine dieser Formen entschied: Eine genaue Analyse des Buches ergibt, daß *A Modern Utopia* sehr wohl von diesen Darstellungsformen Anregungen übernahm. Der Bericht des Ich-Erzählers über seine Erlebnisse in Utopia gleicht sehr wohl an verschiedenen Stellen einem Monolog, der in einen Kommentar übergeht, und einzelne Kapitel haben einen ausgesprochen essayistischen Charakter. Andererseits berichtet Wells auch einige Erlebnisse des Ich-Erzählers und seines Begleiters, des Botanikers, die durchaus in einem realistischen Roman ihren Platz haben könnten. Schließlich gibt es einzelne Stellen, an denen die Dialoge in eine Diskussion übergehen – so etwa das Kapitel, in dem von der Begegnung mit einem Vegetarier und Naturapostel berichtet wird. Das bedeutet: Wells hat sich nicht einseitig für eine der von ihm genannten Gattungen und Formen entschieden, hat aber Anregungen vom Diskussionsroman und vom Essay, vom kommentierenden Monolog und von der realistischen Erzählung aufgenommen und in *A Modern Utopia* in origineller Weise zu einer Einheit verarbeitet.

Historischer Autor und Ich-Erzähler

Wie stark sich Wells bei der Komposition dieses Werkes von erzähltechnischen Erwägungen leiten ließ, geht auch aus dem Rahmen hervor, den er für die Präsentation der utopischen Wirklichkeit erfand: er unterscheidet im erzählerischen Rahmen, der durch Kursivdruck deutlich vom Bericht über Utopien abgesetzt ist, zwischen dem historischen Autor und „The Voice", d. h. der Stimme, die von den Erlebnissen in der utopischen Wirklichkeit in der Ich-Form berichtet, wenngleich nicht zu verkennen ist, daß der Ich-Erzähler, den Wells einführt, in seinem Äußeren, das eingangs kurz beschrieben wird, mit dem Autor weitgehend identisch ist. Wells treibt hier gleichsam sein Spiel mit den Erzählkonventionen, um den historischen Autor und den fiktiven Erzähler voneinander abzuheben und um zugleich den inneren Zusammenhang zwischen Autor und Erzähler zu verdeutlichen.

Ich-Erzähler und Botaniker

Wells erweitert die epische Grundsituation, die mit der Einführung eines Ich-Erzählers gegeben ist, dadurch, daß er dem Ich-Erzähler einen Botaniker als Begleiter zur Seite stellt, der mit ihm aus der irdischen Welt in die utopische Welt gelangt ist und mit ihm auch wiederum in den irdischen Alltag zurückkehrt, und weiterhin dadurch, daß der Ich-Erzähler in Utopien seinen Doppelgänger trifft, denn Utopien entspricht bis in die einzelnen Personen hinein der Erfahrungswirklichkeit des irdischen Alltags, dem nicht nur der Erzähler und sein Begleiter entstammen, sondern auch der Autor und seine Leser angehören.[4]

Im Vergleich zum Ich-Erzähler, der allen utopischen Einrichtungen mit wissenschaftlicher Neugierde nachspürt, ist der Botaniker trotz seines naturwissenschaftlichen Berufes in vieler Beziehung eine Verkörperung des l'homme moyen sensuel: Er ist eine sinnlich-sentimentale Natur mit romantischen Neigungen; ständig denkt er über die Enttäuschung nach, die ihm eine Frau bereitet hat. Sie folgte den Ratschlägen und Wünschen ihrer Verwandten und heiratete einen Mann, der bereits eine gesicherte Position im gesellschaftlichen Leben errungen hatte. Als er diese Frau, die ihn enttäuschte, nach acht Jahren wieder trifft, glaubt er aus ihrem Äußeren und ihren Worten entnehmen zu dürfen, daß sie in ihrer Ehe unglücklich geworden ist. Probleme des alltäglichen bürgerlichen Ehe- und Familienlebens sind für den Botaniker wichtiger als alle utopischen Pläne zur Verbesserung der Gesellschaft, deren Opfer er selber geworden ist. Vom Standort des Ich-Erzählers erscheint der Botaniker als eine passive Natur: „he has read more than he has suffered, and suffered rather than done." (26) Wenn der Ich-Erzähler bei seinen Versuchen, dem Leser ein Bild des Botanikers zu vermitteln, seine eigene charakterliche Veranlagung mit derjenigen des Botanikers vergleicht, kommt er zu der aphoristischen Feststellung: „I feel to think, he thinks to feel" (175). Beide verbindet, daß auch der Ich-Erzähler eine Liebesaffäre hatte, die er „my little personal tragi-comedy" (254) nennt; auch er erlebte Demütigungen, über die er jedoch nicht eingehender berichtet. Im Ich-Erzähler dominiert letztlich der kritische Intellekt, während der Botaniker sich seinen Emotionen ausliefert. Die schöpferisch-sprunghafte Art zu denken, die den Ich-Erzähler auszeichnet, ist ihm geradezu suspekt. Für den Botaniker ist der Ich-Erzähler „an incomprehensible brute" (175). Wenn der Ich-Erzähler gelegentlich den Wunsch äußert, sich ganz vom Botaniker lösen zu wollen, dabei jedoch die Vermutung hat, daß er sich nicht von ihm lösen kann – „I suppose I had no power to leave him behind" (179)–, dann deutet eine solche Bemerkung darauf hin, daß Ich-Erzähler und Botaniker nichts anderes sind als zwei Aspekte ein und desselben Menschen: Wells hat gleichsam die menschliche Natur – seine Natur – in zwei fiktive Wesen aufgespalten, um einerseits den Utopisten, der in ihm steckt, imaginativ freizusetzen; er war sich jedoch zugleich bewußt, daß dieser Utopist sich nicht gänzlich von der menschlichen Natur, von Instinkt und Emotionalität lösen konnte. Der Botaniker als Begleiter läßt den Utopisten ständig an die alltäglich-irdische Existenz des Menschen, an die kleinen Probleme des bürgerlichen Alltags denken. Wells schafft auf diese Weise eine Brücke zwischen der alltäglichen Erfahrungswirklichkeit, in der der Leser beheimatet ist, und der utopisch-fiktiven Wirklichkeit, in die er den Leser versetzen möchte, und er deutet dem Leser durch die ständige Präsenz des Botanikers an, daß er der Probleme eines Durchschnittsbürgers eingedenk bleibt, auch wenn er sich mit dem Ich-Erzähler und Utopisten für eine bessere und vollkommenere Welt begeistert. Es ist verständlich, daß der Botaniker dem Utopisten vorwirft, die Neigung, utopischen Vorstellungen nachzuhängen, verdecke die vernünftige Einstellung zur Alltagswirklichkeit: „It spoils the world of everyday to let your mind run on impossible perfections" (363), und es ist ebenso verständlich, daß der Utopist die angeblich realistische Einstellung neben seine utopische Wirklichkeitsauffassung stellt und sie ebenfalls als einen Traum, als eine Realitätsauffassung zu charakterisieren versucht, die ebenso aus einer subjektiven Disposition hervorgeht wie seine Sicht der Wirklichkeit:

> You may accept *this* as the world of reality, *you* may consent to be one scar in an ill-dressed compound wound, but so – not I! This is a dream too – this world. *Your* dream, and you bring me back to it – out of Utopia –. (363)

In dem Augenblick, in dem der utopische Bericht zu Ende geht und an der Stelle des Ich-Erzählers wiederum der Autor die Funktion des Erzählers einnimmt, verschwindet der Botaniker: die beiden Rollen, die der Autor im utopischen Bericht spielte, fallen zusammen; am Schluß des Buches gehen sie gleichsam in dem einen Autor H. G. Wells auf, der im Rahmen in abstrakter Sprache formuliert, was er in der Darstellung der utopischen Welt durch zwei Personen verdeutlichte:

> Ever and again, contrasting with this immediate vision, come glimpses of a comprehensive scheme, in which these personalities float, the scheme of a synthetic wider being, the great State, mankind, in which we all move and go, like blood corpuscles, like nerve cells, it may be at times like brain cells, in the body of a man. But the two visions are not seen consistently together, at least by me, and I do not surely know that they exist consistently together. The motives needed for those wider issues come not into the interplay of my vanities and wishes. That greater scheme lies about the men and women I know, as I have tried to make the vistas and spaces, the mountains, cities, laws, and order of Utopia lie about my talking couple, too great for their sustained comprehension. When one focuses upon these two that wide landscape becomes indistinct and distant, and when one regards that then the real persons one knows grow vague and unreal. Nevertheless, I cannot separate these two aspects of human life, each commenting on the other. In that incongruity between great and individual inheres the incompatibility I could not resolve, and which, therefore, I have had to present in this conflicting form. (372–73)

Wenn Wells dem Ich-Erzähler nicht nur den Botaniker beigegeben hat, der ihm folgt wie Sancho Pansa dem Don Quichote, sondern ihn überdies noch dem utopischen Doppelgänger begegnen läßt, so ist dies darin begründet, daß auch dem Ich-Erzähler bei allen utopischen Neigungen noch irdische Unvollkommenheiten anhaften. Es fällt auf, daß der utopische Doppelgänger über eine Reihe von Komparativsätzen eingeführt und charakterisiert wird, wobei die Vergleiche zwischen dem Ich-Erzähler und seinem utopischen Partner stets zugunsten des Doppelgängers ausfallen, wie dies an den Komparativen „taller", „younger", „sounder", „finer", „better" (247) abgelesen werden kann. Bei der Selbstcharakterisierung des Ich-Erzählers waltet dagegen im gleichen Zusammenhang die Ironie vor: Er erscheint als ein unbeholfener Tölpel: „He comes towards me, and I, as I advance to meet him, stumble against a chair." (247) Und weiterhin heißt es: „Indeed, I come, trailing clouds of earthly confusion and weakness; I bear upon me all the defects of my world." (248) Die Ironie des Ich-Erzählers kehrt sich jedoch nicht nur gegen das eigene Selbst, sondern auch gegen den Leser: Der Ich-Erzähler überspringt mit Absicht die erste Konversation zwischen ihm und dem Doppelgänger, weil sie angeblich nichts zur Beschreibung und Deutung des utopischen Staates beitrug. Da beide ein ausgesprochenes Interesse an Fragen der Regierungskunst haben, ist es verständlich, daß dem utopischen Doppelgänger des Erzähler-Ichs die Schilderung des Wächterstandes (im platonischen Sinne), d. h. des Ordens der Samurai in den Mund gelegt wird.

Der Ich-Erzähler und der Naturapostel

Wenn Wells andererseits vor dem utopischen Doppelgänger einen Naturapostel einführt, der sich gegen die Naturwissenschaft, den auf der Naturwissenschaft beruhenden Fortschritt und gegen das „overmanagement" (120) wendet und über die Notwendigkeit einer Rückkehr zur Natur spricht, dann deutet er damit an, daß er sich wohl bewußt war, unter welchen Voraussetzungen überhaupt ein utopischer Zustand verwirklicht werden kann. Nach der Begegnung mit dem Naturapostel begreift der Ich-Erzähler, daß die Menschen nicht dem Zufall und der Anarchie überlassen werden dürfen, wenn man allen Ernstes auf die Verwirklichung eines utopischen Zustandes hofft. Hatte Morris noch an einen Instinkt geglaubt, der die Menschen nach der Abschaffung repressiver Herrschaft in eine kommunistische Utopie steuern könnte, so setzt Wells für die Erreichung eines utopischen Zustandes bewußte Planung und Führung voraus.

It is manifest this Utopia could not come about by chance and anarchy, but by co-ordinated effort and a community of design, and to tell of just land laws and wise government, a wisely balanced economic system, and wise social arrangements without telling how it was brought about, and how it is sustained against the vanity and self-indulgence, the moody fluctuations and uncertain imaginations, the heat and aptitude for partisanship that lurk, even when they do not flourish, in the texture of every man alive, is to build a palace without either door or staircase. (128)

Und er fügt weiterhin hinzu:

Somewhere in the Modern Utopia there must be adequate men, men the very antithesis of our friend, capable of self-devotion, of intentional courage, of honest thought, and steady endeavour. (128)

A Modern Utopia als Gedankenexperiment und Fiktion: stilistische Charakteristika

Wells' Utopie ist ein Gedankenexperiment und eine fiktive Realität. Wir sprechen absichtlich von ‚Gedankenexperiment', weil er den Leser bittet, sich den Erzähler wie einen Vortragsredner vorzustellen, der einen Lichtbildervortrag über eine Welt hält, von der er zwar sagt, daß er sie in seinem Intellekt konzipierte, die er jedoch so plastisch zu schildern weiß, daß sich der Leser mit dem Erzähler in diese konstruierte und fiktive Welt versetzt fühlt.

Es fällt auf, daß der Erzähler insbesondere eingangs bei seinen Ausführungen über die utopische Welt ‚must'-Konstruktionen oder die periphrastische Konstruktion ‚to be to' (die ein geplantes künftiges Geschehen ausdrückt) gebraucht. So heißt es gleich zu Beginn des ersten Kapitels: „The Utopia of a modern dreamer must needs differ in one fundamental aspect from the Nowhere and Utopias men planned before Darwin quickened the thought of the world." (5) Oder: „the Modern Utopia must be not static but kinetic, must shape not as a permanent state but as a hopeful stage, leading to a long ascent of stages." (5) Der Ich-Erzähler versucht, dem Leser zu beweisen, daß die Hauptmerkmale der zu beschreibenden Utopie aus einer kritischen Auseinandersetzung mit der gesamten Tradition des utopischen Schrifttums abgeleitet sind und daß sie sich notwendigerweise ergeben, wenn man sich bei dieser Auseinandersetzung auf einen darwinistischen Standpunkt stellt. Zugleich legt er in den ‚must'- und ‚to be to'-Konstruktionen die Bedingungen fest, nach denen er sich an seine Aufgabe, die Darstellung eines utopischen Staatswesens heranbegibt:

> There is to be no inquiry here of policy and method. This is to be a holiday from politics and movements and methods. But, for all that, we must needs define certain limitations ... We are to restrict ourselves first to the limitations of human possibility as we know them in the men and women of this world to-day and then to all the inhumanity, all the insubordination of nature. (7)

Wenn Wells in diesen Vorbemerkungen näher auf die inhaltliche Füllung seines utopischen Ideals eingehen will, gebraucht er gerne die Inversion zur emphatischen Hervorhebung seiner Idealvorstellungen: „Worldstate, therefore, it must be". (12) Den ‚must'- und ‚to be to'-Konstruktionen sind die futurischen Konstruktionen zur Seite zu stellen: sie haben oft einen beschwörend-prophetischen Charakter, denn in ihnen verkündet der Erzähler, welche idealen Bedingungen in dem utopischen Gemeinwesen erfüllt sein werden. So heißt es z. B. über die sprachlichen Verhältnisse in Utopia:

> The language of Utopia will no doubt be one and indivisible; all mankind will, in the measure of their individual differences in quality, be brought into the same phase, into a common resonance of thought, but the language they will speak will still be a living tongue, an animated system of imperfections, which every individual man will infinitesimally modify. (21/22)

Sehr häufig werden in diese futurischen Sätze Beteuerungs- und Beschwörungsformeln wie „no doubt", „surely", „certainly", „indeed", „assuredly" eingebaut (vgl. 17: „The whole world will surely have a common language . . ." oder 138: „A Utopia planned upon modern lines will certainly have put an end to that.") Solche Formeln deuten an, daß hier der Erzähler seine persönlichen Überzeugungen bekundet und daß er durch den Konversationston eine Kommunikationsbrücke zum Zuhörer bzw. Leser baut, den er für seine Überzeugungen gewinnen möchte. Zur Strategie der Leser-Beeinflussung ist es auch zu rechnen, daß Wells sehr häufig dem Botaniker als dem ständigen Widersacher des Ich-Erzählers Meinungen in den Mund legt, die möglicherweise ein Durchschnittsleser auch teilen kann. Indem der Ich-Erzähler den Botaniker widerlegt oder ihm mit einer Ironie begegnet, die die begrenzten Denkfähigkeiten des Botanikers entlarven soll, manipuliert Wells indirekt auch die Reaktionen

103

des Lesers, der seine Identifikation mit dem Botaniker bald aufgibt und sich – nach der Intention von Wells – dem Ich-Erzähler anschließt, um sich nicht selber dessen ätzender, ironischer Kritik auszusetzen.

Ein Musterbeispiel für eine Argumentation mit dem Leser (Zuhörer) findet sich im 10. Kapitel, wo Wells von dem Zusammenschluß aller Kulturen und Rassen zu einem Weltstaat handelt. Er stellt dem Leser zunächst das Modell einer imperialistischen und einer liberalistischen Politik vor, weist ihre Grenzen und Gefahren auf und kommt dann – mit einer Leseranrede – zu folgender Conclusio:

> If on the other hand you appreciate the unique, you will aim at such a synthesis as this Utopia displays, a synthesis far more credible and possible than any other Welt-Politik. (349)

Die Gültigkeit seiner utopischen Lösung sucht er schließlich noch dadurch zu unterstreichen, daß er den Weltstaat als das einzige Ziel hinstellt, auf das sich ein aufgeklärter politischer Wille hinbewegen kann:

> Were the will of the mass of men lit and conscious, I am firmly convinced it would now burn steadily for synthesis and peace. (350)

Dienen die futurischen Konstruktionen dazu, die utopischen Überzeugungen des Ich-Erzählers (und des Autors) auszudrücken, so wird der Konditionalis dazu benutzt, um den erzählerischen Übergang von der historischen Realität in die utopische Welt zu bewerkstelligen. Die ,should'- und ,would'-Konstruktionen schildern zum einen, wie die Welt aussehen würde, wenn alle utopischen Ideale verwirklicht worden wären; zum andern charakterisieren sie die Verhaltensweisen, die die beiden Besucher in Utopia und die Utopier zeigen würden, falls sie den Gästen aus einer anderen Welt begegnen sollten. So heißt es beispielsweise im zweiten Kapitel:

> People would pass us in the twilight, and then more people; we should see they walked well and wore a graceful, unfamiliar dress, but more we should not distinguish.
> ,,Good-night!'' they would say to us in clear, fine voices. Their dim faces would turn with a passing scrutiny towards us. (52)

Je stärker sich der Ich-Erzähler jedoch mit der dargestellten Welt identifiziert, um so mehr rückt er in seinem Bericht vom Konditionalis ab und wechselt ins Präsens über; kurz nach der oben zitierten Stelle berichtet er:

We look about us and watch for hints and examples, and, indeed, get through with the thing. And after our queer, yet not unpleasant, dinner, in which we remark no meat figures, we go out of the house for a breath of air and for quiet counsel one with another, and there it is we discover those strange constellations overhead. It comes to us then, clear and full, that our imagination has realised itself; we dismiss quite finally a Rip-Van-Winkle fancy we have entertained, all the unfamiliarities of our descent from the mountain pass gather together into one fulness of conviction, and we know, we know, we are in Utopia. (53)

Probleme der Beschreibung der utopischen Wirklichkeit

Bei der Beschreibung der utopischen Welt stößt Wells auf die gleichen Probleme wie seine Vorgänger: Eine exakte Vorstellung von der utopischen Wirklichkeit läßt sich mit den zu Gebote stehenden sprachlichen Mitteln nur in unzureichender Weise evozieren. Ähnlich wie Morris benutzt auch Wells Adjektive wie „beautiful", „clear", „graceful", „bright", „clean", „admirable", um die Schönheit und Vollkommenheit der Menschen und der Umgebung, in der sie leben, zu beschreiben.[6] Es handelt sich dabei um Adjektive, die emotionale Wirkungen hervorrufen, nicht um Adjektive, die sinnliche Eindrücke präzisieren. Will Wells die Eindrücke des Ich-Erzählers präzisieren, dann wechselt er zu Deskriptionen über, in denen Substantive und Verben dominieren: er benennt die Dinge, die der Ich-Erzähler sieht, und erklärt ihre Wirkungsweise.

Als Beispiel für diese Technik sei ein Abschnitt aus dem dritten Kapitel zitiert, in dem er ein Zimmer in einem Gasthaus in Utopien beschreibt:

The room is, of course, very clear and clean and simple; not by any means cheaply equipped, but designed to economise the labour of redding and repair just as much as is possible. It is beautifully proportioned, and rather lower than most rooms I know on earth. There is no fireplace, and I am perplexed by that until I find a thermometer beside six switches on the wall. Above this switch-board is a brief instruction: one switch warms the floor, which is not carpeted, but covered by a substance like soft oilcloth; one warms the mattress (which is of metal with resistance coils threaded to and fro in it); and the others warm the wall in various degrees, each directing current through a separate system of resistances. The casement does not open, but above, flush with the ceiling, a noiseless rapid fan pumps air out of the room. The air enters by a Tobin shaft. There is a recess dressing-room, equipped with a bath and all that is necessary to one's toilette, and the water, one remarks, is warmed, if one desires it warm, by passing it through an electrically heated spiral of tubing. A cake of soap drops out of a store machine on the turn of a handle, and when you have done with it, you drop that and your soiled towels and so forth, which also are given you by machines, into a little box, through the bottom of which they drop at once, and sail down a smooth shaft. A little notice tells you the price of your room, and you gather the price is doubled if you do not leave the toilette as you found it. Beside the bed, and to be lit at night by a handy switch over the pillow, is a little clock, its face flush with the wall. The room has no corners to gather dirt, wall meets floor with a gentle curve, and the apartment could be swept out effectually by a few strokes of a mechanical sweeper. The door frames and window frames are of metal, rounded and impervious to draught. You are politely requested to turn a handle at the foot of your bed before leaving the room, and forthwith the frame turns up into a vertical position, and the bedclothes hang airing. You stand at the doorway and realise that there remains not a minute's work for anyone to do. Memories of the foetid disorder of many an earthly bedroom after a night's use float across your mind. (103–105)

Ein weiteres Beispiel für die Darstellung einer technisch vervollkommneten Welt ist die Beschreibung des Zuges, in dem er zusammen mit dem Botaniker nach London zurückreist und der einem englischen Club gleicht. Wells ließ sich in seiner schriftstellerischen Phantasie von den Neuerungen des technischen Zeitalters zu eigenen Vorstellungen inspirieren, wie das Leben der Menschen und insbesondere ihre alltägliche Umgebung angenehmer, bequemer und zweckdienlicher gestaltet werden könnte. Bedenkt man, welche Wandlungen die Technik im Bereich des Wohnungsbaus oder des Transportwesens vom Beginn der Jahrhundertwende bis zum gegenwärtigen Zeitpunkt bewirkte, so ließe sich im Hinblick auf die zitierten Beispiele sagen, daß die technische Entwicklung inzwischen die utopischen Vorstellungen von Wells weitgehend eingeholt hat.

Ähnlich wie Morris denkt auch Wells in seiner Utopie an eine stärkere Entfaltung der künstlerischen Kreativität im modernen Alltag. Wenn er jedoch konstatiert: „Art has scarcely begun in the world" (242), so unterscheidet er sich insofern von Morris, als er an das Zusammenwirken von künstlerischer und technischer Kreativität denkt, während Morris für die weitgehende Abschaffung der Technik plädierte und das künstlerische Schaffen in die handwerkliche Betätigung eingehen lassen wollte. Ist Morris noch von dem Gedanken einer möglichen Rückkehr zur Natur – wenngleich auf einer höheren geistigen und politischen Ebene – erfüllt, so schwebte Wells ein utopischer Zustand vor, in dem Natur und Technik eine Synthese eingegangen sind. Besonders deutlich tritt dies in seiner Beschreibung des utopischen London zutage, in der sich folgende Sätze finden:

> One will come into this place as one comes into a noble mansion. They will have flung great arches and domes of glass above the wider spaces of the town, the slender beauty of the perfect metal-work far overhead will be softened to a fairy-like unsubstantiality by the mild London air . . . The gay and swiftly moving platforms of the public ways will go past on either hand, carrying sporadic groups of people, and very speedily we shall find ourselves in a sort of central space, rich with palms and flowering bushes and statuary. We shall look along an avenue of trees, down a wide gorge between the cliffs of crowded hotels, the hotels that are still glowing with internal lights, to where the shining morning river streams dawnlit out to sea. (244)

Eine Wendung wie „the cliffs of crowded hotels" beweist, wie Wells bis in die kleinsten sprachlichen Fügungen hinein, bis in die Bilder, Vergleiche und Metaphern Natur und Technik in eins sieht.

Gelegentlich stützt Wells seine hymnisch preisenden Beschreibungen der utopischen Wirklichkeit noch durch Kontrastbeschreibungen ab, die sich auf die historische Wirklichkeit beziehen, wie er sie in England zu Beginn des 20. Jahrhunderts erleben konnte. Am Ende einer deskriptiven Passage, in der er die Atmosphäre und Arbeitsbedingungen in einer Fabrik darstellt, in der er mit dem Botaniker für einige Zeit beschäftigt wird, findet sich folgende Bemerkung:

> that general restlessness, that brooding stress that pursues the weekly worker on earth, that aching anxiety that drives him so often to stupid betting, stupid drinking, and violent and mean offences will have vanished out of mortal experience. (223)

Durch den Hinweis auf die niederdrückenden Arbeitsbedingungen, die der Arbeiter zu Beginn des Jahrhunderts noch hinnahm und die ihn zu stumpfsinnigen und gewaltsamen Reaktionen antrieben, wird die Darstellung der humanen Arbeitsbedingungen in einer Fabrik Utopiens in noch helleres Licht gerückt.

Daß Wells insbesondere bei der Darstellung des technisch perfekten Zustandes sprachlich an die Grenze seiner Ausdrucksfähigkeit gelangt, deutet er in Kapitel 7 an, bevor er zur Beschreibung Londons übergeht: Der Ich-Erzähler stellt sich und seinen Zuhörern (Lesern) die Frage: „How will a great city of Utopia strike us?" und schickt sogleich folgende Bemerkung nach:

> To answer that question well one must needs be artist and engineer, and I am neither. Moreover, one must employ words and phrases that do not exist, for this world still does not dream of the things that may be done with thought and steel, when the engineer is sufficiently educated to be an artist, and the artistic intelligence has been quickened to the accomplishment of an engineer. (241/242)

Die Naturbeschreibungen

Wells überschreitet den Rahmen der Darstellung einer von Menschenhand geformten utopischen Wirklichkeit, wenn er deren Platz im Universum beschreibt:

> Out beyond Sirius, far in the deeps of space, beyond the flight of a cannon-ball flying for a billion years beyond the range of unaided vision, blazes the star that is *our* Utopia's sun. To those who know where to look, with a good opera-glass aiding good eyes, it and three fellows that seem in a cluster with it – though they are incredible billions of miles nearer – make just the faintest speck of light. About it go planets, even as our planets, but weaving a different fate, and in its place among them is Utopia, with its sister mate, the Moon. It is a planet like our planet, the same continents, the same islands, the same oceans and seas, another Fuji-Yama is beautiful there dominating another Yokohama – and another Matterhorn overlooks the icy disorder of another Theodule. (12–13)

Wenngleich er mit leichter erzählerischer Ironie verhindert, daß bei dieser Beschreibung lyrisches Pathos sich entfalten kann, zeugt die zitierte Stelle von einer kosmischen Phantasie, die bei den Imagisten wenige Jahre später auf Ablehnung stieß. Wells bewahrte sich bei aller Bewunderung für die Vervollkommnung des zivilisatorischen Alltages durch die Technik einen ursprünglichen Sinn für das Faszinosum einer vom Menschen unbearbeiteten Natur, für das Faszinosum von Welten, die die vernünftige

Vorstellungskraft des Menschen, der ganz im zivilisatorischen Alltag des 20. Jahrhunderts lebt, übersteigt. Es ist daher nicht überraschend, wenn er den Doppelgänger des Ich-Erzählers berichten läßt, daß es zu den Pflichten der Samurai, der Führungselite in Utopia gehört, jährlich wenigstens einmal als Einsiedler in eine verlassene Gegend zu wandern und dort ohne Bücher und ohne Waffen, ohne Feder, Papier oder Geld zu leben. Die Naturbeschreibungen, die der utopische Doppelgänger in seinen Bericht über seine Erlebnisse als Eremit einflicht, stellen einerseits einen Kontrast zu der Beschreibung der utopisch-alltäglichen Umwelt dar; sie schließen sich jedoch an die Darstellung des Weltenraums oder auch der Schweizer Alpenlandschaft an, die Wells zuvor in seinem Buch gegeben hat. Es entspricht der Technik des Verdeutlichens, die Wells in diesem Buch aus didaktischen Gründen bevorzugt, wenn er den Ich-Erzähler über die Wirkung berichten läßt, die die Erzählung des utopischen Doppelgängers auf ihn ausübte.

It came to me suddenly as very strange that, even as we sat and talked, across deserted seas, on burning sands, through the still aisles of forests, and in all the high and lonely places of the world, beyond the margin where the ways and houses go, solitary men and women sailed alone or marched alone, or clambered – quiet, resolute exiles; they stood alone amidst wildernesses of ice, on the precipitous banks of roaring torrents, in monstrous caverns, or steering a tossing boat in the little circle of the horizon amidst the tumbled, incessant sea, all in their several ways communing with the emptiness, the enigmatic spaces and silences, the winds and torrents and soulless forces that lie about the lit and ordered life of men.

I saw more clearly now something I had seen dimly already, in the bearing and the faces of this Utopian chivalry, a faint persistent tinge of detachment from the immediate heats and hurries, the little graces and delights, the tensions and stimulations of the daily world. It pleased me strangely to think of this steadfast yearly pilgrimage of solitude, and how near men might come then to the high distances of God. (309–310)

Der Ich-Erzähler begreift, daß die Samurai, wiewohl sie als Führungsschicht an der Gestaltung des öffentlichen Lebens entscheidenden Anteil haben, durch die Begegnung mit der Natur eine innere Gelöstheit und Distanz zu allen Lebensbereichen gewinnen. Der Kommentar des Ich-Erzählers läßt erkennen, daß Wells sich bewußt war, daß er mit seiner Beschreibung des Eremitendaseins der Samurai eine religiöse, spirituelle Tradition fortsetzte, denn die Samurai befolgen das Gebot der „vita mixta", die eine Verbindung der „vita activa" mit der „vita contemplativa" vorschreibt. (Im ausgehenden Mittelalter wurde diese Lebensform von Walter Hilton in seinem *Epistle on Mixed Life* beschrieben.)

Bei dem Versuch, die „vita contemplativa" der Samurai darzustellen, konnte Wells an die Tradition der romantischen Naturbeschreibung anknüpfen; er stieß dabei zu einer kosmischen Sicht der Natur und zugleich der utopischen Wirklichkeit vor, die sich grundsätzlich von der biedermeierlich-domestizierten Sicht des utopischen Lebens unterscheidet, wie sie wenige Jahre zuvor William Morris in *News from Nowhere* zum Ausdruck gebracht hatte.

Die kinetische Utopie

Wells konzipierte den utopischen Staat von Anfang an als einen Weltstaat – „World-state, therefore, it must be" (12) – und setzte sich damit bewußt von Plato, Morus oder Butler ab, bei denen der utopische Staat auf eine Insel oder ein idyllisches Tal begrenzt ist. Er unterscheidet sich von seinem Vorgänger weiterhin dadurch, daß er den utopischen Staat nicht als ein statisches Gebilde beschreibt; während bei Morus oder Morris die Geschichte nahezu stillzustehen scheint, nachdem einmal der utopische Zustand erreicht ist, erweist sich Wells insofern als ein Anhänger des Entwicklungs- und Fortschrittsgedankens, als er die Utopie als ein dynamisches, oder wie er sagt: kinetisches Gebilde begreift. Es ist sicherlich kein Zufall, daß er bereits in der dritten Zeile des ersten Kapitels den Namen Darwin gebraucht. Er weist damit auf die innere Beziehung hin, die zwischen seinem Entwurf eines utopischen Staates und dem evolutionistischen Denken besteht, das für Darwins biologische Welterklärung kennzeichnend ist. Für Wells stellt die moderne Utopie einen flexiblen Kompromiß dar, der immer wieder von den Menschen, von der nächst folgenden Generation zu erneuern ist. Wells knüpft mit seiner Schilderung des utopischen Zustandes an die bestehenden Verhältnisse an und weist Wege zu deren Verbesserung und Vervollkommnung. Er ist nicht davon überzeugt, daß sich die menschliche Natur vollkommen ändern könne, daß ein anarchischer Zustand, in dem alle Menschen klug, tolerant, edel und vollkommen sind, erreicht werden könne, daß es den Menschen je gelingen werde, in einen paradiesischen Zustand zurückzukehren und das Goldene Zeitalter wiederzugewinnen. Für ihn ist der Wille zum Leben – nach Wells das Grundprinzip des menschlichen Daseins überhaupt – ständig mit Aggressionen behaftet, durch die der nahezu utopische Zustand, der zu erstreben ist, immer wieder in Frage gestellt oder gar aufgehoben werden kann. Wells konstruiert daher eine Utopie, die einigen – in seiner Sicht – unabänderlichen Grundtatsachen der menschlichen Natur und des irdischen Daseins von vornherein Rechnung trägt:

> We are to shape our state in a world of uncertain seasons, sudden catastrophes, antagonistic diseases, and inimical beasts and vermin, out of men and women with like passions, like uncertainties of mood and desire to our own. (7/8)

Wells Beschreibung des utopischen Zustandes zielt auf die Beschreibung all jener Elemente der menschlichen Zivilisation – vom Straßen- und Häuserbau bis zu den Gesetzen und religiösen Organisationen – ab, die durch menschliche Willensanstrengungen geschaffen und durch den Willen der Menschen auch verändert werden können. Er bekennt sich damit zu einem dynamisch-voluntaristischen Weltbild.

Sozialismus und Individualismus

Bei seinem Bemühen, die Beschreibung des utopischen Staates aus einer Analyse der gegenwärtigen Verhältnisse (d. h. der Verhältnisse, wie sie in Europa zu Beginn des 20. Jahrhunderts herrschten) hervorgehen zu lassen, sah sich Wells gezwungen, auch zu den beiden antagonistischen Tendenzen Stellung zu nehmen, die das soziale und politische Leben seiner Zeit bestimmten: Kommunismus und Sozialismus einerseits und Individualismus andererseits.[7] Es ist bezeichnend für seine souverän-ironische Art, die Tendenzen des Zeitalters zu charakterisieren, wenn er feststellt, daß beide Prinzipien, werden sie absolut gesetzt, als Absurditäten zu betrachten seien:

> To the onlooker, both Individualism and Socialism are, in the absolute, absurdities; the one would make men the slaves of the violent or rich, the other the slaves of the State official, and the way of sanity runs, perhaps even sinuously, down the intervening valley. Happily the dead past buries its dead, and it is not our function now to adjudicate the preponderance of victory. In the very days when our political and economic order is becoming steadily more Socialistic, our ideals of intercourse turn more and more to a fuller recognition of the claims of individuality. (87/88)

Wells strebt einem Kompromiß zu, in dem die Vorzüge eines jeden der

111

beiden Systeme miteinander kombiniert sind: „Each side established a good many propositions, and we profit by them all." (87) So läßt sich sein utopischer Entwurf nicht einseitig auf sozialistische oder individualistische Gedankengänge festlegen; es ist vielmehr zu untersuchen, in welcher Weise sich das Zusammenspiel zwischen sozialistischen und individualistisch-liberalistischen Ideen in den verschiedenen Lebensbereichen, die er schildert, gestaltet.

Das Wirtschaftssystem

Macht und Einfluß des Staates lassen sich an dem utopischen Wirtschaftssystem ablesen: Grund und Boden, Bodenschätze und natürliche Energiequellen gehören dem Staat; die Energiequellen werden von den örtlichen Behörden verwaltet.[8] Zugleich baut der Staat auf die Initiative des Einzelnen, dem er in vorgeschriebenem Rahmen den Erwerb und Genuß von Privatbesitz zubilligt. Im Gegensatz zur Utopie des Thomas Morus werden Geld und Gold nicht als nutzlos verachtet, sondern als die notwendigen Grundlagen für das Leben des Einzelnen wie der gesamten Gesellschaft betrachtet:

> Money, did you but use it right, is a good thing in life, a necessary thing in civilised human life, as complicated, indeed, for its purposes, but as natural a growth as the bones in a man's wrist, and I do not see how one can imagine anything at all worthy of being called a civilisation without it. (73)

Da die Utopier (bei Wells) den Goldstandard als eine unsichere Grundlage für ihre Währung betrachten, erwägen sie die Möglichkeit, Energieeinheiten als Zahlungsmittel zu benutzen und Banknoten durch „bills of energy" zu ersetzen. Als Vorbild dienen dabei die Verträge, die zwischen den Gemeindeverwaltungen, die die Verteilung des erzeugten Stromes vornehmen, und der Regierung des Weltstaates abgeschlossen werden.

> Now the problems of economic theory will have undergone an enormous clarification if, instead of measuring in fluctuating money values, the same scale of energy units can be extended to their discussion, if, in fact, the idea of trading could be entirely eliminated. In my Utopia, at any rate, this has been done, the production and distribution of common commodities have been expressed as a problem in the conversion of energy, and the scheme that Utopia was now dis-

cussing was the application of this idea of energy as the standard of value to the entire Utopian coinage. (78)

Die Entstehung eines kapitalistischen Systems wird zum einen dadurch verhindert, daß es dem Einzelnen verwehrt ist, Grund und Boden oder natürliche Energiequellen zu erwerben und daß weiterhin der Arbeitsmarkt vom Staat kontrolliert wird, so daß der Unternehmer, dessen Initiative der Staat durchaus schützt und fördert, die Arbeiter nicht ausbeuten kann. Der Staat setzt überdies die Wettbewerbsbedingungen fest und läßt sie durch einen paritätisch besetzten Ausschuß, in dem Unternehmer und Arbeiter vertreten sind, überwachen.[9] Der Staat tritt außerdem mit den Privatunternehmern in Wettbewerb, indem er für die Arbeiter Arbeitsplätze zur Verfügung stellt. Da den Arbeitern eine umfassendere Ausbildung zuteil wird, weist der Arbeitsmarkt eine große Flexibilität auf. Wells folgt den Forderungen der Sozialisten auch insofern, als er davon berichtet, daß die Arbeitszeit auf ein Minimum reduziert wurde und der Staat dafür Sorge trägt, daß jeder Arbeitsfähige Arbeit hat und auch für seine Altersversicherung Vorsorge trifft. Das Los der Arbeiter hat sich in Utopia vor allem dadurch geändert, daß schwere Arbeit von Maschinen verrichtet wird:

> There is every indication of a steady increase in this proportion of mechanical energy, in this emancipation of men from the necessity of physical labour. There appears no limit to the invasion of life by the machine. (98)

Überwachen der Staat und die Gemeindeverwaltungen die Gemeinschaftsaufgaben, die die Wirtschaft der Utopier zu erfüllen hat, so ist innerhalb dieses Systems dem Einzelnen die Freiheit zu selbständigen Unternehmungen gegeben. Nur wenn der individuellen Initiative ein genügend großer Spielraum zugesichert ist, kann sich der Staat entfalten: „the world exists for the sake of and through initiative, and individuality is the method of initiative" (88). Die Bejahung des individualistisch-liberalistischen Gedankens ist bei Wells aufs engste mit seiner kinetischen Sicht der Geschichte verbunden.

Der Freiheitsspielraum der Utopier

Bei der Beschreibung des Freiheitsspielraums, den Wells den Utopiern zubilligt, konzentriert er sich mehrfach auf Fragen der alltäglichen Lebensführung. Die Utopier genießen insofern größtmögliche Freiheit im äußeren Sinn, als sie im Gegensatz zu den schollengebundenen, agrarischen Utopiern, wie sie bei Morus und Morris anzutreffen sind, gleich Nomaden leben. Die technische Vervollkommnung der Transportmittel ermöglicht ihnen Reisen in alle Länder, und es gibt keinerlei Vorschriften – wie etwa bei Thomas Morus –, die ihre äußere Freiheit und Freizügigkeit einschränken würden. Gleichzeitig hat jeder Utopier das Recht, völlig zurückgezogen zu leben; es ist ihm – wiederum im Gegensatz zu den Utopiern bei Thomas Morus – nicht verwehrt, ein eigenes Haus, eine eigene Wohnung mit eigenen Einrichtungen zu besitzen. Wenngleich Wells prinzipiell das Recht auf Eigentum und den Genuß des Erworbenen anerkennt, sucht er dennoch ständig auch nach Kompromissen zwischen den Wünschen des Einzelnen und den Interessen der Öffentlichkeit. Am folgenden Beispiel sei belegt, in welchem Maße die Privilegien des Einzelnen, der über Privatbesitz verfügt, eingeschränkt werden können:

> Privacy beyond the house might be made a privilege to be paid for in proportion to the area occupied, and the tax on these licences of privacy might increase as the square of the area affected. A maximum fraction of private enclosure for each urban and suburban square mile could be fixed. A distinction could be drawn between an absolutely private garden and a garden private and closed only for a day or a couple of days a week, and at other times open to the well-behaved public. Who, in a really civilised community, would grudge that measure of invasion? Walls could be taxed by height and length, and the enclosure of really natural beauties, of rapids, cascades, gorges, viewpoints, and so forth made impossible. So a reasonable compromise between the vital and conflicting claims of the freedom of movement and the freedom of seclusion might be attained . . . (42–43)

Für den gesamten Privatbesitz hat Wells sich ein differenziertes Steuersystem ausgedacht, wie allein schon aus dem obigen Zitat hervorgeht. Persönliche Habe wie Kleider, Edelsteine oder Bücher sind steuerfrei und können ohne weiteres vererbt werden; ein Haus, das persönlich genutzt wird, kostet nur geringe Steuer. Größere Ersparnisse, die nicht ausdrücklich für die Erziehung der Kinder bestimmt sind, fallen bei dem Tode des Besitzers an den Staat. Ebenso werden auch seine Aktienanteile verkauft; auf diese Weise wird verhindert, daß eine privilegierte Klasse von Reichen entsteht.

Von dem Streben nach einem Kompromiß zwischen freier individueller Entscheidung und einer vernünftigen Kontrolle durch den Staat zeugen auch die Ausführungen über die Ehe-, Familien- und Bevölkerungspolitik der Utopier. [10] Wells wehrt sich gegen alle Pläne, die auf eine vom Staat erzwungene Verbindung zweier Menschen zu einer ehelichen Gemeinschaft lediglich im Interesse des Staates hinauslaufen. Auch in diesem Bereich möchte Wells der individuellen Entscheidung die Priorität einräumen:

> . . . to the modern thinker individuality is the significant fact of life, and the idea of the State, which is necessarily concerned with the average and general, selecting individualities in order to pair them and improve the race, an absurdity. It is like fixing a crane on the plain in order to raise the hill tops. In the initiative of the individual above the average, lies the reality of the future, which the State, presenting the average, may subserve but cannot control. And the natural centre of the emotional life, the cardinal will, the supreme and significant expression of individuality, should lie in the selection of a partner for procreation. (183)

Dennoch hält Wells es für sinnvoll, wenn der Staat fordert, daß diejenigen, die die Anzahl der Einwohner vermehren wollen, bestimmte Voraussetzungen erfüllen, zumal sich der Staat um die Unterstützung und Erziehung der Kinder kümmert; der Staat verlangt, daß der Mann über ein bestimmtes Einkommen verfügt, um eine Familie unterhalten zu können, daß die Ehepartner ein bestimmtes Alter erreicht haben – die Frau sollte 21, der Mann 26 oder 27 Jahre alt sein –, daß die Ehepartner gesund sind, d. h. insbesondere keine übertragbaren Krankheiten haben und keine Verbrecher sind. Wer gegen diese Bestimmungen verstößt, muß finanziell für die Erziehung des unehelichen Kindes aufkommen, die der Staat nicht übernimmt, und er muß im Falle der Wiederholung damit rechnen, daß der Staat Eingriffe vornimmt, durch die verhindert wird, daß aus einer solchen Verbindung weitere Kinder hervorgehen (vgl. 184: „if this thing happens a second time, or if it is disease or imbecility you have multiplied, we will take an absolutely effectual guarantee that neither you nor your partner offend again in this matter." [184]) Wells hält im Sinne der Theorien, die zu Ende des 18. Jahrhunderts bereits Thomas Robert Malthus in seiner berühmten Streitschrift *An Essay on the Principle of Population* (1798) vertreten hatte, eine zielstrebige Bevölkerungspolitik des Staates für erforderlich, und er ist davon überzeugt, daß die Verbesserung der Lebensbedingungen und die Aufklärung der breiten Masse das Wachstum der Bevölkerung in einem vernünftigen Maße steuern werden. Hunger, Krieg und Seuchen hält er für den denkbar schlechtesten Regulationsmechanismus.

Mit seinen Darlegungen über die Möglichkeit einer Scheidung setzt Wells eine Tradition fort, die sich bei Thomas Morus schon ankündigt, dort aber noch mit einer sehr strengen Eheauffassung, die auf mittelalterlich-christlichem Fundament ruht, gekoppelt ist. Grundsätzlich gilt: Eine Ehe *kann* gelöst werden, wenn der Mann das Treuegelöbnis gebrochen hat und die Frau die Scheidung verlangt; die Ehe *muß* aufgelöst werden, sobald die Frau Ehebruch begeht. Die unterschiedliche juristische Beurteilung des gleichen Vergehens wird von Wells damit begründet, daß der Ehebruch der Frau im Hinblick auf die ehelichen und unehelichen Kinder gravierendere Folgen hat als der Ehebruch des Mannes. Der utopische Staat fragt, bis zu welchem Grad durch ein solches Vergehen die bestehende gesellschaftliche Ordnung gefährdet wird und leitet daraus das Strafmaß ab:

> A woman, therefore, who is divorced on this account will be divorced as a public offender, and not in the key of a personal quarrel; not as one who has inflictid a private and personal wrong. This, too, lies within the primary implications of marriage. (194)

Wenn Wells weiterhin bemerkt, daß kinderlose Ehen nach drei bis fünf Jahren ohne Einschränkung hinsichtlich einer weiteren Eheschließung der beiden Partner enden, dann wird deutlich, daß die Ehe in seinem utopischen Entwurf primär von ihrer staatlich-biologischen Funktion her beurteilt wird: von der Erhaltung und Höherentwicklung der Art. Daraus erklären sich auch seine Ideen über den vom Staat geforderten und gewährten Schutz der Mutter. Das Gebären und Erziehen von Kindern wird als ein Beruf und als ein Dienst verstanden, den die Frau für die Gemeinschaft leistet. Sie empfängt für die Aufgaben, die sie im Interesse der Familie und des Staates erfüllt, einen bestimmten Lohn von ihrem Ehepartner:

> . . . since the State is to exercise the right of forbidding or sanctioning motherhood, a woman who is, or is becoming, a mother, is as much entitled to wages above the minimum wage, to support, to freedom, and to respect and dignity as a policeman, a solicitor-general, a king, a bishop in the State Church, a Government professor, or anyone else the State sustains. (188)

116

Darüber hinaus erhält eine Mutter – wie heute in Frankreich – Kindergeld unmittelbar vom Staat, und es entspricht dem Fortschrittsdenken der Utopier, wenn der Staat für besonders begabte Kinder ein höheres Kindergeld zahlt.

Die Beziehung der Geschlechter

Wells geht in dem Kapitel „Women in a Modern Utopia" den mannigfachen geschichtlichen Wandlungen nach, die sich im Verhältnis der Geschlechter zueinander beobachten lassen; er stellt die platonische und die aristotelische Sicht einander gegenüber – Plato räumte den Frauen der Wächter weitgehend Gleichberechtigung ein, Aristoteles betonte die Rolle der Frau als Mutter –, und charakterisiert insbesondere die Verhältnisse, die sich im 19. Jahrhundert herausbildeten, wo die Frau einerseits als ein romantisch-versucherisches Wesen gesehen wurde, das mit List den Mann in sklavischer Abhängigkeit zu halten wußte, und wo sich andererseits der Gedanke der Gleichberechtigung der Frau zunehmend durchsetzte. Für die persönlichen Beziehungen der Ehepartner stellen die Utopier bei Wells keinerlei Normen auf; da in Utopien mehrere Kulturkreise zu einem Weltstaat zusammengeschlossen sind, ist es verständlich, wenn im Zusammenleben der Geschlechter die verschiedenartigsten Konventionen befolgt werden und nebeneinander existieren dürfen. Bedenkt man jedoch, was Wells grundsätzlich über Ehe und Familie ausführt, so wird deutlich, daß er zwei Denkmotive miteinander verbindet: Die Utopier treten einerseits für die juristische und politische Gleichberechtigung der Frau ein und billigen ihr auch die gleichen Bildungschancen zu wie einem Mann; sie akzentuieren jedoch zugleich die Unterschiede, die zwischen den beiden Geschlechtern im Physischen wie im Psychischen bestehen und heben insbesondere die spezifischen Aufgaben der Frau als Erhalterin der Art hervor. Wells' Äußerungen über die Gepflogenheit der Utopier, eine kinderlose Ehe nach wenigen Jahren für beendet zu erklären, beweist eindeutig, daß trotz aller Betonung des individualistisch-liberalistischen Gedankens die Frau als selbständige und unabhängige Person nicht in seine Sozialphilosophie einbezogen ist. Wells neigt in dieser Frage einem philosophisch-biologischen ‚Naturalismus' und nicht einem ‚Personalismus' zu.

Wie stark Wells den biologischen Gesichtspunkt in seiner Staats- und Sozialphilosophie betonte, geht auch aus den Ausführungen über die Eugenik der Utopier hervor.[11] Der Staat setzt sich dadurch entschieden für die Höherentwicklung des Menschengeschlechts ein, daß er den geistig oder körperlich Kranken oder den für minderwertig erachteten Mitgliedern der Gesellschaft mit der Heiratserlaubnis das Recht verweigert, in einer legal geschlossenen Ehe Kinder zu zeugen. Wells sieht in dieser Form der Geburtenkontrolle einen zivilisatorischen Akt, der seiner Auffassung nach nötig ist, wenn sich die Menschheit über die Brutalität des Naturzustandes erheben möchte:

> The method of Nature „red in tooth and claw" is to degrade, thwart, torture, and kill the weakest and least adapted members of every species in existence in each generation, and so keep the specific average rising; the ideal of a scientific civilisation is to prevent those weaklings being born. There is no other way of evading Nature's punishment of sorrow. The struggle for life among the beasts and uncivilised men means misery and death for the inferior individuals, misery and death in order that they may not increase and multiply; in the civilised State it is now clearly possible to make the conditions of life tolerable for every living creature, provided the inferiors can be prevented from increasing and multiplying. (181–182)

Es fragt sich allerdings, wieweit dieses System der Geburtenkontrolle und Rassenhygiene mit dem kinetischen Prinzip, das Wells zu Beginn seiner Utopie entwickelt, vereinbar ist. Es wird nicht bedacht, ob mit der Einschränkung der Rechte all jener Menschen, die der Staat zu den Minderwertigen rechnet, nicht die dynamischen Spannungen in der menschlichen Gesellschaft reduziert werden; überdies bleibt festzuhalten, daß mit der Vermehrung der physisch und psychisch Gesunden die menschliche Gesellschaft auf ein biologisches System festgelegt und damit die Freiheit des Einzelnen letzlich dem biologischen ‚Organismus' des Staates untergeordnet ist.

Die Klassifizierung der Bevölkerung

Ersetzt man den biologischen Steuerungsmechanismus der Wellsschen Utopie durch das Prinzip der künstlichen Zeugung, so gelangt man zu einem Zustand, gegen den sich Huxleys satirischer Zorn in *Brave New*

World richtet. Und wenn Huxley davon berichtet, daß in dem von ihm beschriebenen Staat verschiedene Bevölkerungsschichten je nach Bedarf künstlich erzeugt werden, so findet sich dieses Schema bei Wells insofern vorgeprägt, als er eine Klassifizierung der Bevölkerung vornimmt, die auf den physischen und psychischen Merkmalen des Einzelnen basiert. Wells bezeichnet die einzelnen Gruppen wie folgt: 1. the Poetic (die Schöpferischen), 2. the Kinetic (die Tätigen), 3. the Dull (die Stumpfen), und 4. the Base (die Niedrigen). Die schöpferische Gruppe umfaßt nicht nur Künstler, sondern auch diejenigen, die in Wissenschaft und Religion Neues schaffen. Von ihnen unterscheiden sich die Tätigen aller Gebiete, die zwar klug, aber nicht kreativ sind, in vieler Beziehung zuverlässiger arbeiten als die schöpferisch Begabten und sich als Richter und Verwaltungsbeamte ebenso bewähren können wie als Schauspieler, Politiker und Prediger. Durch ein überaus geringes Maß an Imagination – für Wells identisch mit schöpferischer Phantasie und Einfallsreichtum – sind die Stumpfen charakterisiert: „The Dull are persons of altogether inadequate imagination, the people who never seem to learn thoroughly, or hear distinctly, or think clearly . . . They are the stupid people, the incompetent people, the formal, imitative people, the people who, in any properly organised State, should, as a class, gravitate towards and below the minimum wage that qualifies for marriage." (269) Von ihnen hebt Wells schließlich die vierte Gruppe ab, die er „the Base", die Niedrigen, nennt und die sich von den Stumpfen durch einen Mangel an ethischem Wertbewußtsein („moral sense") unterscheiden. Sie können zwar auch Talente aufweisen, die den beiden ersten Klassen eigen sind, stimmen jedoch in ihrer intellektuellen Eigenart meist mit den Vertretern der dritten Gruppe überein.

Die Samurai

An der Spitze des Staates steht ein Orden, den Wells die „Samurai" genannt hat.[12] Er stellt die Führungsspitze dar und hat seinen Namen von den japanischen Schwertkämpfern des 13. Jahrhunderts, die sich zum Zen-Buddhismus bekannten und ähnlich wie die Samurai bei Wells nach einer Verbindung der vita activa mit der vita contemplativa strebten. Zugleich weist Wells bei der Charakterisierung der Samurai ausdrücklich auf die Wächter in Platos Staat hin, denen ebenfalls kraft ihrer geistigen und physischen Gaben die Leitung des Staates obliegt. Nicht zu verkennen ist, daß Wells bei der Beschreibung der Samurai, die einen freiwilligen Adel („the ‚voluntary nobility‘", 259) bilden, auch an die Elite der Wissenschaftler, Industriellen, Techniker und Administratoren dachte, die im 19. und beginnenden 20. Jahrhundert meist aus dem Bürgertum stammten und die Geschicke der europäischen Völker bestimmten oder mitbestimmten. Dem Orden kann jeder beitreten, der über 25 Jahre alt ist, eine College-Ausbildung abgeschlossen hat, den Kanon, das Buch der Samurai, kennt und sich bereit erklärt, die Ordensregeln zu befolgen, und der schließlich über die geistigen und körperlichen Gaben verfügt, um die Aufgaben erfüllen zu können, die den Samurai im Staat zufallen. Schließlich muß er die entsprechenden moralischen Qualitäten besitzen, sich zu einer streng puritanischen Lebensführung bekennen, auf alle gewerbliche Betätigung, auf Wucher und Glücksspiel verzichten. Die Richtlinien für die Samurai sehen zwar das Zölibat nicht vor, verlangen von den Angehörigen des Ordens jedoch, daß sie eine begrenzte Enthaltsamkeit üben und sich jährlich einmal einem Eremitendasein verschreiben. Wenngleich sie während dieser Zeit tiefer in die Geheimnisse der Natur eindringen und sich Gott näher fühlen, lehnen sie eine Religion der Altäre, des Weihrauchs und der Orgelmusik ab. Für sie gibt es keine Erbsündenlehre und keine Kirche als Vermittler zwischen Mensch und Gott. Einer ihrer Lehrsätze lautet „Man is good"; sie sind sich ihrer Fähigkeiten bewußt und erachten den Stolz – anders als Thomas Morus – nicht für das Erbübel der Menschheit, sondern für den Ausdruck ihres ungebrochenen Selbstbewußtseins. Wenn sie heiraten, müssen sich ihre Frauen der ‚Woman's Rule' unterwerfen, und obwohl ihre Kinder nicht kraft Herkunft zum Orden der Samurei gehören, werden sie – auf Grund ihrer ererbten Fähigkeiten – doch in den meisten Fällen später in diesen Orden aufgenommen.

Ursprünglich waren die Samurai ein revolutionärer Orden; inzwischen aber hat sich ihre Machtstellung derart gefestigt, daß sie in dem utopischen Staat eine unangefochtene Machtstellung innehaben. Sie verkörpern die höchste Form menschlicher Selbstentfaltung und verfolgen das Ziel, die Menschheit insgesamt einer höheren Kulturstufe näherzubringen. Sie appellieren dabei zugleich an die Vernunft und den Willen derer, über die sie regieren. In der Charakterisierung der Samurai spiegelt sich Wells' fortschrittsgläubiger Optimismus. Die Möglichkeit, daß sich die Machtstellung der Samurai verhärtet, daß die Vernunft nur zu einem Instrument entartet, um die Tieferstehenden in Schach zu halten – eine Möglichkeit, die Orwell bei der Charakterisierung der Mitglieder der Inner Party in *1984* auf Grund anders gearteter geschichtlicher Erfahrung mitbedachte –, bleibt bei Wells ausgespart.

Wells dachte bei den Samurai vor allem an die Fabian Society, der er vorübergehend angehörte;[13] sie war 1883 aus der „Fellowship of the New
Life" hervorgegangen, wandte sich von den revolutionären Bestrebungen
der Kommunisten ab und verfolgte das Ziel, durch praktische Politik und
parlamentarische Maßnahmen eine allmähliche Veränderung der Gesellschaft im Sinne sozialistischer Zielsetzungen zu erreichen. Als Wells sich
1903 der Fabian Society anschloß, war er von der Idee besessen, die Bestrebungen dieser Gruppe auf eine breitere Basis zu stellen. Er wollte
über die politisch-parlamentarischen Bemühungen der Fabian Society
hinausgehen und aus dieser Gruppe eine geistige Führungsschicht werden
lassen, die einmal alle zentralen Positionen in der Politik, der Wirtschaft
und dem kulturellen Leben des Landes einnehmen könnte. Als Wells mit
diesen Ideen auf Wiederstand stieß, löste er sich im Jahre 1908 von den
Fabians. Seine *Modern Utopia* aus dem Jahre 1905 ist ein Beweis dafür,
wie er während seiner Zugehörigkeit zur Fabian Society ständig an seinen
Grundideen arbeitete und sie schriftstellerisch zu propagieren versuchte.
Wenn Wells überhaupt in seine Konstruktion des utopischen Staates,
der – wie wir eingangs sagten – sich zwischen Sozialismus und liberalisti-
schem Individualismus bewegt, das oligarchische Prinzip einbaute, so ist
dies darin begründet, daß er sowohl der Herrschaft eines Einzelnen, die
allzu leicht zum Despotismus entartet, wie der Herrschaft der Masse miß-
traut. Wenn sich die menschliche Gesellschaft auf ein utopisches Ziel hin
weiterentwickeln soll, dann bedeuten all diejenigen, die nach dem Urteil
des Staates zu den Stumpfen und Niedrigen zu rechnen sind, ein Hemm-
nis. Es bedarf einer disziplinierten Elite, deren intellektuelle Bemühungen und deren Willensanstrengungen ständig auf die kreative Weiteren-
wicklung der Bedingungen des gesellschaftlichen Lebens gerichtet sind
und deren Mitglieder Kraft ihrer menschlichen Qualitäten andere Menschen zu einer ähnlichen oder vergleichbaren Selbstentfaltung und zur
Steigerung ihrer intellektuellen und voluntativen Kräfte anzuspornen
vermögen.[14]

Widerstände gegen die Verwirklichung des utopischen Weltstaates

Die Widerstände, die sich einer Verwirklichung des utopischen Weltstaates entgegenstellen, erörtert Wells im 10. Kapitel von *A Modern Utopia*:
„Race in Utopia". Er geht dabei von einer psychologischen Erwägung aus

und unterscheidet im Menschen zwei Impulse, die im Widerstreit miteinander liegen:

> the desire to assert his individual differences, the desire for distinction, and his terror of isolation. He wants to stand out, but not too far out, and, on the contrary, he wants to merge himself with a group, with some larger body, but not altogether. (318)

Man könnte diese beiden Impulse den egoistischen und den sozialen Impuls nennen. Die verschiedenen Konkretisierungen des sozialen Impulses, die sich in der Menschheitsgeschichte nachweisen lassen und die Wells kurz erwähnt, reichen von den Eingeborenenstämmen, über Berufsgruppen und -gruppierungen wie Arbeiter und Intellektuelle sowie über Nationalitäten und Völkergruppen wie die Engländer, die Schotten, die Waliser bis hin zu einer so umfassenden und weitgespannten Institution wie die katholische Kirche. Die verschiedenen sozialen, religiösen und ethnologischen Gruppierungen bedingen, wie Wells mit einiger Ironie hervorhebt, Vorurteile und Generalisierungen, die bisweilen recht groteske Formen annehmen können:

> The seventh sons of seventh sons have remarkable powers of insight; people with a certain sort of ear commit crimes of violence; people with red hair have souls of fire; all democratic socialists are trustworthy persons; all people born in Ireland have vivid imaginations and all Englishmen are clods; all Hindoos are cowardly liars; all curly-haired people are good-natured; all hunch-backs are energetic and wicked, and all Frenchmen eat frogs. (323)

Die Aufgabe des utopischen Weltstaates besteht darin, die bestehenden, oft recht verschiedenen gesellschaftlichen Verbände mit ihren Konventionen und Vorurteilen aufzulösen und neue Integrationsprozesse einzuleiten.[15] Derartige Versuche wurden in der Geschichte der Menschheit bereits von den Weltreligionen unternommen:

> There was, and there remains to this day, a profound disregard of local dialect and race in the Roman Catholic tradition, which has made that Church a persistently disintegrating influence in national life. Equally spacious and equally regardless of tongues and peoples is the great Arabic-speaking religion of Mahomet. Both Christendom and Islam are indeed on their secular sides imperfect realisations of a Utopian World State. (326)

Nach dem Urteil von Wells war allerdings die integrierende Kraft des Christentums im spirituellen Bereich größer als im weltlichen; nicht die Päpste, sondern Augustinus und Thomas à Kempis sind die Hauptrepräsentanten des utopischen Gedankens innerhalb der christlichen Tradition. Ähnliche Tendenzen, die auf die Begründung überregionaler Verbände, auf einen Zusammenschluß mehrerer Staaten abzielten, lassen sich im 19. Jahrhundert mehrfach beobachten. Comtes *Western Republic* (1848) gehört ebenso in diesen Zusammenhang wie die Politik pangermanischer Imperialisten. Wells wendet sich in diesem Zusammenhang gegen die Sozialdarwinisten, die Rasse und Nation gleichsetzen und damit seine Bemühungen um einen Weltstaat in Frage stellen. Mit einer geradezu prophetisch klingenden Wendung stellt er fest: „these new arbitrary and unsubstantial race prejudices become daily more formidable." (329) Fragwürdige wissenschaftliche Publikationen unterstützen diese Tendenz zum Rassismus noch, so daß sich Wells dazu veranlaßt fühlt, im Anschluß an die Publikationen von J. Deinker, *The Races of Man*, und W. I. Thomas, *The Psychology of Race Prejudice* (vgl. 330–31) eine neue Einstellung zu diesen Fragen zu propagieren, die er „race charity" (351) nennt. Im Hinblick auf die Rassenfrage lautet sein fundamentaler Grundsatz: „There are differences, no doubt, but fundamental incompatibilities – *no!*" (335). Es gibt zwar Unterschiede zwischen den Angehörigen verschiedener Rassen, aber keine unüberwindlichen Gegensätze. Der Dialog mit dem Botaniker, den Wells in das Kapitel „Race in Utopia" aufgenommen hat, ist ein Beispiel für die Borniertheit der Europäer in Rassenfragen und ein Beweis dafür, daß die Verwirklichung utopischer Ideen in der Gegenwart oft nur am Stumpfsinn und an der primitiven Dummheit der Menschen scheitert: „Stupidity – nothing but stupidity, a stupid brute jealousy, aimless and unjustifiable" (351) – so lautet das Fazit, das der Ich-Erzähler aus dem Dialog mit dem Botaniker ziehen muß.

Das Modell der Sprache: Einheit und individuelle Variationen

Wenn es ein Modell gibt, das am besten Wells' Ideen über den Weltstaat erläutert, so ist es in der Sprache zu finden. Wells fordert für die Entstehung einer utopischen Völkergemeinschaft eine Sprache, die von allen verstanden wird, die aber zugleich alle Möglichkeiten in sich birgt, die der Einzelne benötigt, um seine persönliche Meinung und seine Einstellung zur Wirklichkeit auszudrücken. Wells unterscheidet sich in dieser Beziehung grundsätzlich von den Verfassern anti-utopischer Romane, die davon ausgehen, daß die Sprache der Zukunft eine genormte Sprache sein wird, in der alle Möglichkeiten, individuelle Empfindungen auszudrücken, bewußt ‚ausgeschaltet' werden (vgl. dazu Orwell über das „Newspeak"). Wells kennt zwar alle modernen Bemühungen, eine Weltsprache – heiße sie nun Esperanto oder Volapük – zu schaffen, und er weiß auch, daß dabei das mathematische Ideal der Eindeutigkeit und der Präzision eine große Rolle spielt. So heißt es in einem der Gespräche zwischen dem Ich-Erzähler und dem Botaniker einmal:

> You make your ideal clear, a scientific language you demand, without ambiguity, as precise as mathematical formulae, and with every term in relations of exact logical consistency with every other. It will be a language with all the inflexions of verbs and nouns regular and all its constructions inevitable, each word clearly distinguishable from every other word in sound as well as spelling.
>
> That, at any rate, is the sort of thing one hears demanded, and if only because the demand rests upon implications that reach far beyond the region of language, it is worth considering here. (19)

Da Wells sich zum Prinzip des Wandels bekennt und auch im sprachlichen Bereich für das Recht auf individuelle Entfaltung eintritt, kann er keine unverrückbar feststehenden sprachlichen Normen für die Sprache der Utopier anerkennen. Es wird eine einheitliche Sprache geben, die alle verstehen – das entspricht seiner Vorstellung vom Weltstaat, es wird aber auch eine Sprache sein, die eine unendliche Vielfalt von individuellen Variationen und Nuancen aufweist, „a living tongue, an animated system of imperfections, which every individual man will infinitesimally modify." (22) Wells denkt an das Englische als Modell für die Weltsprache; er sagt jedoch nicht, daß das Englische *die* Weltsprache sein werde. Er verleiht seiner Muttersprache deshalb den Charakter eines Modells, weil mit ihr bereits eine Synthese aus mehreren Sprachen, eine Kombination germanischer, romanischer und lateinischer Elemente – von zahlreichen anderen weniger bedeutsamen Einflüssen abgesehen – gefunden wurde; in ähnlicher Weise sollte die Weltsprache der Zukunft eine Kombination aus mehreren Sprachen sein, so daß sie mit Recht einen universalen Geltungsanspruch anmelden kann.

Wells' *Modern Utopia* endet nicht in einem hymnischen Preisgesang, sondern mit der Rückkehr in das Hier und Jetzt, in den Londoner Alltag. Für den Autor-Erzähler des Rahmens bedeutet dies eine Rückkehr „in Staub und Zweifel":

> ... this Utopia began upon a philosophy of fragmentation, and ends, confusedly, amidst a gross tumult of immediate realities, in dust and doubt, with, at the best, one individual's aspiration. Utopias were once in good faith, projects for a fresh creation of the world and of a most unworldly completeness; this so-called Modern Utopia is a mere story of personal adventures among Utopian philosophies. (372)

Mit diesen Zeilen schärft Wells dem Leser ein, daß seiner utopischen Vision ein stark subjektiver Zug eigen ist. Hat Wells im Werk selbst den Individualismus an vielen Stellen in so beredter Weise verteidigt, so ordnet er mit einer solchen Bemerkung jetzt sein eigenes Werk in die individualistische Tradition ein. Wohl in der Absicht, seine philosophische Position noch zu präzisieren, fügt Wells seiner Utopie einen Auszug aus einer Abhandlung bei, die er „Scepticism of the Instrument" betitelte und über die er im Untertitel weiterhin folgendes mitteilt: „A portion of a paper read to the Oxford Philosophical Society November 8, 1903, and reprinted, with some revision, from the version given in *Mind*, vol. xiii (N.S.), No. 51." In der ursprünglichen Fassung aus dem Jahre 1891 trug diese Abhandlung den Titel „The Rediscovery of the Unique".[16] Wells setzt sich hier mit erkenntnistheoretischen Problemen auseinander, nimmt eine nominalistische Position ein und stellt die Gültigkeit aller Klassifikationen und Gesetze (in der Naturwissenschaft) in Frage. Es bleiben die Einzigartigkeit und Einmaligkeit aller Einzelwesen (vgl. 380: „this idea of uniqueness in all individuals") und der Einzelne, der sich mit dieser Wirklichkeit konfrontiert sieht.[17]

Wells ist sich der Auswirkungen, die eine solche These haben kann, bewußt: Damit wird nicht nur der Anspruch auf objektive Erkenntnis in Frage gestellt, sondern auch die absolute Gültigkeit aller ethischen und religiösen Normen. Alles Denken und Handeln erscheint ihm gleich dem künstlerischen Schaffen als der Ausdruck eines Selbst, das auf Grund persönlicher Überzeugungen und Einsichten handelt: „One's political proceedings, one's moral acts are, I hold, just as much self-expression as one's poetry or painting or music." (391) Dies gilt insbesondere auch für *A Modern Utopia* – und zwar sowohl für die imaginativen wie für die theoretisch-argumentativen Passagen. Sein Werk ist der Versuch, andere Menschen von dem Wert, der Richtigkeit, Vernünftigkeit und Praktikabilität der vorgetragenen Anschauungen zu überzeugen. Aus den Ausführungen von Wells ergibt sich weiterhin: Der Rang eines Werkes bestimmt sich von seiner Wirkung her; eine Utopia, die Überzeugungskraft hat, ist auch gut.

Wirkungen und Auswirkungen

Mit Wells' *A Modern Utopia* deutet sich ein Umschlag in der Geschichte der utopischen Literatur an. Er entwirft nicht mehr *die* Utopie, *das* Bild der idealen Gesellschaft, *die* Norm für den besten Staat, sondern er beschreibt *eine* moderne Utopie. Auch wenn er seine Ideen mit großer Überzeugungskraft vorträgt, ist doch festzustellen, daß an seinen utopischen Überzeugungen der Zweifel eines philosophischen Skeptizismus nagt. Nicht nur der Anhang, auch manche Bemerkungen im Buch selbst, sind dazu angetan, seine Theorien zu relativieren. Und die tatsächliche Wirkung? Wells' utopische Werke – nicht nur *A Modern Utopia*, sondern auch *Men Like Gods* – wurden sehr bald heftig kritisiert. Sein Optimismus mußte jenen Lesern fragwürdig erscheinen, die nicht die Gründung eines Weltstaates, sondern einen oder zwei Weltkriege miterlebten.[18]

Aufschluß für die neueste Rezeptionsphase (seit dem Ende der 60er Jahre) gibt eine Äußerung, die sich in David Lodge: „The Novelist at the Crossroads and other essays on fiction and criticism" (London 1971) findet:

Time has been cruel to *A Modern Utopia*. It would be difficult to arouse any enthusiasm for this vision of the good life today. Most of the things against which the current wave of youthful protest is directed in the Western world are to be found hopefully foreshadowed in Wells's Utopia: an examination-selected meritocracy, a mixed economy, paternalistic state welfare, bureaucratic control over personal freedom, privilege based on productivity but controlled by fiscal means, minority participation in government, academic monopoly over culture, and a generally low-keyed, rather conformist contentment regarded as the desirable norm in behaviour. Wells's Utopia is a class society in which the classes are distinguished not by breeding or by cash, but by intelligence and vocational aptitude, with a decent middle-class standard of living available to all. In a sense it was a generous attempt on Wells's part to imagine a social structure which would make available to everyone the kind of success and happiness he had personally achieved in the teeth of great disadvantages. Or, more cynically, you could call it the paradise of little fat men. (227)

Dennoch: Bestrebungen unserer Zeit im Bereich der Technologie, insbesondere die zahlreichen Versuche, die Technik an die Kunst heranzuführen, wofür in Deutschland der „Rat für Formgebung" nur ein Beispiel ist, aber auch die Gründung politischer und kultureller Weltorganisationen – vom Völkerbund bis zur UNO und UNESCO – sind Zeugnisse für das Weiterwirken von Ideen, die Wells als politisch engagierter Schriftsteller vertrat. Wenn in der technologischen Gestaltung unseres zivilisatorischen Alltags heute noch Gedanken lebendig sind, die Wells in *A Modern Utopia* vortrug, dann ist der Beweis geliefert, daß sein Werk als ein Spiegelbild von Ideen betrachtet werden darf, die politisches Denken und Handeln im 20. Jahrhundert nachhaltig bestimmten.

1 Einen gedrängten Überblick über die literarische und weltanschauliche Entwicklung von H. G. Wells vermitteln Hans-Joachim Lang in: Herbert George Wells, Hamburg 1948, und Patrick Parrinder, H. G. Wells, Edinburgh, 1970. Eine Gesamtdarstellung des literarischen Schaffens bietet Jean-Pierre Vernier, H. G. Wells et son Temps, Rouen, 1971.

2 Eine umfassende Würdigung von Wells' *A Modern Utopia* findet sich in V. Dupont, L'utopie et le roman utopique dans la littérature anglaise, Paris, 1941, 620–662.

3 Zu der Sonderstellung von Wells' *A Modern Utopia* in der Geschichte der englischen Utopie vgl. Paul Goetsch, Die Romankonzeption in England 1880–1910, Heidelberg, 1967, 267–268.

4 Zur Figurengestaltung in *A Modern Utopia* vgl. V. Dupont, L'utopie et le roman utopique dans la littérature anglaise, 623 ff.

5 Diese sprachlichen Formeln wurden zum erstenmal von Karin Seewald in ihrer unveröffentlichten Staatsarbeit „Erzähltechnik und Weltanschauung in *A Modern Utopia* von H. G. Wells" (1976) untersucht.

6 Zur Rolle des Adjektivs in den beschreibenden Partien vgl. auch V. Dupont, L'Utopie et le roman utopique dans la littérature anglaise, 655.

7 Chad Walsh nennt *A Modern Utopia* „a cross between socialism and old-fashioned individualism" (Chad Walsh, From Utopia to Nightmare, Westport, Conn., 1962, 53.) Das individualistische Element in *A Modern Utopia* akzentuiert John T. Wilson in seiner Abhandlung: Is Utopia Possible?, English 20 (1971), 53.

8 Über das Wirtschaftssystem der Utopier vgl. auch V. Dupont, L'Utopie et le roman utopique dans la littérature anglaise, 644 ff.

9 Über das Verhältnis von vorgegebener staatlicher Ordnung und persönlicher Freiheit in *A Modern Utopia* handelt auch Julius Kagarlitski, The Life and Thought of H. G. Wells translated from the Russian by Moura Budberg, London, 1966, 135 f.

10 Über Wells' Auffassung von Ehe und Familie vgl. auch William J. Hyde, The Socialism of H. G. Wells in the Early Twentieth Century, Journal of the History of Ideas 17 (1956), 221 ff. Über die von H. G. Wells in *A Modern Utopia* vorgeschlagene Sozialordnung vgl. auch Heinz Mattick, H. G. Wells als Sozialreformer, Leipzig, 1935, 71 ff. sowie Jean-Pierre Vernier, H. G. Wells et son Temps, 199.

11 Vgl. in diesem Zusammenhang die Abhandlung von L. Borinski, Wells, Huxley und die Utopie, in: G. Müller-Schwefe und K. Tuzinski (edd.), Literatur – Kultur – Gesellschaft in England und Amerika, Frankfurt/M., 1966, 261: „Die englische Utopie des 20. Jahrhunderts ist vor allem biologisch und pädagogisch. Shaw möchte erklärtermaßen die Menschheit in ein Gestüt verwandeln, und auch Wells ist voll von eugenischen Forderungen."

[12] Über die Rolle der Samurai im utopischen Staat vgl. auch V. Dupont, L'Utopie et le roman utopique dans la littérature anglaise, 640 ff.

[13] Über H. G. Wells' Verhältnis zur Fabian Society vgl. u. a. William J. Hyde, The Socialism of H. G. Wells in the Early Twentieth Century, Journal of the History of Ideas 17 (1956), 217–234.

[14] Möglicherweise verarbeitete Wells in seinem Kapitel über die Samurai auch Anregungen, die er von Nietzsche empfangen hatte. Vgl. hierzu Bernard Bergonzi, The Early H. G. Wells: A Study of the Scientific Romances, Manchester, 1961, 11: „. . . the Samurai of *A Modern Utopia*, and Wells's later versions of an élite, may be attempts to give a sociological embodiment to the *Übermensch*." W. Warren Wagar weist darauf hin, daß sich die Samurai-Idee ausbreitete und es sogar eine „Samurai-Press" gab (vgl. W. Warren Wagar, H. G. Wells and the World State, New Haven, 1961, 179).

[15] Über Wells' Vorstellungen vom Weltstaat vgl. W. Warren Wagar, H. G. Wells and the World State, New Haven, 1961, sowie Heinz-Joachim Müllenbrock, Nationalismus und Internationalismus im Werk von H. G. Wells, Die Neueren Sprachen, Neue Folge 18 (1969), 485–487.

[16] Zu dieser Abhandlung und zu Wells' Einstellung zur Realität vgl. Paul Goetsch, Die Romankonzeption in England 1880–1910, Heidelberg, 1967, 258 ff.

[17] Zu Wells' erkenntnistheoretischen Anschauungen vgl. auch Hans-Joachim Lang, Herbert George Wells, S. 39–40.

[18] Über den Einfluß, den H. G. Wells auf das politische Denken und Handeln im 20. Jahrhundert ausübte, vgl. W. Warren Wagar, H. G. Wells and the World State, New Haven, 1961, 245 ff.

XIX AUFGABEN ZU H. G. WELLS' *A MODERN UTOPIA*

1. Vergleichen Sie die Behandlung folgender Themen bei H. G. Wells und William Morris:
   a) die moderne Technologie,
   b) die Stellung der Frau im utopischen Staat,
   c) die Siedlungspolitik des utopischen Staates.
2. Vergleichen Sie H. G. Wells' Samurai und ihre Funktion im utopischen Staat mit Platos Wächter.
3. Vergleichen Sie Wells' Ausführungen über die Sprache im utopischen Weltstaat mit Orwells Ausführungen über das Newspeak (im Appendix zu *1984*).
4. Warum schildert Wells nicht *den* Idealstaat, sondern nur *eine* mögliche Utopie?
5. Georg Roppen vertritt die These, daß eine evolutionäre Utopie ein Widerspruch in sich sei: „. . . the Utopia is sui generis an apocalyptic vision of an ideal state, perfect once and for all, or a place of lasting happiness." Georg Roppen, Evolution and Belief: A Study in Some Victorian Writers, Oslo, 1956, 345.
   Nehmen Sie zu dieser These Stellung.
6. Welche Anschauungen bezüglich der Erziehung der Kinder vertritt Wells in *A Modern Utopia*?
7. Julius Kagarlitski vertritt folgende These: „His Utopia gravitates towards a state capitalism with an assumption of private enterprise rather than of socialism." (J. Kagarlitski, The Life and Thought of H. G. Wells, London, 1966, 136). Nehmen Sie zu dieser These Stellung und begründen Sie Ihre Stellungnahme mit Zitaten aus dem Text.
8. Wie beurteilt Wells den Imperialismus in *A Modern Utopia*?
9. In welcher Weise bezieht Wells biologische Vorstellungen in seinen utopischen Staatsentwurf ein?
10. Welche Funktionen hat der Erzähler in *A Modern Utopia*?
11. Vergleichen Sie die Verwendung des Doppelgängermotivs in H. G. Wells *A Modern Utopia* und in R. L. Stevenson, *Dr. Jeckyll and Mr. Hyde.*
12. In einer Besprechung von *A Modern Utopia* (in: Spectator, 21 October 1905, XCV, 610–611) bemerkt T. H. Warren: „The difficulty of all Utopias is at once to give the outer picture with sufficient natural-

ness and concretness, and to convey the apprehension of the inner spirit which is to be the secret of this outer life." (Zit. nach: Patrick Parrinder, H. G. Wells: The Critical Heritage, London, Boston, 1972, 119).

Erläutern Sie an ausgewählten Beispielen, wie Wells diese Schwierigkeit löst.

Bergonzi, B., The Early H. G. Wells. A Study of the Scientific Romances. Manchester, 1961

Bergonizi, B. (ed.), H. G. Wells: A Collection of Critical Essays, Englewood Cliffs, N. J., 1976

Borinski, L., „Die Kritik der Utopie in der modernen englischen Literatur", Die Neueren Sprachen, Beiheft 2 (1958), 5–24

Borinski, L., „Wells, Huxley und die Utopie", in: G. Müller-Schwefe und K. Tuzinski (edd.), Literatur – Kultur – Gesellschaft in England und Amerika. Aspekte und Forschungsbeiträge, Friedrich Schubel zum 60. Geburtstag. Frankfurt/M., 1966, S. 257–277

Brome, Vincent, H. G. Wells. A Biography. London, 1951

Caudwell, C., „H. G. Wells: A Study in Utopianism", in: Studies in a Dying Culture. London, ³1948, S. 73–95

Cazamian, M. L., Le Roman et les Idées en Angleterre 1860–1914. Paris, 1955, 292–348

Gerhardt, W., Der Fortschrittsgedanke in den erzählenden Werken von H. G. Wells. Diss. Köln, 1955

Goetsch, P., Die Romankonzeption in England 1880–1910. (Anglistische Forschungen 94), Heidelberg, 1967, 249–283

Halfmann, W., „H. G. Wells' Vereinigung von Imperialismus und Pazifismus und ihre Grundlagen in der englischen Literatur", Englische Studien 59 (1925), 193–259

Hardt, M. A., Die Anthropologie H. G. Wells'. Darstellung und Kritik seines utopischen Menschenbildes. Diss. Bonn, 1948

Hillegas, M. R., The Future as Nightmare: H. G. Wells and the Anti-Utopians. New York, 1967

Jansing, H., Die Darstellung und Konzeption von Naturwissenschaft und Technik in H. G. Wells' „scientific romances". Frankfurt/M., Bern, 1977

Kagarlitski, J., The Life and Thought of H. G. Wells, translated from the Russian by Moura Budberg, London, 1966

Kern, H., Staatsutopie und allgemeine Staatslehre. Ein Beitrag zur allgemeinen Staatslehre unter besonderer Berücksichtigung von Thomas Morus und H. G. Wells. Diss. Mainz, 1952

Lang, H.-J., Die Weltanschauung von H. G. Wells. Ursprünge, Entwicklung, Kritik. Diss. Gießen, 1946

Lodge, D., „Utopia and Criticism: The Radical Longing for Paradise", in: The Novelist at the Crossroads and other Essays on Fiction and Criticism. London, 1971, S. 221–236

Mattick, H, H. G. Wells als Sozialreformer. (Beiträge zur Englischen Philologie 29), Leipzig, 1935

Müllenbrock, H.-J., „Nationalismus und Internationalismus im Werk von H. G. Wells", Die Neueren Sprachen, Neue Folge 18 (1969), 478–497

Parrinder, P. (ed.), H. G. Wells, The Critical Heritage. London, 1972

Raknem, I., H. G. Wells and his Critics. Oslo, 1962

Richter, H., „Herbert George Wells", Anglia 46 (1922), 97–136

Roppen, G., Evolution and Poetic Belief: A Study in Some Victorian and Modern Writers. (Oslo Studies in English 5), Oslo, 1956

Scheman, P., H. G. Wells und der englische Sozialismus. Diss. Münster, 1925

Schultze, B., „H. G. Wells: Der Bruch in der Entwicklung seiner utopischen Schriften um die Jahrhundertwende", in: R. Haas, H.-J. Müllenbrock, C. Uhlig (edd.), Literatur als Kritik des Lebens. Festschrift zum 65. Geburtstag von Ludwig Borinski. Heidelberg, 1975, S. 225–236

Seeber, H. U., Wandlungen der Form in der literarischen Utopie. Studien zur Entfaltung des utopischen Romans in England. (Göppinger Akademische Beiträge 13), Göppingen, 1970

Simon, W., Die Englische Utopie im Lichte der Entwicklungslehre. (Sprache und Kultur der germanischen und romanischen Völker, Reihe A 25), Breslau, 1937

Sonnemann, U., Der soziale Gedanke im Werke von H. G. Wells. Diss. Basel, 1935

Tuzinski, K., Das Individuum in der englischen devolutionistischen Utopie. Tübingen, 1965

Vernier, J.-P., H. G. Wells et son Temps. Rouen, 1971

Wagar, W. W., H. G. Wells and the World State. New Haven, 1961

XXI ALDOUS HUXLEY: *BRAVE NEW WORLD*

Huxley und die Krise des Fortschrittsoptimismus

Aldous Huxleys *Brave New World* ist eine Antwort auf H. G. Wells' Utopie *Men Like Gods*. Der Erste Weltkrieg, die Depressionen der Nachkriegsjahre, vor allem Beobachtungen, die Huxley auf einer Reise durch die Vereinigten Staaten gesammelt hatte, ließen ihn am Fortschrittsoptimismus Wells'scher Prägung zweifeln. War das 19. Jahrhundert aufgebrochen, um mit den Mitteln der Wissenschaft und der Technologie Elend zu lindern, die Lebensverhältnisse zu verbessern, hatten Autoren wie Morris und Wells in ehrlichem Enthusiasmus das Erreichte durch imaginative Entwürfe vom Erreichbaren zu überbieten und die Phantasie ihrer Zeitgenossen durch utopische Bilder zu einem engagierten Mithandeln zu provozieren versucht, so dominiert bei Huxley die verzweifelte Frage, wieviel an menschenwürdigem Dasein durch die Technologie vernichtet werde. Huxley verlegte seinen Zukunftsstaat in dem 1932 veröffentlichten Buch in das Jahr 632 A.F. (= nach Ford): Die Zukunftsvision, der Alptraum einer künftigen neuen Welt, ist jedoch nichts anderes als ein grotesk verzerrtes Bild des Gegenwärtigen;[1] Tendenzen, die Huxley (im Anschluß auch an andere Autoren) glaubt im gegenwärtigen Zeitalter beobachten zu können, werden in einen fiktiven Raum hinein verlängert, in dem angeblich – mit Ausnahme einer Indianerreservation in Neu-Mexiko – die ganze Menschheit existiert; er zeigt in seinem Roman, der nicht mehr als 18 Kapitel umfaßt, allerdings nur einige Ausschnitte aus dem Zukunftsstaat und schildert aufschlußreiche Episoden im Leben einiger seiner Bewohner. Auch wenn die Struktur einer zukünftigen Gesellschaft in wesentlichen Aspekten erfaßt wird, bleibt Huxley bei aller Anlehnung an epische Techniken die Darbietung eines universalen Weltbildes schuldig. Er verkürzt die Dimensionen seiner epischen Welt, schneidet sie gleichsam auf das zu, was für den polemisch-satirischen Zweck brauchbar ist.[2]

Huxley kann sich dabei auf die Gattungskonventionen der Satire berufen, die aus dem Leben der gegenwärtigen Gesellschaft herausgreift, was ihr nicht behagt, die die ausgewählten Situationen und die dargestellten Personen so stilisiert, daß die literarische Attacke ins Schwarze trifft. Allerdings muß sich ein Satiriker, der die utopische Gesinnung seiner Zeitgenossen und seiner literarischen Vorgänger aufs Korn nimmt, die Frage gefallen lassen, ob die Konstruktion eines zukünftigen Staates genügend mit historischer Erfahrung und Einsichten in den Erfahrungsbereich des zeitgenössischen Lebens angereichert ist, so daß der ernste Leser in einem solchen Werk mehr sehen kann als nur ein grotesk-phantastisches Spiel mit Elementen des gegenwärtigen Lebens, die in literarischer Verfremdung und Verformung zu einem Puzzle eines möglichen zukünftigen Gesellschaftszustandes zusammengesetzt wurden. Da Satire immer auch gezielte Reflexion über den dargestellten Gesellschaftszustand voraussetzt und in jedem erzählerischen Schritt auch eine satirisch-reflektierende Strategie mit am Werke ist, muß nach der Eigenart und dem Rang der im Werk implizierten Reflexion gefragt werden. Man mag einwenden, daß die Reflexion eines Erzählers anders wirke und sich entfalte als die eines Philosophen. Dem ist zuzustimmen. Aber es ist auch zu bedenken, daß Huxley die Mittel der Erzählkunst benutzt, um kultur- und sozialkritisch zu wirken. Die Rezeption von *Brave New World* – eines Romans, der von vielen seiner Leser und Kritiker als sein bestes Buch bezeichnet wurde – beweist, daß es nicht nur zur Unterhaltung seiner Leser beitrug, sondern daß es das Bewußtsein Einzelner und bis zu einem gewissen Grade auch das öffentliche Bewußtsein, zumindest in den angelsächsischen Ländern, mitprägte. Allein schon der ironisch gemeinte Titel, mit dem der allzu blinde Stolz auf die Perfektion der Technik ironisiert wird, ist ein Beweis dafür, daß ein hintergründiges Zitat, epigrammatische Formulierungen oder Bilder gerade der utopisch-satirischen Literatur sich im Bewußtsein der Leser festsetzen und im Gespräch, in der politischen oder kulturkritischen Auseinandersetzung als Abbreviaturen für Sachverhalte oder Urteile über Sachverhalte der modernen Welt gebraucht werden können.

Wenn Huxley seinem 1932 veröffentlichten Buch 1946 eine Vorrede beigab, in der er sich selbst kritisch mit seinem Werk auseinandersetzte und die Satire der 30er Jahre gleichsam mit einigen kommentierenden Seiten auf den Stand des öffentlichen Bewußtseins in den 40er Jahren brachte, wenn er sich weiterhin in seinem Band *Brave New World Revisited* (1958) um eine essayistische Analyse und Darstellung der gesellschaftlichen und weltpolitischen Situationen nach dem Zweiten Weltkrieg bemühte; und wenn er schließlich sein literarisches Werk 1962 mit der Utopie *Island* abschloß, dann beweisen diese Tatsachen, daß er mit dem Roman *Brave New World* keine in sich ruhende, ausgewogene Darstellung einer zukünftigen Welt bot, sondern nur eine satirische Momentaufnahme, die deutlich die Spuren der augenblicklichen emotionalen wie intellektuellen Verfassung des Autors in sich trägt.

Die Ziele des Zukunftsstaates: Community, Identity, Stability

Bereits die beiden ersten Abschnitte des ersten Kapitels lassen erkennen, wie die Tendenz zu beschreiben und die Tendenz zu deuten bei Huxley ineinandergreifen. Huxley stellt bei der Beschreibung des Central London Hatchery and Conditioning Centre, in dem die neuen Menschen entstehen, die Angabe „a squat grey building of only thirty-four storeys" (15) und das Motto des zukünftigen Weltstaates „Community, Identity, Stability" (15) nebeneinander. Wie dieses Motto zu verstehen ist, vermag der Leser zunächst nicht zu sagen; allenfalls drängt sich in ihm die Vermutung auf, daß diese Trias an die Stelle der Losung der Französischen Revolution: Liberté, Egalité, Fraternité getreten ist. Kehrt der Leser nach der Lektüre des gesamten Werkes zum Anfang zurück, dann enthüllt sich die abgründige Ironie des Mottos: „Community" bezeichnet eine durch naturwissenschaftliche und psychologische Mittel künstlich erzeugte ‚Gemeinschaft' von Bürgern. Ihre Identität ergibt sich aus der Übereinstimmung mit den Normen des Staates, es ist keine personale Identität damit gemeint, die durch die Auseinandersetzung mit anderen Menschen und mit der Umgebung, in der der Einzelne lebt, gewonnen wird. Das Hauptziel des Zukunftsstaates ist die Stabilität. Das gesamte gesellschaftliche System, vor allem die Aufgliederung in fünf Klassen oder Kasten, die mit griechischen Buchstaben von Alpha bis Epsilon bezeichnet werden, soll unverändert erhalten bleiben; jegliche Änderung des Bestehenden ist suspekt. Geht man von den Zielsetzungen der Französischen Revolution aus, so stellt sich der Zukunftsstaat als eine Perversion der geistigen Antriebskräfte dieser geschichtlichen Bewegung dar. Anstelle der Freiheit sind staatlich gelenkte Reaktionsweisen der einzelnen Klassen getreten; das Prinzip der Gleichheit ist einerseits mit dem Kastensystem aufgegeben, es wird andererseits zusammen mit dem Ideal der Brüderlichkeit dadurch parodiert, daß es möglich ist, bis zu 96 gleichartige Lebewesen zu erzeugen, die zu gleichartigen Arbeitsprozessen mühelos verwendet werden können. Jegliches Gefühl von brüderlicher Solidarität im Zusammenleben der Menschen, das im persönlichen Entscheidungsspielraum des Einzelnen seinen Ursprung haben sollte, ist jedoch getilgt.

Die künstliche Erzeugung des Menschen

Wenn Huxley im zweiten Absatz des ersten Kapitels bei der Beschreibung des großen Saales im Erdgeschoß des Central London Hatchery and Conditioning Centre bemerkt: „Wintriness responded to wintriness", oder wenn er feststellt: „the light was frozen, dead, a ghost" (15), dann haben diese Angaben eine symbolische Funktion: Sie bereiten den Leser auf eine Welt vor, in der Leben im herkömmlichen Sinne, die physische wie psychische Entfaltung von Menschen, erstarrt ist oder unterbunden wird. Leben wird in der Neuen Welt nicht mehr in der Begegnung der Geschlechter gezeugt; die Lebewesen werden vielmehr künstlich erzeugt.[3] Die bedrückende Wendung „Menschenmaterial" („human stock") wird in dieser Welt im buchstäblichen Sinne verstanden und ernst genommen, und die Funktion des ersten Kapitels besteht darin, dem Leser „ab ovo" vorzuführen, wie dieser Produktionsprozeß vonstatten geht.

Huxley hat die Aufgabe, die Arbeitsweise des Central London Hatchery and Conditioning Centre zu erläutern, weitgehend an den Direktor dieses Institutes delegiert, der eine Gruppe von wißbegierigen Studenten durch die verschiedenen Abteilungen seines Institutes führt und dem der Mitarbeiter Henry Foster zur Seite steht, so daß die Studenten wechselweise von zwei Fachleuten informiert werden. Jede Abteilung dieses Institutes ist mit einer besonderen Phase in der künstlichen Erzeugung des Menschen befaßt. Zunächst führt der Direktor seine Gäste in den Befruchtungsraum (Fertilizing Room), wo wöchentlich neue Ovarien eingehen, abgetrennte und ausgereifte Eier in einer Nährlösung aufbewahrt, auf Entartungen untersucht und schließlich zur Befruchtung in eine Flüssigkeit mit Spermatozoen getaucht werden. Sollen Alphas und Betas produziert werden, dann bleiben die befruchteten Eier in Brutöfen, bis sie in Flaschen abgefüllt werden; Gammas, Deltas und Epsilons – d. h. die Angehörigen der Kasten, die mit niederen Arbeiten betraut werden – werden dem Bokanowsky-Verfahren unterworfen. Durch Röntgenstrahlen oder durch Kälteeinwirkung wird der Entwicklungsgang eines Eis unterbrochen und eine Knospung eingeleitet, die dazu führt, daß aus einem Ei nahezu hundert Lebewesen entstehen. Wie Henry Foster mit Expertenstolz zu berichten weiß, ist es gelungen, insgesamt 16012 gleichartige Lebewesen aus einem einzigen Ovar zu gewinnen. Im Abfüllraum (Bottling Room) werden die befruchteten Eier aus Reagenzgläsern in Flaschen umgefüllt; sie durchlaufen dann die Abteilung für Soziale Vorherbestimmung (Social Predestination Room) und werden auf Regalen, die sich langsam bewegen, gespeichert, bis die Embryos, die sich auf einer

Bauchfellunterlage entwickeln, mit Blutsurrogat genährt und für ihren künftigen Beruf konditioniert werden, nach 267 Tagen das Licht des Entkorkungszimmers (Decanting Room) erblicken.

Huxley läßt den Direktor des Central London Hatchery and Conditioning Centre im Stil eines Experten sprechen, der mit souveräner Sachkenntnis ausgestattet ist, allenfalls in der Kenntnis wichtigen Zahlenmaterials von seinem Mitarbeiter Henry Foster übertroffen wird und selbst die kompliziertesten naturwissenschaftlichen Zusammenhänge in einer leicht kolloquial getönten Sprache vorzutragen versteht. Gelegentlich gehen die Ausführungen des Direktors und Henry Fosters in einen einzigen Bericht über, der von zwei Experten mit verteilten Rollen gesprochen wird, die sich in der Darstellung der effizienten Arbeitsweise ihres Institutes gegenseitig zu übertreffen versuchen.

,Eighty-eight cubic metres of card-index,' said Mr. Foster with relish, as they entered.
,Containing *all* the relevant information,' added the Director.
,Brought up to date every morning.'
,And coordinated every afternoon.'
,On the basis of which they make their calculations.'
,So many individuals, of such and such quality,' said Mr. Foster.
,Distributed in such and such quantities.'
,The optimum Decanting Rate at any given moment.'
,Unforeseen wastages promptly made good.'
,Promptly,' repeated Mr. Foster. ,If you knew the amount of overtime I had to put in after the last Japanese earthquake!' He laughed goodhumouredly and shook his head.
,The Predestinators send in their figures to the Fertilizers.'
,Who give them the embryos they ask for.'
,And the bottles come in here to be predestinated in detail.'
,After which they are sent down to the Embryo Store.'
,Where we now proceed ourselves.' (20)

Huxley bildet den sprachlichen Habitus der Experten auch in den Passagen nach, in denen in gerafftem erzählerischem Bericht längere Ausführungen des Direktors oder seines Mitarbeiters referiert werden. Die raffende Wiedergabe der Expertenberichte wirkt parodistisch, weil sich das erzählerische Medium den Sprachstil der Experten zu eigen macht, ohne die wissenschaftlichen Überzeugungen zu teilen, die einer solchen Diktion zugrunde liegen. Die satirische Ironie des Eingangskapitels ergibt sich daraus, daß die Redeweise, die für die Beschreibung von Produktionsvorgängen in einem Industriebetrieb oder auch in einem naturwissenschaftlichen Labor für angemessen gelten kann, auf einen zukünftigen Weltzustand übertragen wird, in dem Menschen wie Waren produziert werden und unvorhergesehener Mehrverbrauch sofort gedeckt werden kann: „,,Unforeseen wastages promptly made good."'" (20)

Neo-Pawlowsche Konditionierung und Hypnopädie

Wenn Huxley bei der Beschreibung der künstlichen Erzeugung von Menschen Erkenntnisse der Physik, der Chemie und der Biologie verwertet und sie zugleich parodiert, um mögliche extreme Entwicklungen dieser Wissenschaften zu charakterisieren, so baut er bei der Beschreibung der Erziehung der künstlich produzierten Lebewesen auf die Resultate der modernen Psychologie und Physiologie auf. Huxley verwendet dabei insbesondere die Lehren Iwan Pawlows, der als Physiologe die Lehre von den bedingten Reflexen aufgestellt hatte und in der Konditionierung dieser Reflexe die Grundlage aller seelischen Vorgänge und Tätigkeiten sah. Er schuf damit die theoretischen Voraussetzungen, an die die Lerntheorie des amerikanischen Behaviorismus anknüpfte.[4]

Um die absurden Übersteigerungen dieser Erziehungslehre im Zukunftsstaat zu karikieren, schließt Huxley im zweiten Kapitel seines Romans als weitere Station auf dem Weg des Direktors und der Studenten die Beschreibung der Kinderbewahranstalten (Infant Nurseries) und der Neo-Pawlowschen Normungssäle (Neo-Pavlovian Conditioning Rooms) an. Bei dem Bemühen, den Deltakindern einen lebenslangen Haß auf Bücher und Schönheiten der Natur anzuerziehen, zeigt man ihnen Bücher und Rosen, versetzt ihnen dabei aber elektrische Schläge und prägt ihnen auf diese Weise unausrottbare Reflexe ein. Da diese postnatale (nachgeburtliche) Reflexnormung für nicht genügend erachtet wird, verwendet man zusätzlich die zufällig entdeckte Methode der Hypnopädie, d. h. der Beeinflussung im Schlaf, um das Kastenbewußtsein der Kinder, den Stolz auf die eigene Kaste und die unabänderliche Abneigung gegen die Angehörigen aller anderen Kasten zu formen.[5]

Huxley versteht es in diesem Kapitel – wie auch in den folgenden –, die neue Welt mit all ihren Absurditäten im Detail auszumalen.[6] So sehr er als Kulturkritiker darum bemüht ist, die Neue Welt in den Diskussionsszenen in Frage zu stellen, so sehr ist er als Epiker darum besorgt, die Neue Welt, die er satirisch treffen möchte, in den deskriptiven Passagen zu veranschaulichen. Als Beispiel sei ein Abschnitt aus der Beschreibung der Infant Nurseries zitiert:

„The Director opened a door. They were in a large bare room, very bright and sunny; for the whole of the southern wall was a single window. Half a dozen nurses, trousered and jacketed in the regulation white viscose-linen uniform, their hair aseptically hidden under white caps, were engaged in setting out bowls of roses in a long row across the floor. Big bowls, packed thight with blossom. Thousands of petals ripe-blown and silkily smooth, like the cheeks of innumerable little cherubs, but of cherubs, in that bright light, not exclusively pink and Aryan, but also luminously Chinese, also Mexican, also apoplectic with too much blowing of celestial trumpets, also pale as death, pale with the posthumous whiteness of marble." (27)

Die Atmosphäre erinnert an ein Krankenzimmer; Wendungen wie „viscose-linen uniform", „their hair aseptically hidden under white caps" lassen erkennen, daß Huxley sich um wissenschaftlich präzise Angaben bemüht; es soll primär die Zweckmäßigkeit der dargestellten Wirklichkeit charakterisiert werden. Und wenn er bei der Beschreibung der Rosenblätter einen poetischen Vergleich wie „like cheeks of innumerable little cherubs" einfügt, wird die ästhetische Wirkung eines solchen Vergleichs insofern ironisch eingegrenzt, als die Gesichter der Cherubim, mit denen er die Rosenblätter und deren besondere Färbung vergleicht, in pseudonaturwissenschaftlicher Diktion nach Rassen klassifiziert werden. Die traditionellen – sicherlich auch biedermeierlich verniedlichten – Vorstellungen von Cherubim werden weiterhin dadurch satirisch entwertet, daß er hinzufügt „also apoplectic with too much blowing of celestial trumpets, also pale as death . . ." (27). Rosen und Engel symbolisieren in diesem Zusammenhang nicht mehr paradiesisches Glück, sondern evozieren die Vorstellung von Krankheit und Tod. Huxley versucht durch diese Technik auch den Leser zu konditionieren und in ihm alle herkömmlichen Assoziationen, die er mit Rosen und Engelsgesichtern verbindet, zu verdrängen: Die Rosen, von denen er spricht, sind ausschließlich Requisiten eines psychologischen Versuchs.

Zur Geschichte der Neuen Welt

Die Gespräche zwischen dem Direktor und den Studenten im 1. und 2. Kapitel sind weithin „Scheindialoge"[7]: Fragen und gelegentliche kritische Bemerkungen des Direktors, die sich vorwiegend auf den gegenwärtigen Zustand der Neuen Welt beziehen. Sobald im Dialog des Direktors mit den Studenten auch Fragen der geschichtlichen Entwicklung berührt werden, läßt Huxley Mustapha Mond, einen der zehn Weltkontrolleure, auftreten und ihn über die Geschichte der Brave New World sowie über die Bewertung der Alten Welt berichten. Die Äußerungen Mustapha Monds beweisen, daß er noch Kenntnisse aus dem Bereich der Geschichte der alten Welt (wie sie bis 1932 existierte) besitzt. Er spricht von Odysseus und Hiob, Jupiter, Buddha und Jesus, erwähnt King Lear und die Matthäuspassion, aber diese Kenntnisse sind in der Neuen Welt allgemein weggewischt – wie Staubkörner. Mit Ford begann für die Neue Welt auch eine neue Zeitrechnung: An die Stelle der bisherigen Abkürzung A.D. trat A.F.; das Kreuz, Symbol der christlichen Religion, wurde durch das T ersetzt, das an Fords T-Modell erinnern soll. Statt der Exklamation „O Lord!" gebraucht man in der neuen Sprache „O Ford!"; gelegentlich kann dafür auch „O Freud!" eintreten. Ehe und Familie wurden abgeschafft, ‚Vater' und ‚Mutter' zu obszönen Wörtern erklärt; für die Beziehung der Geschlechter gilt der Grundsatz: „everyone belongs to everyone" (42).

Wenn Mustapha Mond von der Geschichte der Neuen Welt spricht, hebt er den Neunjährigen Krieg (der 141 A.F. begann und in dem nahezu alle Zeugnisse der Vergangenheit zerstört wurden) und das „British Museum Massacre" hervor, bei dem 2000 Kulturenthusiasten vergast wurden. Die historische Erfahrung lehrt die Weltkontrolleure, daß mit Gewalt kein Weltstaat von Dauer zu begründen, das Ziel der „stability" nicht zu erreichen ist („force was no good", 50). Daher vertraut man den langsamen, aber um so sicherer wirkenden Methoden der künstlichen Zeugung, der Neo-Pawlowschen Reflexkonditionierung und der Hypnopädie. Auf Grund der Forschungen von Pharmakologen und Biochemikern gelang es, eine Droge namens Soma zu entwickeln, die den Gebrauch von Alkohol und Kokain ersetzt, den Einzelnen beruhigt, aber auch verhindert, daß die Unruhe Einzelner zur gesellschaftlichen Gefahr wird.

Die erzählerische Darbietung der Informationen über die Geschichte der Alten und der Neuen Welt weicht von dem Dialogschema des ersten und zweiten Kapitels insofern ab, als Huxley jeweils nur Fragmente aus dem Lehrvortrag des Weltkontrolleurs herausschneidet und dazwischen Rede-Fragmente einlagert, die den Dialogen zwischen Lenina und Fanny, zwischen dem Stellvertretenden Prädestinationsdirektor und Henry Foster entnommen sind; dazu kommen schließlich kritisch-kommentierende Äußerungen des Einzelgängers Bernard Marx, der das Gespräch zwischen Henry Foster und dem Stellvertretenden Prädestinationsdirektor mitanhört. Huxley überträgt die Kontrapunkt-Technik, die er bereits in seinem Roman *Point Counter Point* (1928) angewendet hatte, auf die Redegestaltung in Kapitel 3 von *Brave New World*, um der Monotonie des Lehrvortrages von Mustapha Mond entgegenzuwirken und die Auswirkungen des Systems, das Mustapha Mond gerade erläutert, an Beispielen zu konkretisieren. Wenn die Frauen über die Funktion des Pregnancy Substitute (des Schwangerschaftsersatzes) und Henry und sein Gesprächspartner über die Fühlfilme (feelies) sprechen, dann erläutern sie damit weitere Mittel, die in der Neuen Welt entwickelt wurden, um die emotionale Stabilität der Menschen zu sichern. In den kritischen Äußerungen von Bernard Marx, von dem gesagt wird, daß er entgegen den Konventionen der Neuen Welt die Einsamkeit liebe, deutet sich bereits eine der Konfliktmöglichkeiten an, die in dieser vorprogrammierten Welt dennoch – im Widerspruch zu ihren theoretischen Grundlagen – enthalten sind.

Die utopischen Anschauungen über Kunst, Wissenschaft und Religion

Der Dialog zwischen Mustapha Mond und John the Savage im 16. und 17. Kapitel des Romans[8] – an dem im 16. Kapitel auch Bernard Marx und Helmholtz Watson teilnehmen – bildet zu den Lehrgesprächen des Romaneingangs (d. h. in Kapitel 1 bis 3) insofern eine innere Ergänzung, als dort in einer dramatisch gespannten Situation der Weltkontrolleur die Anschauungen über Kunst, Wissenschaft und Religion, die die Grundlagen des Zukunftsstaates bilden, in konzentrierter Form zusammenfaßt und gegen die Einwände, die von John the Savage vorgebracht werden, zu verteidigen versucht. Der Disput zwischen Mustapha Mond und John the Savage unterscheidet sich von den recht einseitigen Lehrgesprächen in Kap. 1–3 dadurch, daß der Weltkontrolleur mit Shakespeare ebenso vertraut ist wie John, daß er die religiöse Tradition der Alten Welt noch besser kennt als sein Gesprächspartner. Bereits zu Beginn des Dialogs signalisiert Huxley auf eine subtile Weise, daß es eine gemeinsame Basis für den Dialog zwischen John und Mustapha Mond gibt:

,Of cause,' the Savage went on to admit, ,there are some very nice things. All that music in the air, for instance . . .'

,Sometimes a thousand twangling instruments will hum about my ears, and sometimes voices.'

142

The Savage's face lit up with sudden pleasure. ‚Have you read it too?‘ he asked. ‚I thought nobody knew about that book here, in England.‘ ‚Almost nobody. I'm one of the very few. It's prohibited, you see. But as I make the laws here, I can also break them . . .‘ (172)

a) die Kunst und das „Emotional Engineering"

Mustapha Mond antwortet auf Johns Bemerkung: „All that music in the air" mit einem Zitat aus Shakespeares *Tempest* (III, 2, 146) und schafft damit eine Voraussetzung für eine Diskussion der eigentümlichen Einstellung zur Kunst, die für die Neue Welt charakteristisch ist. Der höchste Grundsatz, an dem sich alle Einzelentscheidungen in der Neuen Welt zu orientieren haben, ist die Erhaltung der Stabilität, des gesellschaftlichen Gleichgewichts. Da Shakespeare – etwa in *Othello* – eine höchst unstabile Welt darstellt, Menschen schildert, die sich ihren Leidenschaften überlassen und daran zugrunde gehen, ist die Shakespeare-Lektüre in der Neuen Welt nicht erlaubt. Seine Werke sind überholt, und selbst wenn sie durch die Schönheit seiner Sprache, durch den magischen Klang seiner Worte die Angehörigen des Zukunftsstaates faszinieren könnten – und die Reaktion von Helmholtz Watson auf Shakespeares Sprache ist ein Beleg für diese These –, so werden seine Dramen gerade auch wegen einer solchen Wirkung verboten. Von Shakespeare fasziniert werden, heißt für den Weltkontrolleur von schönen alten Dingen angesprochen werden, heißt in den Menschen möglicherweise die Sehnsucht nach einer solchen Realität wecken und ihr gegenwärtiges Glücksempfinden stören.

An die Stelle der Dichtung ist daher ein raffiniertes „Emotional Engineering" getreten, wie es Helmholtz Watson zu praktizieren hat, der Schlagworte erfindet, die die Menschen in ihrem seelischen Gleichgewicht erhalten und sie in der Affirmation des bestehenden Zustandes bestärken sollen. Zwar sehen auch die Weltkontrolleure ein, daß leidenschaftliche Erregungen aus gesundheitlichen Gründen nötig sind, aber sie halten die Lektüre von Dichtung nicht für das geeignete Mittel, um dieses Ziel zu erreichen: Sie haben dafür ein Surrogat entwickeln lassen – Violent Passion Surrogate –, das jeder Angehörige des Weltstaates monatlich einmal einnehmen muß: es erzeugt die gleichen Wirkungen wie eine Shakespearesche Tragödie ohne die schädlichen Nebenwirkungen: „‚Violent Passion Surrogate. Regularly once a month. We flood the whole system with adrenalin. It's the complete physiological equivalent of fear and rage. All the tonic effects of murdering Desdemona and being murdered by Othello, without the inconveniences."' (187)

b) Wissenschaftliche Forschung

In gleicher Weise ist auch die wissenschaftliche Forschung nur in dem Maße erlaubt, wie sie dazu beiträgt, augenblickliche Probleme in der Neuen Welt zu lösen, temporäre Mißstände zu beseitigen. Die Neue Welt unterstellt sich damit einem paradoxen Gesetz: Die Naturwissenschaft wird einerseits bejaht, weil erst auf Grund der naturwissenschaftlichen Erkenntnisse der Aufbau und die Erhaltung eines Weltstaates ermöglicht wurde; weitere naturwissenschaftliche Forschung wird andererseits eingeschränkt und in weiten Bereichen völlig verboten, weil durch diese Art von Forschung die einmal erreichte Stabilität wieder in Frage gestellt und möglicherweise gänzlich zerstört werden kann. „„. . . We can't allow science to undo its own good work. That's why we so carefully limit the scope of its researches – that's why I almost got sent to an island. We don't allow it to deal with any but the most immediate problems of the moment. All other inquiries are most sedulously discouraged."' (178) An die Stelle der Ideale „truth and beauty" sind die pragmatischen Ziele „comfort and happiness" (179) getreten. Sah eine humanistisch-idealistische Bildungslehre in der Beschäftigung mit künstlerischen Werken und in der wissenschaftlich-kritischen Schulung des Intellekts eine notwendige Voraussetzung für die Entfaltung der kreativen Möglichkeiten des Menschen, aus der wiederum die größtmögliche Förderung des Gemeinwesens erfolgen könnte und sollte, so werden die Menschen der Neuen Welt um diese Möglichkeit gebracht, ihr volles Menschentum zu entwickeln: Ihr Glück, ihr Wohlverhalten erschöpft sich in der Übereinstimmung mit den vorgegebenen Normen der Brave New World: Es zählt ausschließlich ein physisches und psychisches Wohlbehagen, das mit Chemikalien und geschickter psychischer Beeinflussung durch „feelies" und „scent organs", „Fühlfilme" und „Duftorgeln" zu erreichen ist.

c) Religion

Auch die Religion wird in der Neuen Welt nur als Mittel zum Zweck betrachtet. Auch wenn der Weltkontrolleur sich nicht als ein perfekter Atheist gibt, sondern auf Johns Frage: „„ ‚Then you think there is no God'"' antwortet: „„No, I think there quite probably is one‟‟ (182), betrachtet er die Religion, und das heißt für ihn nur die christliche Religion, für überholt. Das Ideal ist für ihn ein Christentum ohne Tränen; genau dies aber ist die Wirkung, die mit Soma-Tabletten erreicht wird: „„Christianity without tears – that's what *soma* is.‟‟ (S. 185). Die Bibel und die *Imitatio Christi* (von Thomas à Kempis)[9] sind daher in der Neuen Welt ebenso verboten wie die Schriften von Cardinal Newman[10] oder Maine de Biran.[11] Es fällt auf, daß bei der Erörterung des religiösen Erlebens, der Erfahrungsweisen des Göttlichen Mustapha Mond auf Zitate aus Cardinal Newman und aus Maine de Biran rekurriert: Es fehlen seinem Gesprächspartner die angemessenen Ausdrucksmittel, um über die menschlichen Grenzsituationen etwas auszusagen, die an den Bereich der Erfahrung des Göttlichen heranführen. „He would have liked to speak; but there were no words. Not even in Shakespeare.‟ (180). Daher sieht sich Mustapha Mond gezwungen, aus theologischen und philosophischen Schriften zu zitieren, um seine Thesen zur Religion entwickeln zu können. Er vermag weder das Argument Pascals zu akzeptieren, daß wir Gottes Eigentum seien und das Geschöpf sich nicht über den Schöpfer erheben könne, weil es sich nicht selbst geschaffen habe und infolgedessen sich auch nicht zum Herrn über sich selber erklären könne, noch überzeugen ihn die Darlegungen von Maine de Biran, wonach im Alter, sobald die Leidenschaften sich beruhigen und Phantasie und Sinne weniger erregbar sind als in der Jugend, die Seele sich unvermeidlich zu Gott hinwende. In der Neuen Welt gibt es kein Altern, und – nach Mustapha Mond – infolgedessen auch nicht die Sehnsucht nach einem übernatürlichen Wesen, das den Menschen für alle Verluste zu entschädigen vermag. Wenn die Alte Welt in Gott den unbewegten Beweger sehen konnte, so bedarf es in der Neuen Welt keiner übernatürlichen Instanz mehr, um dem Menschen das Gefühl zu vermitteln, daß es etwas Dauerndes hinter und über allem zeitlichen Wandel gibt. Dieses Gefühl wird nach den Darlegungen des Weltkontrolleurs durch die Gesellschaftsordnung („the social order‟, 182) vermittelt. Wenn John the Savage im Anschluß an eine Stelle aus *King Lear*: „„The Gods are just, and of our pleasant vices / Make instruments to plague us; / The dark and vicious place where thee he got / Cost him his eyes‟‟ (V, 3, 170–173) zu beweisen versucht, daß Gott die notwendige Voraussetzung für eine ethische Wertordnung sei, daß Gott als der Grund alles Edlen, Erhabenen und Heroischen betrachtet werden müsse, wendet der Weltkontrolleur ein: „„civilization has absolutely no need of nobility or heroism‟‟ (185). Edles, heroisches Handeln setzt instabile Verhältnisse voraus; sobald das Ziel der Stabilität erreicht ist, be-

145

darf es keiner edlen, heroischen Taten mehr; damit aber fällt zugleich die Notwendigkeit des Glaubens an ein göttliches Wesen weg.

Das Gespräch zwischen Mustapha Mond und John the Savage führt nicht zu einer Überwindung der am Anfang ihres Disputes schon faßbaren unterschiedlichen Auffassungen: die Diskussion über Kunst, Wissenschaft und Religion treibt die Gesprächspartner vielmehr in zunehmendem Maße zu einer scharfen Abgrenzung ihrer antithetischen Positionen: John faßt seine Lebensauffassung schließlich in die lapidare Formulierung zusammen: „„. . . I don't want comfort. I want God, I want poetry, I want real danger, I want freedom, I want goodness. I want sin."" (187) Das bedeutet: John bekennt sich zu einem Weltbild, das auf dem Glauben an Gott beruht, er tritt dafür ein, daß dem Menschen die volle Freiheit der Entscheidung, Gutes zu tun oder zu sündigen, zugebilligt wird, und er fordert schließlich, daß ihm der Zugang zu einer Form der Dichtung offen bleibt, die – wie das Werk Shakespeares – als ein Spiegelbild dieses Welt- und Menschenbildes verstanden werden kann.

Gründe und Möglichkeiten des Nonkonformismus

Die Kapitel 4 bis 15, die zwischen die epische Exposition in Kapitel 1 bis 3 und die große Disputationsszene in den Kapiteln 16 und 17 eingeschoben sind, verdeutlichen an einer Reihe von Episoden die Wirkungsweise der Normen, nach denen das Leben in der Neuen Welt geregelt wird. Huxley begnügt sich jedoch nicht damit, das Räderwerk dieses gesellschaftlichen Mechanismus zu beschreiben; er schildert in Lenina Crowne, Helmholtz Watson, Bernard Marx und John the Savage Abweichungen von den in der Neuen Welt vorgegebenen Normen. Insbesondere bei Lenina, Bernard Marx und Helmholtz Watson stellt sich die Frage, wie denn in einer Gesellschaft, die auf ihr Normungssystem so stolz ist, die Menschen für ihre Aufgaben und Arbeiten prädestiniert und konditioniert, solche Abweichungen überhaupt zustande kommen könnten. Eine Antwort findet sich im 16. Kapitel, wo Mustapha Mond die Kaste der Alphas definiert als „separate and unrelated individuals of good heredity and conditioned so as to be capable (within limits) of making a free choice and assuming responsibilities" (174). Den Alphas muß ein gewisser Freiheitsspielraum zugebilligt werden. Damit aber ist – wenn auch in Grenzen – die Voraussetzung geschaffen, daß sie sich nicht immer und nicht in allen Lebensbereichen mit den Normen der Neuen Welt konform erklären. Dazu kommt, daß Huxley in der Figurengestaltung gewisse Inkonsequenzen in Kauf genommen hat, um in seinen Roman Spannungen einführen zu können, aus denen sich wiederum Konflikte entfalten. Diese Spannungen und Konflikte dienen insgesamt dazu, die kritische Auseinandersetzung mit der Neuen Welt erzählerisch zu vermitteln.

Bei Lenina Crowne, einer Angehörigen der Beta-Kaste, bekundet sich die nonkonformistische Haltung in ihrem Verhältnis zum anderen Geschlecht: Lenina wird von Fanny, einer Arbeitskollegin, getadelt, als sie gesteht, daß sie nun schon seit vier Monaten nur Beziehungen zu Henry Foster unterhalte. Sie tendiert damit zu einem Lebensstil, wie er in der Alten Welt Gültigkeit hatte und verstößt damit gegen den Grundsatz: „everyone belongs to everyone" (42). Bernard Marx und Helmholtz Watson dagegen fühlen sich zum intellektuellen Widerstand gegen die Lebensordnung des Weltstaates getrieben. Bernard Marx ist durch seine äußere Gestalt zum Außenseiter gestempelt: obwohl er intellektuell der Alpha-Plus-Kaste angehört, ist er seiner äußeren Erscheinung nach der Gamma-minus-Kaste zuzurechnen. Daß er von der Norm abweicht, wird allgemein auf einen ‚Produktionsfehler' zurückgeführt: angeblich wurde zuviel Alkohol in sein Blutsurrogat eingeführt. Er strebt nach Einsamkeit, nach personaler Eigenständigkeit und wird deshalb vom Weltkontrolleur auf eine Insel verbannt.

Helmholtz Watson erscheint zunächst als ein perfekter Vertreter der Alpha-Plus-Kaste: in seinem gesellschaftlichen Umgang, in seinem Verhältnis zu Frauen und in seiner Tätigkeit als Dozent am College of Emotional Engineering scheint er alle Normen, nach denen das Leben seiner Kaste geregelt ist, zu erfüllen. Er wird zum Nonkonformisten durch einen Überschuß an Intellektualität: Obwohl er es versteht, als Vertreter des Emotional Engineering eine Sprache zu produzieren, die zur Stabilisierung des Einzelnen wie der gesamten Gesellschaft beiträgt, fühlt er sich aus unerklärlichen Gründen dazu gedrängt, diesen Spielraum zu überschreiten; so erklärt er in einem Dialog mit Marx: „„. . . I'm thinking of a queer feeling I sometimes get, a feeling that I've got something important to say and the power to say it – only I don't know what it is, and I can't make any use of the power. If there was some different way of writing . . . Or else something else to write about . . .' He was silent; then, ‚You see,' he went on at last, ‚I'm pretty good at inventing phrases – you know, the sort of words that suddenly make you jump, almost as though you'd sat on a pin, they seem so new and exciting even though they're about something hypnopaedically obvious. But that doesn't seem enough. It's not enough for the phrases to be good; what you make with them ought to be good too." (63)

Er verspürt in sich den Impuls, mit Sprache etwas Neues zu leisten, ohne daß er begründen könnte, was dieses ‚Neue' sei; er weiß nur, daß es sich inhaltlich wie formal von seinen bisherigen Arbeiten unterscheiden, daß es nicht nur ein bloßes Spiel mit Worthülsen sein würde. Später schreibt er ein Gedicht über die Einsamkeit, das er als Illustrationsmaterial für seine Vorlesung „On the Use of Rhymes in Moral Propaganda and Advertisement" gebraucht (vgl. 144). Er folgt auch hier einem plötzlichen Impuls, und er wird später auf die Falkland-Inseln verbannt. Er kommt auf Grund seiner Lebenserfahrung und auch seiner Beschäftigung mit Shakespeare zu der Überzeugung, daß ungünstige äußere Lebensbedingungen und emotionale Instabilität günstige Voraussetzungen für bessere Dichtung sind. So verabschiedet er sich von Mustapha Mond mit der Bemerkung „‚I believe one would write better if the climate were bad. If there were a lot of wind and storms.'" (179)

Den schärfsten Kontrast zur Neuen Welt stellt John the Savage dar. Er ist zwar der Sohn des Direktors des Central London Hatchery and Conditioning Centre und einer „Beta-minus" namens Linda. Aber er wurde in der Indianer-Reservation in Neu-Mexiko geboren, wuchs dort auf, wurde kraft seiner Herkunft und der Lebensweise seiner Mutter, die sich auch in der neuen Umgebung nicht für die Monogamie entscheiden konnte, in eine Außenseiterrolle gedrängt. In seiner Lebensweise verbinden sich die Traditionen der Eingeborenen, die zugleich an Jesus und Pukong glauben, mit Vorstellungen, die er aus Shakespeares Werken übernommen hat. Obwohl er zunächst nur von dem magischen Rhythmus der Shakespeareschen Sprache fasziniert ist und die Bedeutung der Worte nur halb versteht, wird er in seinem Selbstbewußtsein und in der Einschätzung anderer Menschen durch Shakespeare nachhaltig geprägt: „These words and the strange, strange story out of which they were taken (he couldn't make head or tail of it, but is was wonderful, wonderful all the same) – they gave him a reason for hating Popé; and they made his hatred more real; they even made Popé himself more real." (108) John the Savage vermag jedoch nicht, aus den Lebensanschauungen der Primitiven und dem Gedankengut, das er aus Shakespeares Werken übernimmt, ein eigenes gedanklich wie sprachlich durchgeformtes Weltbild zu schaffen. Bei aller Orientierung an Shakespeares Sprache greift er immer wieder auf Vorstellungen der Primitiven und auch auf deren Sprache zurück. So kann er sein Urteil über den „Arch-Community-Songster of Canterbury" nur auf Zuñi, d. h. in der Sprache der Primitiven formulieren: „‚‚Ai yaa tákwa!' It was only in Zuñi that the Savage could adequately express what he felt about the Arch-Community-Songster." (138)

Bei einem Vergleich der eigentümlichen Haltung der Nonkonformisten zur Neuen Welt ergibt sich, daß deren Kritik nicht auf einen einheitlichen Nenner zu bringen ist. Huxley vermeidet es, in der Auseinandersetzung mit den Normen der Neuen Welt eine eindeutige und entschiedene Gegenposition aufzubauen, wie dies in einer reinen Satire meist der Fall ist. Gewiß stellen Shakespeares Werke und seine Urteile über den Menschen eine Art höchster Norm, „the voice of conscience" dar, aber selbst bei den Shakespeare-Zitaten ist zu bedenken, daß sie aus ganz verschiedenen Werken – von *Romeo and Juliet* bis hin zum *Tempest* – genommen sind und oft willkürlich aus der dramatischen Situation herausgelöst und in einen neuen Zusammenhang, den Huxley aufgebaut hat, eingegliedert sind. Ebenso wenig lassen sich die Urteile von Bernard Marx, Helmholtz Watson oder gelegentliche Äußerungen Leninas, die nicht mit den Normen der *Brave New World* übereinstimmen, auf ein ‚System' festlegen: Huxley artikuliert seine Kritik an der Neuen Welt in vielfältiger Weise. Sein Werk gewinnt auf diese Weise an erzählerischer Komplexität, es büßt aber zugleich an satirischer Schärfe ein. –

Der Nonkonformismus und die Dialoggestaltung

Die besondere künstlerische Begabung Huxleys bei der Darstellung der – in sich abgestuften – nonkonformistischen Gegenposition zur Neuen Welt läßt sich an der Gestaltung der Dialoge in diesem Werk erkennen. Als Beispiele seien Ausschnitte aus drei Gesprächen gewählt, an denen jeweils Lenina als Gesprächspartnerin beteiligt ist.

a) Lenina und Henry Foster: Über die chemisch-physikalische Gleichheit der Menschen

Bei einem Flug mit dem Hubschrauber fällt Lenina die eigentümliche Form der vier Schornsteine des Krematoriums auf, und es ergibt sich im Anschluß an diese Beobachtung folgender Dialog:

„‚Why do the smoke-stacks have those things like balconies round them?' inquired Lenina.

‚Phosphorus recovery,' exclaimed Henry telegraphically.

‚On their way up the chimney the gases go through four separate treatments. P_2O_5 used to go right out of circulation every time they cremated someone. Now they recover over ninety-eight per cent of it. More than a kilo and a half per adult corpse. Which makes the best part of our four hundred tons of phosphorus every year from England alone.' Henry spoke with a happy pride, rejoicing whole-heartedly in the achievement, as though it had been his own. ‚Fine to think we can go on being socially useful even after we're dead. Making plants grow.'

Lenina, meanwhile, had turned her eyes away and was looking perpendicularly downwards at the monorail station. ‚Fine,' she agreed. ‚But queer that Alphas and Betas won't make any more plants grow than those nasty little Gammas and Deltas and Epsilons down there.'

‚All men are physico-chemically equal,' said Henry sententiously. ‚Besides, even Epsilons perform indispensable services.''' (66)

Selbst bei einem Ausflug mit Lenina nutzt Henry Foster jede sich bietende Gelegenheit, um die technischen Besonderheiten der Neuen Welt im Stil des Lehrvortrages, wie er ihn (im ersten Kapitel) vor den Studenten hielt, zu kommentieren. So erläutert Henry Foster im Gespräch mit Lenina, wie selbst das Krematorium in die wirtschaftliche Produktion einbezogen werden muß; die besondere Form der Schornsteine, über die sie sich wunderte, ist darauf zurückzuführen, daß das Krematorium zur Wiedergewinnung von Phosphor beiträgt. Wenn sich Lenina mit diesem wissenschaftlichen Kommentar nicht zufrieden gibt und mit der Wendung „But queer . . .“ einen eigenen Gedankengang einleitet, dann argumentiert sie ganz im Stil des Kastendenkens. Die oberen Klassen – sie gehört immerhin zu den Betas – sollten sich auch nach dem Tode von den niederen Klassen deutlich unterscheiden, selbst wenn sie nur als Düngemittel verwendet werden. Henry Foster widerlegt Leninas Einwand in diesem grotesk-makabren Gespräch mit zwei Sätzen. Er zitiert zum einen den Gleichheitsgrundsatz der neuen Welt: Alle Menschen sind chemisch-physikalisch gleich, und er läßt einen Satz folgen, der den jungen Menschen durch die Hypnopädie vermittelt wird: Epsilons leisten unentbehrliche Dienste. In diesem Stil vollziehen sich zahlreiche Gespräche in Huxleys Roman. Sobald Fragen aufbrechen, werden ihnen Axiome und hypnopädische Schlagwörter des Weltstaates entgegengesetzt. Die Sprache, die von den Mitgliedern des Weltstaates gesprochen wird, reproduziert nur das Bestehende, sie ist affirmativ, und es gibt kein Mittel zur kritischen Auseinandersetzung mit dem Bestehenden, zur Entwicklung eines eigenen Weltbildes in einem kreativen denkerischen und sprachlichen Prozeß.

b) *Lenina und Bernard Marx: die Grenzen der Kommunikation im Dialog*

Wie schwierig ein solcher Versuch ist, zeigt ein Dialog zwischen Lenina und Bernard, der während ihres ersten gemeinsamen Ausflugs in einem Helikopter stattfindet. Während der Rückkehr schaltet Bernard den Propeller aus und läßt den Hubschrauber wenige Meter über der Nordsee schweben, um die friedvolle Atmosphäre nächtlicher Einsamkeit zu genießen. Er versucht, im Dialog seine Empfindungen zu beschreiben und löst damit eine für ihn zunächst überraschende Replik Leninas aus, bis sie beide sich schließlich veranlaßt sehen, ihre unterschiedlichen Auffassungen von menschlicher Freiheit gegeneinander abzugrenzen.

‚It makes me feel as though . . .‘ he hesitated, searching for words with which to express himself, ‚as though I were more *me*, if you see what I mean. More on my own, not so completely a part of something else. Not just a cell in the social body. Doesn't it make you feel like that, Lenina?‘

But Lenina was crying. ‚It's horrible, it's horrible,‘ she kept repeating. ‚And how can you talk like that about not wanting to be a part of the social body? After all, everyone works for everyone else. We can't do without anyone. Even Epsilons . . .‘

‚Yes, I know,‘ said Bernard derisively. ‚„Even Epsilons are useful"! So am I. And I dammed well wish I weren't!‘

Lenina was shocked by his blasphemy. ‚Bernard!‘ she protested in a voice of amazed distress. ‚How can you?‘

In a different key, ‚How can I?‘ he repeated meditatively. ‚No, the real problem is: How is it that I can't, or rather – because, after all, I know quite well why I can't – what would it be like if I could, if I were free – not enslaved by my conditioning.‘

‚But, Bernard, you're saying the most awful things.‘

‚Don't you wish you were free, Lenina?‘

‚I don't know what you mean. I am free. Free to have the most wonderful time. Everybody's happy nowadays.‘

He laughed, ‚Yes, „Everybody's happy nowadays." We begin giving the children that at five. But wouldn't you like to be free to be happy in some other way, Lenina? In your own way, for example; not in everybody else's way.‘

‚I don't know what you mean,‘ she repeated. Then, turning to him, ‚Oh, do let's go back, Bernard,‘ she besought; ‚I do so hate it here.‘

,Don't you like being with me?'

,But of course, Bernard! It's this horrible place.'

,I thought we'd be more . . . more *together* here – with nothing but the sea and the moon. More together than in that crowd, or even in my rooms. Don't you understand that?'

,I don't understand anything,' she said with decision, determined to preserve her incomprehension intact.' (78–79)

Das Erlebnis der Einsamkeit vermittelt Bernard ein höheres Maß an Selbstbewußtsein. Er entwickelt zumindest die Fähigkeit, für sich die Möglichkeit eines Daseins außerhalb der anerzogenen und vorgegebenen Normen zu konzipieren. Lenina dagegen, die ganz im Stil einer normierten Angehörigen der Beta-Klasse spricht, vermag sich eine Selbstentfaltung außerhalb des gesellschaftlichen Funktionszusammenhanges nicht vorzustellen. Bernards Gedanken sind daher – wie der Erzähler mitteilt – für sie eine Blasphemie; er vergeht sich in ihren Augen gegen die eherne Ordnung des Weltstaates. Leninas emotionale Reaktionen spiegeln sich in dem wiederholten Gebrauch des Wortes „horrible"; das Fazit der Gedankenbewegung, an der sie Bernard in diesem Gespräch teilhaben lassen möchte, faßt sie in den Satz zusammen: „,I don't understand anything.'" Der Dialog stellt keinen Kommunikationsvorgang dar, sondern er läßt deutlich werden, weshalb zwischen Bernard und Lenina keine Kommunikation möglich ist.

c) *Lenina und John the Savage: der gescheiterte Liebesdialog*

Auch der Liebesdialog zwischen John und Lenina im 13. Kapitel ist als ein gescheiterter Kommunikationsvorgang anzusehen; die intellektuellen Voraussetzungen dieses Gespräches, seine emotionalen Begleiterscheinungen und auch die angewandten sprachlichen Mittel sind jedoch weitaus komplexer als im Dialog zwischen Bernard und Lenina. Zunächst ist festzuhalten, daß John die Normen, nach denen er Leninas Verhalten beurteilt, aus der Welt der Primitiven und aus den Shakespeareschen Werken übernommen hat, in denen die Begegnung und das Zusammenleben der Geschlechter nach Normen wie Keuschheit, Monogamie oder Prostitution beurteilt werden. Lenina dagegen handelt bei ihrem direkten offenen Werben um die Liebe Johns entsprechend den Konventionen einer Gesellschaft, in der Promiskuität Pflicht ist. Solange John Lenina umwirbt, orientiert er sich in seinem Verhalten und seiner Sprache an Mustern, wie sie in Shakespeares *Romeo and Juliet* und *The Tempest* vorgegeben sind. Die Spannweite und Intensität seines Erlebens läßt sich nur in einer vorgeprägten poetischen Diktion angemessen wiedergeben. Sobald er jedoch spürt, daß sie ohne Zurückhaltung und Scham ihrem triebhaften Verlangen Ausdruck verleiht, fühlt er sich an Stellen in Shakespeares *Hamlet*, *Othello* und *King Lear* erinnert, an denen ein bitteres Verdikt über die sexuelle Lust und die weiblichen Verführungskünste gesprochen wird, und er stößt sie mit der Beschimpfung "'Damned whore!'" (154) von sich. John und Lenina gestehen zwar einander ihre Liebe, aber es gelingt keinem der beiden, die gedanklichen und sprachlichen Voraussetzungen des Dialogpartners zu erfassen. John bleibt an die Ausdrucksmittel gebunden, die Shakespeare vorformte; und mit der Sprache übernimmt er die Denkweise Shakespearescher Figuren. Er vermag es nicht, die gegebene Situation, die besonderen Umstände, in denen sich Leninas ganzes Leben abspielte, und ihre psychische Einstellung ihm gegenüber zu erfassen. Das Scheitern dieses Dialoges hat einen tragikomischen Charakter: Insofern die Liebenden das Ziel, das sie gemeinsam erstreben, selbst zunichte machen, haftet ihrem Scheitern ein tragisches Element an; die besondere Komik dieses Vorgangs ergibt sich aus der Blindheit der beiden agierenden Charaktere: sie sind in ihren moralischen und sprachlichen Normen so befangen, daß ihnen das Verständnis für die Verhaltensweise des Partners und dessen besondere Motivationen fehlt.

Der Normenkonflikt als Quelle der Komik

Das Aufeinandertreffen unterschiedlicher Normen ist nicht nur im Liebesdialog zwischen John und Lenina die Ursache für komische und ironische Effekte; der gesamte Roman gewinnt dadurch ein ironisch-satirisches Gepräge, daß ständig verschiedene Wertwelten gegeneinander ausgespielt werden. Je größer die Differenz zwischen den Normen ist, um so kräftiger und nachhaltiger ist die komische Wirkung. Gespräche zwischen Mitgliedern verschiedener Kasten der Neuen Welt sind meist durch eine subtile und gedämpfte Komik gekennzeichnet. Sehr starke komische Wirkungen – die zumeist im Roman auch beschrieben werden – gehen von all jenen Szenen aus, die von Johns Begegnungen mit Vertretern der Neuen Welt berichten. Als John dem Direktor des Central London Hatchery and Conditioning Centre vorgestellt wird, löst er mit der für die Neue Welt ungewöhnlichen Anrede ,,,My father!'" extrem komische Wirkungen aus:

„The word (for ‚father‘ was not so much obscene as – with its connotation of something at one remove from the loathsomeness and moral obliquity of child-bearing – merely gross, a scatological rather than a pornographic impropriety), the comically smutty word relieved what had become a quite intolerable tension. Laughter broke out, enormous, almost hysterical, peal after peal, as though it would never stop. My father – and it was the Director! My *father*! Oh Ford, oh Ford! That was really too good. The whooping and the roaring renewed themselves, faces seemed on the point of disintegration, tears were streaming. Six more test-tubes of spermatozoa were upset. My *father*!“ (122–23)

Das Gelächter trifft nicht nur John the Savage, der in den Kategorien denkt, die er von den Primitiven und von Shakespeare übernahm; es richtet sich auch gegen den Direktor des Instituts, der durch diesen Auftritt Johns entlarvt wird und dessen berufliche Tätigkeit damit zu Ende ist.

In ähnlicher Weise steuert auch das 12. Kapitel auf eine komische Klimax zu. John liest aus *Romeo and Juliet* vor und sieht sich dabei in der Rolle Romeos, Lenina in der Rolle Julias. Helmholtz Watson ist von der Poesie der Gartenszene angesprochen, bewundert das technische Können Shakespeares und formuliert sein Lob wie folgt: „‚That old fellow‘, he said, ‚he makes our best propaganda technicians look absolutely silly.‘“ (146) John lächelt in dieser Situation – „The Savage smiled triumphantly . . .“ (146) –, weil er davon überzeugt ist, daß seine Welt und seine Normen der Neuen Welt überlegen sind. Bereits vorher kündigt sich jedoch eine Gegenbewegung in dieser Szene an. Helmholtz Watson bewundert zwar Shakespeares Können, hält aber dessen moralische Anschauungen für veraltet und überholt: „Getting into such a state about having a girl – it seemed rather ridiculous.“ (146) Helmholtz Watson artikuliert damit auf seine Weise den uralten komischen Konflikt zwischen dem Alten und dem Neuen, dem geschichtlich Erstarrten und dem revolutionären Aufbruch. Die Lektüre einer weiteren Stelle, an der Julia über ihre Beziehung zur Mutter spricht, provoziert nun eine komische Replik bei Helmholtz Watson; er bricht in ein Gelächter aus:

„He laughed and laughed till the tears streamed down his face – quenchlessly laughed while, pale with a sense of outrage, the Savage looked at him over the top of his book and then, as the laughter still continued, closed it indignantly, got up and, with the gesture of one who removes his pearl from before swine, locked it away in its drawer.“ (147)

Nun haben sich die Normen verkehrt. Helmholtz Watson fühlt sich als der Überlegene und lacht über John und Shakespeare zugleich. Die komische Wirkung der Szene ist damit jedoch noch nicht erschöpft. Es ist

auch der Standort des Autors mit zu berücksichtigen und daran zu erinnern, daß Huxley in seiner Rolle als „implied author" (im Sinne von
Wayne C. Booth)[12] sich weitgehend mit Shakespeare als Norm identifiziert und dementsprechend auch die Sympathien des Lesers zu steuern
versucht. Folgen wir als Leser dieser Sympathielenkung, sind wir bereit,
eine Norm aus der Dichtung des beginnenden 17. Jahrhunderts auf die
Beurteilung gegenwärtiger und (möglicher) zukünftiger Wirklichkeit zu
übertragen, dann gewinnt diese Stelle einen zusätzlichen komischen Effekt. Mit seinem Gelächter über Shakespeare gibt sich Helmholtz Watson
dem Gelächter des Lesers preis: indem er lachend andere zu vernichten
glaubt, vernichtet er sich selbst.

Die verschiedenen Funktionen, die Shakespeare als Norm im Bewußtsein Johns erfüllt, und die unterschiedlichen ironischen Wirkungen, die sich
in diesem Werk aus der Verwendung ein und desselben Shakespeare-Zi-
tates ergeben, läßt sich an der mehrfach verwendeten Exklamation Mi-
randas aus *The Tempest* (V, 183) ablesen. Als John Lenina zum erstenmal
begegnet, fühlt er sich in die Rolle Ferdinands versetzt, und er faßt in einem Gespräch mit Bernard seinen Eindruck von dieser Frau und seine
Erwartungen, mit denen er der Neuen Welt entgegenreist, in die Worte:
„‚O brave new world ... O brave new world that has such people in
it ...‘" (114). Die Ironie, die in einem solchen Ausspruch steckt, nimmt
der Leser sofort wahr: er ist durch den Titel des Buches und die vorausgehenden Kapitel bereits in den Lebensstil und den Alltag der Menschen
eingeführt, die in der von John hoffnungsvoll gepriesenen Welt zu Hause
sind. Für John gewinnt das Shakespeare-Zitat erst einen ironischen
Klang, als er zum erstenmal in einer Fabrik, in der Lichtanlagen für Helikopter hergestellt werden, Gammas, Deltas und Epsilons bei der Arbeit
sieht: „‚O brave new world ...‘ By some malice of his memory the Savage
found himself repeating Miranda's words. ‚O brave new world that has
such people in it.‘" (129) Sobald John sein von Shakespeare abgeleitetes
utopisches Ideal auf die Realität des Weltstaates bezieht, wird ihm (wie
dem Leser) bewußt, daß er in einem Staat lebt, in dem sich alle herkömmlichen Vorstellungen von menschlicher Vollendung in ihr Gegenteil verkehrt haben.

Im 15. Kapitel wiederholt sich diese Erfahrung, als John die sterbende
Mutter im Park Lane Hospital for the Dying besucht und dabei beobachtet, wie die tägliche Soma-Ration an Deltas verteilt wird: Grauen und
Ekel erfüllen ihn, wenn das Gewimmel nicht zu unterscheidender Gleichheit – Huxley spricht von „the nightmare of swarming indistinguishable
sameness" (165) – wahrnimmt. Erneut fühlt er sich durch die Erinnerung

an die Shakespeareschen Worte verspottet und verhöhnt: „‚How many goodly creatures are there here!' The singing words mocked him derisively. ‚How beauteous mankind is! O brave new world . . .'" (165).

Johns gescheiterte Rebellion, seine Verbannung und sein Tod

Kurz danach taucht das Leitmotiv erneut in seinem Bewußtsein auf; jetzt aber gewinnt es eine neue Bedeutungsnuance hinzu.

„The Savage stood looking on. ‚O brave new world, O brave new world . . .' In his mind the singing words seemed to change their tone. They had mocked him through his misery and remorse, mocked him with how hideous a note of cynical derision! Fiendishly laughing, they had insisted on the low squalor, the nauseous ugliness of the nightmare. Now, suddenly, they trumpeted a call to arms. ‚O brave new world!' Miranda was proclaiming the possibility of loveliness, the possibility of transforming even the nightmare into something fine and noble. ‚O brave new world!' It was a challenge, a command." (166)

Das Shakespeare-Zitat ist nicht mehr nur ein ironischer Kommentar zur Perversion der utopischen Hoffnungen, sondern es wird eine Herausforderung, ein Befehl; es provoziert John zum Handeln. Er ist überzeugt, daß selbst die Neue Welt, die wie ein Alptraum auf ihm lastet, verwandelt werden könne, daß der Mensch über die Kräfte verfüge, einen höheren, besseren, menschenwürdigeren Zustand zu erreichen. John wird in dieser Situation zu einem echten Utopisten; er ist von einer Hoffnung beseelt, die ihn an die Seite von Thomas Mores Hythlodeus rückt. Er unterscheidet sich jedoch insofern von Hythlodeus, als er seine Vorstellung von einer besseren Welt sofort in die Tat umzusetzen versucht. Er befiehlt den Deltas, die Somarationen zum Fenster hinauszuwerfen, und er verheißt ihnen wie den herbeieilenden Freunden Bernard Marx und Helmholtz Watson die wahre Freiheit. „‚I come to bring you freedom'" (167) ruft er den Deltas zu; und er wiederholt später: „‚I'll teach you; I'll *make* you be free whether you want to or not.'" (168) Er scheitert jedoch an dem Widerstand der Neuen Welt, d. h. an den Somadämpfen, den Wasserpistolen, die mit Betäubungsmitteln geladen sind, und an einem Tonband, von dem „die synthetische Aufruhrbeschwichtigung Nummer 2 (mittlere Stärke)"[12a], „Synthetic Anti-Riot Speech Number Two (Medium Strength)", (169) abgespielt wird. Die Technik der Neuen Welt triumphiert über die Revolte des Einzelnen.

Nach dem Scheitern der Revolte bittet John the Savage selbst um seine

Verbannung auf eine Insel; er wäre bereit, das gleiche Schicksal auf sich zu nehmen, das Bernard Marx und Helmholtz Watson zuteil wird. Der Weltkontrolleur verwehrt ihm jedoch diesen Ausweg, er weist John einen alten Leuchtturm in Surrey als Aufenthaltsort zu, weil man an ihm studieren möchte, welche Konsequenzen ein Aufenthalt in der Neuen Welt bei einem Menschen hat, der nicht für ein Leben in dieser Umgebung konditioniert wurde.

Bereits der Dialog zwischen John, Helmholtz Watson und Bernard Marx, mit dem das 18. Kapitel beginnt, gibt Aufschluß über die weitere Entwicklung des Wilden. Er betrachtet die Zivilisation der Neuen Welt als ein Gift, von dem er sich nach den Riten der Indianer zunächst physisch, sodann psychisch zu reinigen versucht. Die berichtenden Partien des 18. Kapitels und einige Äußerungen des Wilden, die in direkter Rede wiedergegeben werden, zeigen, wie stark er noch im Banne der in sich recht heterogenen religiösen Tradition der Primitiven, unter denen er groß wurde, steht. Er wendet sich in seinen Gebeten in der Sprache der Primitiven an Awonawilona, dann wiederum an Jesus und Pookong oder an sein Schutztier, den Adler. Und als er spürt, daß es ihm nicht gelingt, das Gedächtnis an die Mutter wachzuhalten, daß sich ihm immer wieder das Bild Leninas aufdrängt, die für ihn der Inbegriff der Versuchung und der Sünde geworden ist, beginnt er sich im Stile der Eingeborenen selbst auszupeitschen, um das ‚Fleisch' zu strafen und Buße zu tun:

„He tried to think of poor Linda, breathless and dumb, with her clutching hands and the unutterable terror in her eyes. Poor Linda whom he had sworn to remember. But it was still the presence of Lenina that haunted him. Lenina whom he had promised to forget. Even through the stab and sting of the juniper needles, his wincing flesh was aware of her, unescapably real. ‚Sweet, sweet . . . And if you wanted me too, why didn't you . . .'

The whip was hanging on a nail by the door, ready to hand against the arrival of reporters. In a frenzy the Savage ran back to the house, seized it, whirled it. The knotted cords bit into his flesh." (195/196)

Wenn der Wilde dagegen bei seiner Arbeit über den Tod reflektiert, stellen sich Erinnerungen an Skakespeares Dramen, an *Macbeth* („And all our yesterdays have lighted fools the way to dusty death," 197), an *King Lear* („As flies to wanton boys are we to the gods"), an *Measure for Measure* („thy best of rest is sleep, and that thou oft provok'st; yet grossly fear'st thy death which is no more", (197) und an *Hamlet* ein („Perchance to dream . . . For in that sleep of death, what dreams . . .?"). Es ist John jedoch verwehrt, in der Einsamkeit zu büßen und in seinem spirituellen Dasein jenen Stufengang zurückzulegen, den mittelalterliche Mystiker die „Scala perfectionis" nannten und der von der „purificatio" über die „illuminatio" zur „unio mystica" führt. John, der bereits in der Gesellschaft der Primitiven wegen seiner Herkunft in eine Außenseiterrolle gedrängt wurde, der auch in der Neuen Welt ein Außenseiter blieb, weil er sich von den Lebensformen der Primitiven und den aus Shakespeare übernommenen Normen nicht lösen konnte, wird schließlich zum Gegenstand der öffentlichen Neugierde, über den der Reporter des *Hourly Radio* berichtet und über den der Großwildphotograph Darwin Bonaparte einen Film dreht, der die Schaulustigen anlockt. Diesen Schaulustigen, für die die Selbstgeißelung des Wilden nicht mehr ist als eine Schaunummer, schließen sich ein Mann und eine Frau an, und aus dem Namen ‚Henry' sowie aus den Reaktionen, die John beim Anblick der Frau zeigt, darf gefolgert werden, daß es sich um Henry Foster und Lenina handelt. Angesichts der Selbstkasteiungen des Wilden steigert sich die Menge in einen wilden Tanz und eine Orgie („orgy-porgy") hinein, wie sie bei den Solidarity Services in der Neuen Welt üblich sind. John läßt sich – wie aus wenigen knappen Angaben zu schließen ist – in diese Orgie hineinziehen. Als er sich seines Versagens bewußt wird, nimmt er sich das Leben. Dieser Selbstmord ist das Gericht, das der Wilde über sich selbst abhält, zugleich aber auch ein Gericht über eine Welt, die einem Einzelnen kein menschenwürdiges Dasein mehr zu gestatten scheint. Huxley selbst hat in seinem Vorwort aus dem Jahr 1946 bemerkt: „At the time the book was written this idea, that human beings are given free will in order to choose between insanity on the one hand and lunacy on the other, was one that I found amusing and regarded as quite possibly true." (7)

Adornos Kritik an Huxleys Individualismus

Einige seiner Kritiker fanden diese Idee weder amüsant noch billigten sie ihm zu, daß er damit möglicherweise der Wahrheit auf den Grund gegangen sei. So hat beispielsweise Theodor Adorno in seinem Essay *Aldous Huxley und die Utopie* den Vorwurf erhoben, daß Huxley die Zusammenhänge zwischen dem Individualismus, für den er eintritt, und dem Totalitarismus den er in der Konstruktion der ‚Brave New World' verurteilt, nicht wahrnehme. „Unreflektierter Individualismus behauptet sich, als wäre nicht das Grauen, auf das der Roman hinstarrt, selber die Ausgeburt der individualistischen Gesellschaft."[13] Er wirft Huxley weiterhin vor,

„das reaktionäre Fazit des Romans" laufe darauf hinaus, daß man sich zu entscheiden habe „zwischen der Barbarei des Glücks und Kultur als dem objektiv höheren Zustand, der Unglück in sich einbegreift"[14]. Schließlich setzt er dem Fazit des Huxleyschen Werkes seine eigenen Postulate entgegen: „Die Menschheit hat nicht zwischen totalitärem Weltstaat und Individualismus zu wählen. Ist die große historische Perspektive überhaupt mehr als die Fata Morgana des verfügenden Blickes, so geht sie auf die Frage, ob die Gesellschaft schließlich sich selbst bestimmen oder die tellurische Katastrophe herbeiführen wird"[15] nicht ein. Huxley muß von solchen Kritiken Kenntnis genommen haben, denn in seinem Vorwort aus dem Jahre 1946 versetzt er der akademischen Kritik, die sich negativ über ihn äußerte, einen Seitenhieb und bemerkt in diesem Zusammenhang: „I have been told by an eminent academic critic that I am a sad symptom of the failure of an intellectual class in time of crisis. The implication being, I suppose, that the professor and his colleagues are hilarious symptoms of success." (8) Und es sollte bei einer Kritik an *Brave New World* bedacht werden, daß Huxley in seinem Roman – einerlei wie er ihn selbst 1946 sah und beurteilte – in John the Savage und den Nonkonformisten die Spur des Verlangens nach individueller Freiheit und nach einem utopischen Gemeinwesen, das sich darauf gründen konnte, nachgezeichnet hat, auch wenn er den Entfaltungsmöglichkeiten individueller Freiheit kaum Chancen einräumte. Die Möglichkeit, daß die verbannten Alphas auf einer Insel einen besseren Staat gründen könnten, beurteilte er damals überaus skeptisch.

Huxleys utopische Überzeugungen

Wenngleich er in den politischen Entwicklungen der 30er, 40er und 50er Jahre mancherlei Bestätigung für seine zu Beginn der 30er Jahre geäußerten Befürchtungen erblicken konnte, läuft das Fazit der Zeitanalyse, die er in dem Essayband *Brave New World Revisited* vorlegte, auf eine entschiedene Betonung des freien Willens und der Möglichkeit, aus freiem Entschluß die Verhältnisse umgestalten zu können, hinaus.

„. . . there is still some freedom left in the world. Many young people, it is true, do not seem to value freedom. But some of us still believe that, without freedom, human beings cannot become fully human and that freedom is therefore supremely valuable. Perhaps the forces that now menace freedom are too strong to be resisted for very long. It is still our duty to do whatever we can to resist them."[16]

Bereits im Vorwort des Jahres 1946 hatte Huxley skizziert, wie eine revidierte Fassung des Romans *Brave New World* aussehen würde, wie eine Gemeinschaft von Verbannten und Flüchtlingen eine eigene Welt – innerhalb der Grenzen der Reservation – aufbauen könnte.

„In this community economics would be decentralist and Henry-Georgian, politics Kropotkinesque and cooperative. Science and technology would be used as though, like the Sabbath, they had been made for man, not (as at present and still more so in the Brave New World) as though man were to be adapted and enslaved to them. Religion would be the conscious and intelligent pursuit of man's Final End, the unitive knowledge of the immanent Tao or Logos, the transcendent Godhead of Brahman. And the prevailing philosophy of life would be a kind of Higher Utilitarianism in which the Greatest Happiness principle would be secondary to the Final End principle . . ." (8/9).

Huxleys Andeutungen zur gesellschaftlichen und ökonomischen Ordnung lassen erkennen, daß er sich mit Henry George, dessen Buch *Progress and Poverty* in England einen großen Einfluß ausübte (u. a. auf George Bernard Shaw), an sozialistischem Gedankengut, an der Idee, daß die Enteignung des Grundbesitzes ein Mittel zur Abschaffung der Armut sei, orientierte. Er verknüpft damit Vorstellungen von Peter Kropotkin, eines der einflußreichsten Vertreter des (russischen) anarchistischen Kommunismus, dessen Ziel „ein System sich selbst organisierender, die Trennung von Stadt und Land aufhebender, durch freie Kooperation miteinander verbundener Kommunen"[17] war. Huxley betrachtet aber, im Gegensatz zu Sozialisten und Anarchisten, die Bindung der ökonomisch-sozialen Ordnung an eine übergreifende, religiöse Ordnung als die unabdingbare Voraussetzung einer solchen Utopie. Englischer Utilitarismus und östliches religiöses Denken werden in diesem abstrakten Entwurf einer Utopie bereits miteinander koordiniert.

Der Roman Island: *Huxleys Entwurf einer Utopie*

Damit legte Huxley bereits die Grundlagen für sein letztes Werk *Island* (1962),[18] in dem er mit den Mitteln der imaginativen und expositorischen Prosa einen utopischen Staat im traditionellen Sinne beschreibt, der von einem schottischen Naturwissenschaftler und Atheisten namens Dr. Andrew und dem Raja von Pala (einer Insel, die in die Nähe von Sumatra plaziert ist) begründet wurde. Europäische Naturwissenschaft und buddhistische Religion werden in diesem Werk zu einer eigenwilligen Synthese verschmolzen; und es wird in dieser Utopie eine Lebenseinstellung beschrieben, die auf Selbsterkenntnis, Selbsterziehung und Selbstbefreiung beruht, deren höchste Werte Liebe und Mitleid sind und die sich eine Bejahung des Lebens, nicht aber eine asketische Überwindung aller Lebensregungen zum Ziel gesetzt hat.

Bemerkenswert ist, daß Huxley damit keinen idealen Zustand, sondern – wie Thomas Morus – die Verhältnisse der unmittelbaren Gegenwart (1961) beschreiben wollte. Den gegenwärtigen Verhältnissen suchte er dadurch auch Rechnung zu tragen, daß er die utopische Insel von Staaten mit einem diktatorischen Regime umgeben sein läßt. Am Ende des Buches steht nicht die Ausbreitung des utopischen Staates, sondern seine Vernichtung durch militärische Gewalt. Dennoch ist das Buch nicht als der Höhepunkt der pessimistisch-skeptischen Weltdeutung Huxleys zu sehen. Die Spuren des ästhetischen Skeptizismus, die in den frühen Romanen Huxleys sehr deutlich nachzuweisen sind, sind im Spätwerk geschwunden. Huxley ist zum einen Realist: Er sieht, welcher Einfluß von politischen Diktaturen in der Gegenwart ausgehen kann. Er bleibt aber zugleich Utopist: In den letzten Zeilen des Romans *Island* findet sich der Satz: „Disregarded in the darkness, the fact of enlightenment remained." (296–97). Und das letzte Wort des Romans lautet: „‚Attention'" (297); es ist dies eine der zentralen Forderungen, die der utopische Staat an den Menschen richtet; aus der Aufmerksamkeit, mit der der Mensch allem Leben begegnet, entspringen die Achtung für den anderen Menschen, die Liebe und das Mitleid.

So faszinierend auch das letzte Buch von Huxley in einigen Passagen sein mag, insbesondere wenn man es vor dem Hintergrund der utopischen Tradition betrachtet, die Synthese zwischen europäischer Wissenschaft und orientalischer Religion, zu der er sich letztlich bekennt, muß für den europäischen Leser ebenso fragwürdig bleiben wie der Versuch, den er in *Brave New World* unternahm, wo er Shakespeares Humanismus als eine Art Gewissensnorm für die Zeitgenossen des 20. Jahrhunderts benutzte, dabei aber die Auseinandersetzung mit der Problematik dieses Humanismus aussparte, der aus dem spannungsreichen Widerspiel von mittelalterlichen und neuzeitlich-renaissancehaften Ideen hervorging. Gewiß spiegelt sich in Huxleys *Brave New World* und *Island* ein lebenslanges Bemühen des Autors um die Lösung von politischen und gesellschaftlichen Fragen; aber die Lösungen, die er in seinem Roman fand, bleiben zu eng an seine persönliche Mentalität und seine Einstellung zu religiösen Fragen gebunden. Sie sind der Ausdruck eines höchst subjektiven Verhältnisses zur Realität. In diesem Subjektivismus findet zugleich die Krise einer ganzen Generation ihren Ausdruck: Huxley hat sich von den Bindungen an den viktorianischen liberalistischen Individualismus nie ganz gelöst, auch wenn er dessen Problematik mit bohrender Skepsis durchdrang und das Dilemma einer solchen Weltanschauung mit bitterer Ironie zu gestalten vermochte.

[1] Vgl. dazu P. Firchow, Aldous Huxley, 125: „For Huxley, it is plain, there is no need to travel into the future to find the brave new world; it already exists, only too palpably, in the American Joy City, where the declaration of dependence begins and ends with the singleminded pursuit of happiness."

[2] R. B. Schmerl hebt ebenfalls hervor, daß Huxley eine begrenzte Weltansicht satirisch darstellt; vgl. R. B. Schmerl, The Two Future Worlds of Aldous Huxley, 331: „Brave New World's fantastic historiography satirizes the limited visions of possible futures entertained by serious thinkers such as Huxley's grandfather."

[3] Was Huxley im Jahre 1932 in einer phantastisch-übertriebenen Weise schilderte, wurde 1978 Realität. Dem englischen Frauenarzt Dr. Patrick Steptoe gelang es, ein „Retortenbaby" herzustellen. Er entnahm dem Körper von Mrs. Lesley Brown ein Ei, befruchtete es in einer Retorte und pflanzte es wieder in ihren Körper, wo das befruchtete Ei sich entwickelte. Die Reaktion der Öffentlichkeit, insbesondere auch der Katholischen Kirche, zeigt, daß die Erzeugung eines „Retortenbabys" als ein tiefgreifender Wandel im Zusammenleben der Menschen empfunden wird und an die ethischen Fundamente des gesellschaftlichen Lebens rührt. Bemerkenswert ist, daß in einer Erklärung die Kardinal Höffner, der Vorsitzende der Deutschen Bischofskonferenz, über das „Retortenbaby" abgab, auch auf Huxleys Darstellung und Bewertung dieses Phänomens der künstlichen Erzeugung eines Menschen hingewiesen wird. In einem Bericht der Frankfurter Allgemeinen Zeitung vom 12. August 1978, Nr. 173,S. 5 heißt es: „In den Mittelpunkt seiner Bedenken aber stellt Höffner die Warnung vor einer Manipulation des Menschen: ‚Heute ist die Würde des Menschen durch chemische, medikamentöse und chirurgische Manipulationen in erschreckender Weise bedroht.' Der Kardinal erinnert an die Sterilisation und die Abtreibung und sagt, es wäre verhängnisvoll, wenn die Lust am technisch Machbaren in das Geheimnis der Ehe eindränge. Er weist auch auf den im Jahre 1932 erschienenen Huxley-Roman ‚Wackere neue Welt' hin, in dem dargestellt wurde, wie Menschen durch biologische, psychologische und physiologische ‚Normung' entpersönlicht werden."

[4] Von Huxleys intensiver Beschäftigung mit Behaviorismus und Physiologie zeugen auch die in seinem Buch verwandten Namen Helmholtz Watson, Mr. Foster und Bernard Marx. John B. Watson veröffentlichte 1925 eine grundlegende Studie über den Behaviorismus (vgl. P. Bowering, Aldous Huxley, 101), Sir Michael Foster (1836–1907), Claude Bernard (1813–1878) und Hermann von Helmholtz (1821–1894) waren berühmte Physiologen (vgl. P. Firchow, Science and Conscience, 311–312).

[5] Ausführlich behandelt Huxley die Probleme der Hypnopädie in Kap. 10 seines Prosabandes Brave New World Revisited.

[6] Vgl. dazu K. M. May, Aldous Huxley, 100: „. . . the most impressive aspect of

163

the novel is the wealth of imagined social, political and technological detail."

7 Zum Dialog in Brave New World vgl. H. U. Seeber, Wandlungen der Form in der literarischen Utopie, S. 162 ff. und B. Krishnan, Aspects of Structure, Technique and Quest in Aldous Huxley's Major Novels, 139 ff.

8 P. Firchow weist in seinem Buch Aldous Huxley, 127, darauf hin, daß der Dialog zwischen dem Weltkontrolleur Mustapha Mond und John the Savage im Dialog zwischen dem Großinquisitor und Christus in Dostojewskis Legende vom Großinquisitor (in dem Roman Die Brüder Karamasow) eine Entsprechung hat; das Gleiche gilt für den Dialog zwischen O'Brien und Winston Smith in Orwells 1984.

9 Thomas à Kempis (um 1380–1471) war Seelsorger und religiöser Schriftsteller; ihm werden die vier Bücher De Imitatione Christi (Über die Nachfolge Christi) zugeschrieben, ein Werk, das zu den verbreitetsten Büchern der Weltliteratur gehört.

10 Cardinal Newman (1801–1890) war einer der bedeutendsten englischen Theologen und Prosaschriftsteller des 19. Jahrhunderts. Als Anglikaner setzte er sich im Oxford Movement für eine Erneuerung der anglokatholischen Tradition ein; 1845 trat er in die Katholische Kirche über und war von 1851 bis 1858 Rektor der neugegründeten katholischen Universität Dublin. In seiner Apologia pro vita sua (1864) verteidigte er seine geistige und religiöse Entwicklung, in seinem Buch The Idea of a University (1852) entwickelte er Grundthesen zur Universitätsbildung.

11 Maine de Biran (1766–1824) war ein französischer Philosoph, der von psychologisch-anthropologischen Fragestellungen ausging und sich später metaphysisch-mystischen Spekulationen zuwandte.

12 Vgl. W. C. Booth, The Rhetoric of Fiction, Chicago, 1961.

12a Aldous Huxley, Schöne neue Welt: Ein Roman der Zukunft, deutsch von Herbert E. Herlitschka, Frankfurt/M., 1953, 182.

13 T. W. Adorno, Aldous Huxley und die Utopie, 140.

14 Ebd., 135.

15 Ebd., 143.

16 Aldous Huxley, Brave New World & Brave New World Revisited, with a Foreword by the Author, Introduction by Martin Green, New York, 1965, 97.

17 Vgl. Achim v. Borries u. Ingeborg Brandies (edd.), Anarchismus: Theorie, Kritik, Utopie, Texte und Kommentare, Frankfurt 1970, S. 408.

18 Zu dem Roman Island vgl. L. Fietz, Menschenbild und Romanstruktur, 170 ff. sowie B. Krishnan, Aspects of Structure: Technique and Quest, 127 ff.

XXIII AUFGABEN ZU ALDOUS HUXLEYS *BRAVE NEW WORLD*

1. „When Huxley and Orwell wrote their Utopias, western man was struggling in the deepest trough of his despair. It seemed that the mental and spiritual life of mankind was so distorted that it could never recover. It was difficult in those decades to see any hope for the human race and their visions give typical pictures of our despair." (Laurence Brander, Aldous Huxley: A Critical Study, London, 1969, 63).
   Versuchen Sie, aus historischen Darstellungen einige der Zeitumstände zu ermitteln, auf die L. Brander in der zitierten Bemerkung anspielt. In welcher Weise unterscheidet sich die Zeitanalyse, die Huxley in *Brave New World* vor dem Zweiten Weltkrieg gab, von derjenigen, die Orwell in *1984* nach dem Zweiten Weltkrieg vorlegte?

2. Keith M. May nennt *Brave New World* „Huxley's first piece of science-fiction" (Keith M. May, Aldous Huxley, London, 1972, 116). Stimmen Sie einer solchen Klassifizierung des Buches zu?

3. Jerome Meckier stellt in seinem Buch Aldous Huxley: Satire and Structure, London, 1969, 184, fest: „One of the ways in which Huxley's first utopia resembles its predecessors is in its use of a device that can be called the familiar-unfamiliar." Erläutern Sie dieses Gestaltungsprinzip an Hand von ausgewählten Beispielen.

4. Jerome Meckier bemerkt zu dem Namen Helmholtz Watson: „Helmholtz Watson's name, a curious amalgam of Hermann Ludwig von Helmholtz (1821–1894), the German scientist, and Sir William Watson (1858–1935), an English poet, seems to imply that science and art are now united, but innocuously so, in the job of furnishing slogans for the state." (J. Meckier, Aldous Huxley, 181). Versuchen Sie, weitere Personennamen in ähnlicher Weise zu deuten. (Vgl. auch Anm. 4 dieses Kapitels.)

5. J. Meckier bemerkt über Huxleys Verhältnis zur Tradition der englischen Utopie: „The extent to which *Brave New World* satirizes previous utopias, particularly the Wellsian utopia, demands an essay in itself." (J. Meckier, Aldous Huxley, 187). In welcher Weise läßt sich *Brave New World* als eine Satire auf Wells' *A Modern Utopia* verstehen?

6. „The gravest weakness of almost all utopias . . . is their unattractive-

ness as possible places to live." (J. Meckier, Aldous Huxley, 188). Erklären Sie den paradoxen Sachverhalt, daß Utopien die Wunschträume der Menschheit zum Ausdruck bringen, die utopischen Staaten offenbar aber so wenig anziehend geschildert werden, daß kaum jemand in ihnen leben möchte.

7. Keith M. May führt über *Brave New World* folgendes aus: „One of the fundamental technical problems in writing *Brave New World* must have been how to present a clear portrait of the imaginary society while also developing actions and characters." (Keith M. May, Aldous Huxley, 98). Kann man in diesem Roman von Charakteren im herkömmlichen Sinn sprechen?

8. Vergleichen Sie die Anfänge der in diesem Studienbuch behandelten Utopien und Anti-Utopien. Welche erzählerischen Möglichkeiten benutzen Huxley und Orwell, um eine (fiktive) zukünftige Welt aufzubauen und sie zugleich satirisch zu kritisieren?

9. Vergleichen Sie den Dialog zwischen dem Weltkontrolleur und John the Savage (in *Brave New World*) mit dem Dialog zwischen O'Brien und Winston Smith (in *1984*).

10. Im Jahre 1928 veröffentlichte Aldous Huxley seinen Roman *Point Counter Point*. Bis zu welchem Grade verwandte er auch in dem vier Jahre später veröffentlichten Roman *Brave New World* eine kontrapunktische Erzähltechnik?

11. Bharathi Krishnan bemerkt in seinem Buch Aspects of Structure: Technique and Quest in Aldous Huxley's Major Novels, Uppsala 1977, 128: „The main targets of satire are Freudianism and the methods of the behavioural psychologists". – Welche erzählerischen Mittel benutzt Huxley in *Brave New World*, um die Freudsche Psychoanalyse und den Behaviorismus satirisch anzugreifen?

12. Erläutern Sie die Erzähltechnik, die Huxley anwendet, um naturwissenschaftliche Sachverhalte darzustellen.

13. Analysieren Sie die Darstellung und die Funktion der Eingeborenenwelt in *Brave New World*, Kap. VI–VIII.

14. Analysieren Sie die Todesszene in Kap. 14.

15. Peter Firchow behauptet in seinem Buch Aldous Huxley: Satirist and Novelist, Minneapolis, 1972, 129: „. . . *Brave New World* is not entirely the deeply pessimistic novel it is usually considered to be; the hope for a continuation of humanity is not altogether extinguished." Nehmen Sie zu dieser These Stellung.

16. Peter Firchow behauptet, daß *Brave New World* eine Satire auf *zeitgenössische* Verhältnisse sei: „For Huxley, it is plain, there is no need

to travel into the future to find the brave new world; it already exists, only too palpably, in the American Joy City, where the declaration of dependence begins and ends with the single-minded pursuit of happiness." (Peter Firchow, Aldous Huxley, 125). – Nehmen Sie zu dieser These Stellung. Orientieren Sie sich über Huxley und Amerika an Hand einiger in der Auswahlbibliographie genannten Werke.

17. In seinem Aufsatz „Aldous Huxley und die Utopie", in: Prismen, Kulturkritik und Gesellschaft, Berlin, Frankfurt/M., 1955, bemerkt T. W. Adorno über *Brave New World*: „Die Alternative läuft darauf hinaus, daß die Menschheit nicht aus dem Unheil sich herausarbeiten soll. Sie wird vor die Wahl gestellt zwischen dem Rückfall in eine selbst bei Huxley fragwürdige Mythologie und dem Fortschritt zur lückenlosen Unfreiheit des Bewußtseins. Kein Raum bleibt einem Begriff vom Menschen, der weder im kollektiven Systemzwang noch im kontingenten Einzelnen aufginge. Die Konstruktion, die den totalitären Weltstaat denunziert und den Individualismus, der es dahin brachte, retrospektiv verklärt, ist selber totalitär." (138) – Erörtern Sie diese These.

Adorno, T. W., „Aldous Huxley und die Utopie", in: Prismen: Kulturkritik und Gesellschaft. Berlin, Frankfurt/M., 1955, S. 112–143

Atkins, J., Aldous Huxley: A Literary Study. London, 1956

Bedford, S., Aldous Huxley: A Biography. 2 vols. London, 1973–74

Birnbaum, M., Aldous Huxley's Quest for Values. Knoxville, 1971

Bowering, P., Aldous Huxley: A Study of the Major Novels. London, 1968

Brander, L., Aldous Huxley: A Critical Study. London, 1969

Broich, U., Gattungen des modernen englischen Romans, Wiesbaden, 1975, 108–112

Brooke, J., Aldous Huxley. London, 1954

Bullough, G., „Aspects of Aldous Huxley", English Studies 30 (1949), 233–243

Ferns, C. S.' Aldous Huxley: Novelist, London, 1980

Fietz, L., Menschenbild und Romanstruktur in Aldous Huxleys Ideenromanen. Tübingen, 1969

Firchow, P., Aldous Huxley: Satirist and Novelist. Minneapolis, 1972

Firchow, P., „Science and Conscience in Huxley's Brave New World", Contemporary Literature 16 (1975), 301–316

Fischer, B., Aldous Huxley: Zeitkritik und Zeitfragen. Diss. (Masch.-Schr.), Tübingen, 1949

Ghose, Sisirkumar, Aldous Huxley: A Cynical Salvationist. New York, 1962

Gottwald, J., Die Erzählformen der Romane von Aldous Huxley und David Herbert Lawrence. Diss. München, 1964

Greenblatt, S. J., Three Modern Satirists: Waugh, Orwell, and Huxley. New Haven, 1965

Grushow, I., „Brave New World and The Tempest", College English 24 (1962), 42–45

Heintz-Friedrich, S., Aldous Huxley: Entwicklung seiner Metaphysik. Bern, 1949

Henderson, A., Aldous Huxley. London, 1935

Hines, B., The Social World of Aldous Huxley. Loretto, ³1962

Holmes, C. M., Aldous Huxley and the Way to Reality. Bloomington, London, 1970

Hoops, R., „Aldous Huxley", in: Der Einfluß der Psychoanalyse auf die englische Literatur (Anglistische Forschungen 77), Heidelberg, 1934, S. 185–194

Hoops, R., „Die Weltanschauung Aldous Huxleys", Englische Studien 72 (1937–38), 73–92

Krishnan, B., Aspects of Structure: Technique and Quest in Aldous Huxley's Major Novels, Uppsala, 1977

Kuehn, R. (ed.), Aldous Huxley: A Collection of Critical Essays. Englewood Cliffs, N.J., 1974

May, K. M., Aldous Huxley. London, 1972

Meckier, J., Aldous Huxley: Satire and Structure. London, 1969

Meckier, J., „Aldous Huxley: Utopie im Kontrapunkt und Wunschtraum", in: W. Erzgräber (ed.), Interpretationen 9, Englische Literatur von Oscar Wilde bis Samuel Beckett. Frankfurt/M., 1970, S. 153–189

Poschmann, W., Das kritische Weltbild bei Aldous Huxley. Diss. Bonn, 1937

Ramamurty, K. B., Aldous Huxley: A Study of His Novels. Bombay, Calcutta, New Delhi, 1974

Rogers, W. H., „Aldous Huxley's Humanism", Sewanee Review 43 (1935), 262–272

Schmerl, R. B., „The Two Future Worlds of Aldous Huxley", PMLA 77 (1962), 328–334

Seeber, H. U., Wandlungen der Form in der literarischen Utopie. Studien zur Entfaltung des utopischen Romans in England. (Göppinger Akademische Beiträge 13), Göppingen, 1970, 145–180

Stewart, D. H., „Aldous Huxley's Island", Queen's Quarterly 70 (1963), 326–335

Thody, P., Aldous Huxley: A Biographical Introduction. London, 1973

Tuzinski, K., Das Individuum in der englischen devolutionistischen Utopie. Tübingen, 1965

Watt, D. (ed.), Aldous Huxley: The Critical Heritage. London, 1975

Watts, H. H., Aldous Huxley. New York, 1969

Woodcock, G., Dawn and the Darkest Hour. London, 1972

1984 *und Orwells Gesamtwerk*

George Orwells Roman *1984* kann als Summe seiner Lebenserfahrung und seines schriftstellerischen Wirkens bezeichnet werden.[1]

Einsichten in das zeitgenössische Leben, die Orwell als Mitglied der Indian Imperial Police zwischen 1922 und 1927 in Burma, als Tellerwäscher in Paris, als Tramp in London, als Mitglied der Partido Obrero de Unificación Marxista (P.O.U.M.), einer trotzkistischen Splittergruppe, während des Spanischen Bürgerkrieges und schließlich als politischer Journalist und Kritiker des Totalitarismus gewinnen konnte, fanden in diesem Werk ihren Niederschlag.[2] Bei der Verarbeitung seiner Erlebnisse benutzte Orwell in den 30er Jahren die Form des Romans[3] und den autobiographisch gefärbten dokumentarischen Bericht[4]. Danach rückten in den 40er Jahren der Essay und die in satirischer Absicht verwandte Tierfabel in den Vordergrund. Von jedem seiner Werke lassen sich Verbindungslinien zu *1984* ziehen. Die Beschreibungen des Lebens der Armen in *Down and Out in Paris and London* (1933), einem Werk, das zu seinen autobiographischen Dokumentarberichten gerechnet wird, bilden Vorstudien zur Schilderung der Lebensverhältnisse der Proles, der untersten Bevölkerungsschicht in *1984*. Der Held des Romans *Coming Up for Air* (1939), George Bowling, ein typischer Vertreter der „lower middle class", weist Züge auf, die auch bei Winston Smith, dem Helden von *1984*, zu beobachten sind. Beide sind von der Sehnsucht nach einer idyllischen Welt, nach einem Reich paradiesischer Unschuld erfüllt; beide werden in dieser Erwartung enttäuscht. Die Form des politisch-wissenschaftlichen Essays machte sich Orwell zunutze, als er den Auszug aus Goldsteins Buch über den oligarchischen Kollektivismus verfaßte, eine Passage in *1984*, die von den meisten Interpreten als der Schlüssel für das Verständnis des politischen Ideengehaltes des gesamten Werkes verstanden wird. Im Stile des sprachwissenschaftlichen Essays sind die Ausführungen über die Sprache der Zukunft, das „Newspeak", formuliert, die den Anhang zum Roman bilden. Von den literarischen Einsichten, die Orwell bei der Beschreibung des totalitären Systems in *Animal Farm* gewonnen hatte, profitierte er, als er sich in seinem letzten großen Werk dem gleichen Thema zuwandte und an einen menschlichen Schicksal die Auswirkungen dieses politischen Systems illustrierte.

Orwell hatte sich während seiner gesamten schriftstellerischen Karriere stets als ein Autor verstanden, der einen politisch-didaktischen Zweck verfolgte. In seinem Essay „Why I write" (1947) unterscheidet er folgende vier Impulse für schriftstellerische Tätigkeit: 1. sheer egoism, 2. aesthetic enthusiasm, 3. historical impulse, 4. political purpose; er führt dazu weiterhin aus:

> By nature . . . I am a person in whom the first three motives would outweigh the fourth. In a peaceful age I might have written ornate or merely descriptive books, and might have remained almost unaware of my political loyalties. As it is I have been forced into becoming a sort of pamphleteer . . . Every line of serious work that I have written since 1936 has been written, directly or undirectly, *against* totalitarianism and *for* democratic socialism.[5]

Er hat sich – wie auch dieses Zitat beweist – dabei stets zum demokratischen Sozialismus bekannt, und wenn er sich in dem im Auftrag von Victor Gollancz verfaßten Buch *The Road to Wigan Pier* (1937), das die Situation der Arbeitslosen in Nordengland beschreibt, kritisch mit den englischen Sozialisten auseinandersetzte, ihre Sprache und ihr Bild vom britischen Arbeiter kritisierte, so wollte er dem englischen Sozialismus damit nützen, und auch wenn er in *1984* vor dem Ingsoc, dem englischen Sozialismus der Zukunft warnt, lehnt er damit den Sozialismus an sich nicht ab.[6] Orwell war und blieb ein engagierter Warner, der davon überzeugt war, auf Grund eigener Lebenserfahrung ein zutreffendes Bild von der Arbeiterklasse zu haben und die wahre Aufgabe des Sozialismus besser zu begreifen als die meisten seiner Zeitgenossen. Daß sich Orwell mit seiner Kritik am Sozialismus mancherlei Mißverständnissen aussetzte, beweist die Reaktion des europäischen Lesepublikums auf seine beiden letzten Werke *Animal Farm* und *1984*.[7]

In der Zeit des Kalten Kriegs wurden diese Bücher als willkommene Propaganda-Instrumente benutzt, um die Sympathien und Antipathien im Ost-West-Konflikt zu steuern. Während Kritiker aus dem rechten Lager der in eine Anti-Utopie gekleideten Warnung vor den möglichen politischen Entwicklungen in der gesamten Welt literarische Treffsicherheit bescheinigten und den „Wahrheitsgehalt" dieses Werkes hervorhoben, stellten linke Kritiker die intellektuelle wie literarische Leistung Orwells in Frage und versuchten das Gewicht seiner Aussagen zur Politik abzuschwächen, indem sie darauf hinwiesen, daß Orwell bereits ein todkranker Mann gewesen sei, als er dieses Buch schrieb. Das Buch ist in einer solchen Sicht dann nicht mehr als der Ausdruck einer sehr begrenzten privaten Erfahrung, das Dokument des psycho-physischen Zustandes des Autors in der Entstehungszeit des Werkes. Beide Richtungen in der Kritik neigen zu Einseitigkeiten und Übertreibungen. Die vorliegenden Ausführungen über *1984* gehen davon aus, daß Orwell mit diesem Buch mehr geliefert hat als eine private Konfession: er warnte mit einer romanhaften Erzählung vor möglichen Entwicklungen in der Weltpolitik, die sich in seinem Bewußtsein um 1949 abzeichneten, und er blieb in seinen expliziten Kommentaren über den Sinn seiner schriftstellerischen Wirksamkeit dem sozialistischen Standpunkt verpflichtet.

Zu den zahlreichen Werken, die Orwell dazu anregten, eine Anti-Utopie zu schreiben, gehörte auch Huxleys *Brave New World*.[8] Wenn sich auch mancherlei verwandte Züge entdecken lassen – die Rolle der Psychologie und einer bewußt manipulierten und deformierten Sprache als Herrschaftsinstrument wird von beiden herausgearbeitet –, so ist doch ein wesentlicher Unterschied nicht zu übersehen: In Huxleys Neuer Welt gibt es keine politischen Spannungen zwischen Machtblöcken, keinen Krieg und keine physische Gewaltanwendung, vor allem keine physischen und psychischen Folterungen. Orwell siedelt seine Anti-Utopie nicht primär im naturwissenschaftlichen, sondern im politischen Bereich an. Er litt unter der gewissenlosen Anwendung brutaler Gewalt. Als Winston Smith sich in der Folterkammer befindet, sagt O'Brien, der Vertreter der Inner Party, der Winston überführt hat und der seine politische Umerziehung inszeniert: „If you want a picture of the future, imagine a boot stamping on a human face – for ever." (215) Dieses Bild: der Stiefel, der fortwährend in ein menschliches Antlitz tritt, kann als das zentrale Symbol des Werkes verstanden werden. Von diesem Symbol her läßt sich die Struktur des Staates, den Orwell in diesem Buch mit den Mitteln der expositorischen wie der fiktiven Prosa zu entwerfen versucht, aber auch der individuelle Entwicklungsgang des Helden Winston Smith interpretieren, der eine persönliche Revolte gegen das bestehende System versucht und dabei kläglich scheitert.

Die Philosophie der Macht

Der Zugang zur politischen Theorie, die dem Staatsgebilde zugrunde liegt, das Orwell in *1984* schildert, läßt sich am ehesten von einer Äußerung her gewinnen, die sich in dem Dialog findet, den O'Brien mit Winston Smith im 3. Kapitel des III. Teils führt. Bei dem Versuch, Winston umzuerziehen, bemerkt O'Brien über das Verhältnis der Partei zur Macht:

> Now I will tell you the answer to my question. It is this. The party seeks power entirely for its own sake. We are not interested in the good of others; we are interested solely in power. Not wealth or luxury or long life or happiness: only power, pure power. What pure power means you will understand presently. We are different from all the oligarchies of the past, in that we know what we are doing. All the others, even those who resembled ourselves, were cowards and hypocrites. The German Nazis and the Russian Communists came very close to us in their methods, but they never had the courage to recognize their own motives. They pretended, perhaps they even believed, that they had seized power unwillingly and for a limited time, and that just round the corner there lay a paradise where human beings would be free and equal. We are not like that. We know that no one ever seizes power with the intention of relinquishing it. Power is not a means, it is an end. One does not establish a dictatorship in order to safeguard a revolution; one makes the revolution in order to establish the dictatorship. The object of persecution is persecution. The object of torture is torture. The object of power is power. Now do you begin to understand me? (211/12)

Das Ziel politischen Handelns in diesem Staat ist ungehinderte Ausübung von Macht, die nicht als ein Mittel verstanden wird, um ein höheres Ziel, die Sicherung und Erhaltung des Allgemeinwohls, zu erreichen, sondern als ein Selbstzweck angesehen wird. Die Vorstellung, daß mit Hilfe von Macht das Ziel erreicht werden könne, das allen Utopien gemeinsam ist, das Paradies freier und gleicher Menschen, wird von O'Brien ausdrücklich negiert. Nach den Worten von O'Brien unterscheidet sich der Staat, dem er angehört, dadurch von faschistischen und kommunistischen Staaten, daß ein utopisches Ziel gerade nicht vorgegeben wird. Die Herrschenden genießen den Besitz der Macht, die Beherrschten sind die willenlosen, unterwürfigen Opfer der Macht. Wenn es überhaupt noch einen Fortschritt in diesem Staat gibt, dann besteht er in der Vermehrung der Leiden, der Folterungen und Verfolgungen, denen all diejenigen unterworfen werden, die von der kleinen Clique der Herrschenden abhängig sind.

Der Staat ist in *1984* allmächtig und allwissend; d. h. er wird mit Attributen charakterisiert, die in der christlichen Theologie nur auf Gott angewandt werden.[9] In dem geschichtlichen Zustand, den Orwell beschreibt, ist der <u>Staat zum Ersatzgott</u> geworden; die politischen Überzeugungen bilden eine Ersatzreligion. Von Liebe, Güte oder gar Gnade ist freilich in diesem Staat keine Spur erhalten, und wo sich in einzelnen Menschen noch solche Regungen zeigen, werden sie getilgt, weil sie dem Staat, dem politischen System gefährlich werden könnten. Gleich Huxleys Neuer Welt ist auch der Staat in *1984* auf die Erhaltung seiner Stabilität bedacht; er gleicht einem Perpetuum mobile, das ständig in Bewegung ist und sich doch nie verändert. Wenn Orwell sich außerhalb seines Romans über den Kult der Gewalt äußert, vermag er ebensowenig plausible Erklärungen zu finden wie O'Brien im Roman. Wiewohl er weiß, daß es politische Theorien gibt, die Machthunger als eine natürliche Regung des Menschen und damit als eine anthropologische Konstante der Menschennatur ansehen, steht er einer solchen These skeptisch gegenüber; Machthunger ist seiner Auffassung nach eher mit Trunkenheit und Glücksspiel zu vergleichen; er betrachtet ihn als ein heilbares Laster. Er muß jedoch zugleich zugeben, daß dieses Laster sich in der Moderne zunehmend ausgebreitet hat:

> Just as at the end of the feudal age there appeared a new figure, the man of money, so at the end of the capitalist age there appears another figure, the Nazi-Gauleiter or Bolshevik-Commissar. They don't want ease and luxury, they merely want the pleasure of tyrannizing over other people.[10]

Eine Erklärung für die Entstehung eines solchen Menschentyps, der mit den Termini ‚Gauleiter' oder ‚Kommissar' umschrieben werden kann, bleibt Orwell seinen Lesern letztlich schuldig. Die Frage, ob es eine Entwicklungslinie gibt, die von Machiavelli über Sade zu den modernen Machiavellisten führt, ob und wieweit die moderne Industrialisierung die Herausbildung dieses Menschentyps gefördert hat, wieweit die zunehmende Beherrschung der Natur den Willen förderte, andere Menschen gleich der Natur zu beherrschen, wieweit das zunehmende Streben nach Herrschaft mit einem Abbau moralischer und ethischer Normen einherging, wieweit schließlich in der Antinomie zwischen der instrumentellen Vernunft des Herrschenden und der kritischen Vernunft derjenigen, die sich gegen Herrschaft auflehnen, etwas von der Dialektik der menschlichen Vernünftigkeit insgesamt zu fassen ist – all dies bleibt bei Orwell außer acht. Dialektisches Denken ist bei Orwell verpönt, es wird als „doublethink", als die Fähigkeit, gleichzeitig Entgegengesetztes zu denken, diffamiert. Orwell bewegt sich im Grunde in seinen Essays wie in seinem Roman *1984* in den Bahnen des Kontrastes: der Staat, den er schildert, wird verurteilt, der Einzelne, der dagegen rebelliert, wird mit sympathischen Zügen ausgestattet. Künstlerisch ist er dabei nicht weit von einer „Schwarz-Weiß-Technik" entfernt. Er wählte jedoch eine solche Darstellungsweise, weil er davon überzeugt war, daß die Gegenwart nur dann vor einer schrecklichen Zukunft bewahrt werden könne, wenn er diese Zukunft mit kräftigem Schwarz ausmalte.

Die staatliche und gesellschaftliche Ordnung

Die staatliche und gesellschaftliche Ordnung, die Orwell in *1984* beschreibt, bezeichnet er als oligarchischen Kollektivismus. Die politische Macht liegt in den Händen einer politischen und intellektuellen Elite, die insgesamt 2% der Gesamtbevölkerung des Staates ausmacht. Sie proklamieren sozialistische Grundsätze: Kein Privateigentum, kein Kapitalismus, staatliche Kontrolle aller Produktionsmittel, um die breite Masse um so besser beherrschen zu können. Orwells Kritik an den linken wie rechten, sozialistischen wie den katholischen Intellektuellen seiner Zeit, denen er gleichermaßen ein mit unredlichen Mitteln verschleiertes Machtstreben vorwarf, ist in die Charakterisierung der Inner Party von *1984* eingegangen. Die Unredlichkeit der Inner Party spiegelt sich etwa darin, daß alle übrigen über die wahren Verhältnisse in der Weltpolitik falsch unterrichtet werden. Es haben sich drei Machtblöcke herausgebildet, die Oceania, Eastasia und Eurasia heißen und die eine Art Analogie-Modell zu einem Modell darstellen, wie es in den 40er Jahren von James Burnham entwickelt wurde. Die Staats- und Gesellschaftsform ist in jedem dieser Blöcke gleich, in Oceania wird das System durch Ingsoc, die Weiterentwicklung des English Socialism gestützt, in Eastasia durch einen Todeskult und in Eurasia durch den Neobolschewismus. Dennoch befinden sich diese Machtblöcke in jeweils wechselnder Konstellation in einem kriegsähnlichen Zustand, weil die Regierungen damit die Entbehrungen entschuldigen können, die sie den Beherrschten auferlegen – lediglich mit dem Ziel, sie in ständiger Abhängigkeit zu halten. Die Lebensmittel werden dabei ebenso kontrolliert wie die Meinungsäußerungen der breiten Masse. Die Zahl der Beherrschten beträgt in jedem der drei großen Staaten 85% der Gesamtbevölkerung. Es sind die „Proles", die Arbeiter, die oft mit Tieren verglichen werden, so daß der Grundsatz verständlich ist: „Proles and animals are free." Sie folgen in ihrem Leben ganz den Regungen der Instinkte; während die Mitglieder der Partei strengen puritanischen Regeln im Hinblick auf die Sexualität unterworfen sind – den Parteimitgliedern werden diese Regeln auferlegt, um damit politische Hysterie zu erzeugen und zu steigern –, dürfen die Proles sich ausleben, und der Staat versucht, mit der Erzeugung und Verteilung von billiger Pornoliteratur die sexuellen Neigungen und Regungen der Proles noch anzustacheln. Wenn Winston Smith eine Arbeiterfrau beobachtet, die Wäsche aufhängt und dabei singt, stellen sich in ihm folgende Überlegungen ein:

> The woman down there had no mind, she had only strong arms, a warm heart, and a fertile belly. He wondered how many children she had given birth to. It might easily be fifteen. She had had her momentary flowering, a year, perhaps, of wildrose beauty, and then she had suddenly swollen like a fertilized fruit and grown hard and red and coarse, and then her life had been laundering, scrubbing, darning, cooking, sweeping, polishing, mending, scrubbing, laundering, first for children, then for grand-children, over thirty unbroken years. (175)

Die Proles arbeiten bis zur physischen Erschöpfung – sie sind die Ausgebeuteten; zugleich aber verkörpern sie eine unerschöpfliche Vitalität. Wenn Winston im gleichen Zusammenhang bei seinen Reflexionen über die Arbeiterfrau feststellt: „If there was hope, it lay in the proles! . . . The future belonged to the proles . . . The proles were immortal . . .“ (175), dann spiegelt sich darin der politische Optimismus des rebellierenden Winston (der selber bereits zu den Toten im Staat zählt). Er glaubt, daß diese Klasse eine Veränderung des bestehenden Zustandes herbeiführen könne. Diese Hoffnung erweist sich jedoch insofern als trügerisch, als er einsehen muß, daß eine solche Änderung erst erstrebt werden kann, wenn sich das Bewußtsein der Proles ändert; ein verändertes Bewußtsein aber kann bei ihnen erst erwartet werden, wenn die gegenwärtigen Verhältnisse sich ändern. Da die Proles nicht nur physisch, sondern auch psychisch in ständiger sklavischer Abhängigkeit gehalten werden, ist die Hoffnung von Winston Smith illusorisch.

Zwischen der Inneren Partei und den Proles stehen die Angehörigen der Outer Party (13% der Gesamtbevölkerung), die Funktionäre und Staatsdiener, die einen gewissen Intelligenzgrad aufweisen müssen, um bestimmte Arbeiten im Auftrag der Inner Party ausführen zu können, die andererseits unterwürfig und gehorsam den Befehlen und Direktiven der Parteiführung zu folgen haben. Entsprechen die Angehörigen der Outer Party den in sie gesetzten Erwartungen, dann agieren sie als intelligente Fanatiker; versuchen sie sich einen inneren Freiheitsspielraum zu sichern, dann erleiden sie ein Schicksal, wie es in diesem Roman Winston Smith in paradigmatischer Weise zu erdulden hat.

Wer Widerstand leistet, wird entweder ‚umerzogen' und geläutert wie Winston Smith, oder aber er wird liquidiert: Wer sich von vorneherein bewährt, kann sogar in die Inner Party aufsteigen, die sich jeweils durch Zuwahl ergänzt und erneuert. Will die Parteioligarchie über Generationen hinweg mit der gleichen Stabilität weiterbestehen, dann darf sie nicht an das Prinzip der Erblichkeit gebunden sein. Nur wer die Prüfungen besteht, in denen Intelligenz und Systemtreue getestet werden, wird in die Inner Party aufgenommen. Wenn die Angehörigen der Inner Party schwarze Uniformen, die der Outer Party blaue Uniformen tragen, dann wird damit dem Scheine nach die Verbundenheit mit der Arbeiterklasse bekundet. In der politischen Praxis bekennt sich die Partei jedoch zu den Praktiken einer totalitären Diktatur.

Ziel aller diktatorischen Maßnahmen in dem von Orwell geschilderten Staat ist die absolute Macht über den Körper, vor allem aber über den Geist des Menschen. Die Folterung Winston Smiths im Rattenkäfig ist ein Beispiel für die physischen Qualen, denen ein Mensch ausgesetzt werden kann; das Verhör, dem er sich bei O'Brien zu stellen hat, die Gehirnwäsche, der er dabei unterworfen wird, zeigt, wie subtil die Mittel der psychischen Beeinflussung in diesem Staat sind. Neben den üblichen Polizeipatrouillen, die für die äußere Ordnung im Staat zu sorgen haben, gibt es die Thought Police, die ständig ‚Abweichlern' auf der Spur ist. Bereits die Kinder werden angehalten, ihre Eltern auszuspionieren; die beiden ‚Haßminuten' gehören zum täglichen Ritual, das in einer Massenhysterie endet, die sich gegen Goldstein, den Staatsfeind Nr. 1, richtet. Filme, in denen gezeigt wird, wie wehrlose Frauen und Kinder von Maschinengewehren niedergemäht werden, tragen dazu bei, daß die Bereitschaft zur Brutalität in den Menschen erhalten bleibt; metallische Fernsehschirme (Televisoren), die sich in jeder Wohnung befinden und die von einer Zentrale gesteuert werden, sorgen für eine ständige optische und akustische Beeinflussung der Staatsbürger. Schlagwörter wie „War is peace", „Freedom is Slavery" und „Ignorance is Truth", die in eleganten Buchstaben am Gebäude des Ministery of Truth (dem Propagandaministerium) zu lesen sind, legen die Menschen auf die Parteilinie fest, und ein Schlagwort wie „Big Brother is Watching You" weckt in ihnen ständig die Furcht vor den höchsten Staatsorganen.

Die Beschäftigung mit den Propagandatechniken moderner Diktaturen, aber auch das Studium bestimmter Tendenzen in der modernen Sprachwissenschaft veranlaßten Orwell, der Manipulation des Menschen mit den Mitteln der Sprache besondere Aufmerksamkeit zu schenken. Der Appendix „The Principles of Newspeak",[11] den er seinem Roman beifügte, ist ein pseudo-wissenschaftlicher Traktat, der einem zukünftigen Betrachter in den Mund gelegt ist und der von einem nicht näher datierten Zeitpunkt aus auf die Entwicklung zurückschaut, die zwischen 1960 und (ungefähr) dem Jahr 2050 stattfand. Da Orwell die Personen seines Romans in der herkömmlichen Weise, d. h. im Common English, wie es um 1948 üblich war, sprechen läßt und nur einzelne Beispiele für das Newspeak gibt, benutzt er den Anhang und die Form des wissenschaftlichen Traktates, um Ziele zu charakterisieren, die der totalitäre Staat im Bereich der sprachlichen Manipulation verfolgte. Das Ziel ist, die Sprache so umzuformen, daß der herkömmliche Zusammenhang zwischen der außermenschlichen Realität, dem individuellen Bewußtsein und dem sprachlichen Ausdrucksvermögen aufgelöst wird. Eine eigenständige Orientierung an der Wirklichkeit und eine individuelle, kritische und gar sprachschöpferische Verarbeitung der vom Einzelnen aufgenommenen Erfahrung sollen unterbunden werden. Die fruchtbare Spannung von Erfahrung und individueller Sinngebung wird im Interesse der Partei und des Staates aufgehoben. Das für alle Menschen verbindliche Sinnzentrum ist die Partei; sie liefert die nötigen sprachlichen Mittel und denkerischen Schemata, nach denen der Einzelne automatisch verfahren muß.

Der Einfluß der Partei erstreckt sich nach der Darstellung, die Orwell im Appendix gibt, nahezu auf alle Ebenen der Sprache. Im Bereich der Semantik ist auffällig, daß bestimmte Bedeutungsnuancen eines Wortes vollkommen getilgt wurden: Zwar ist das Wort „free" noch vorhanden, und es wird in Sätzen wie „This dog is free from lice" oder „This field is free from weeds" noch benutzt, aber Wendungen wie „politically free" oder „intellectually free" sind sinnlos geworden und damit aus der Sprache verschwunden. Der Alltagswortschaft (das „A vocabulary") ist überaus begrenzt, alle entbehrlichen Wörter wurden abgeschafft, nur die nötigsten Ausdrücke, die sich auf elementare Alltagsverrichtungen wie Essen, Schlafen oder Arbeiten beziehen, blieben erhalten. Dabei wurde der Bedeutungsumfang der alltäglichen Informationswörter so eingegrenzt, daß das Wort jeweils nur für einen genau festgelegten Vorgang oder eine bestimmte Sache gebraucht werden kann.

Besondere Aufmerksamkeit schenkt der Staat dem „B vocabulary", dem politischen Wortschatz, der aus lauter Komposita besteht, die absichtlich geschaffen, ,konstruiert' wurden. Die Bezeichnungen für die einzelnen Ministerien sind Musterbeispiele des B-Wortschatzes. Das Propagandaministerium, „Ministry of Truth", wird allgemein „Minitrue" genannt. Das Wirtschaftsministerium, in dem der künstlich erzeugte Mangel verwaltet und die Planwirtschaft gesteuert wird, heißt „Miniplenty", das Kriegsministerium wurde in Friedensministerium umgetauft und heißt allgemein „Minipax", das Innenministerium „Miniluv". Die von Orwell erfundenen Abkürzungen lassen deutlich seine satirische Intention erkennen: Eine Bezeichnung wie „Minipax" deutet darauf hin, daß das angebliche Friedensministerium nur ein Minimum von Frieden will; es trägt vielmehr dazu bei, daß der Kriegszustand zwischen den Superstaaten nie beendet werden wird. (Die Neigung, Komposita mit „mini" zu bilden, war im amerikanischen Englisch schon seit den 30er Jahren zu beobachten – „minicam" = „minicamera" ist bereits seit 1939 belegt; in den 60er Jahren kam es auch in England zu einer Fülle derartiger Neubildungen von „mini-car" bis „mini-skirt". Orwell schloß sich also an bestehende Tendenzen an und antizipierte zugleich eine Sprachmode.)

Die Neigung moderner Politiker und Journalisten, Schachtelwörter zu bilden, wird im Appendix über Newspeak mit Beispielen wie „Gestapo" oder „Comintern" belegt, denen Orwell in satirischer Übertreibung die von ihm erfundenen Beispiele „Recdep' (für „Records Department") oder „Teledep" (Tele-programmes Department") zur Seite stellt. Um überholte Vorstellungen noch ungefähr bezeichnen zu können, werden Neubildungen geschaffen:. „crimethink" deckt den gesamten Vorstellungsbereich von „liberty" und „equality" ab; „oldthink" umfaßt den Bereich, der von „objectivity" bis „rationalism" reicht. Indem man neue Wörter an die Stelle alter Wörter treten läßt, versucht man mit den überlieferten Bezeichnungen auch die überlieferten Vorstellungen und Ideale zu verdrängen. Da das neue Wort meist ein ganzes Sinngebiet der überlieferten Sprache zu ersetzen hat, ist die Gewähr gegeben, daß auch die subtilen Bedeutungsnuancen, die die bisherige Sprache mit einem reich gegliederten Wortschatz ausdrücken konnte, in Vergessenheit geraten. Wenn schließlich die Vorstellungen von Freiheit und Gleichheit mit „crimethink" umschrieben werden, dann spiegelt sich darin die generelle Umwertung traditioneller Werte, die sich im Newspeak abspielt. Besonders deutlich ist der Zynismus der Mächtigen und Herrschenden, ihre linguistische Grausamkeit, in den euphemistischen Redewendungen nach-

179

zuweisen; ein Zwangsarbeitslager heißt in ihrer Diktion nicht mehr „forcedlabour camp", sondern „joycamp".

Der C-Wortschatz schließlich umfaßt die wissenschaftlich-technischen Termini; diese Sprache ist jedoch so einseitig, spezialisiert, daß der Spezialist eines bestimmten Gebietes kaum den Wortschatz einer anderen Branche versteht; infolgedessen sind kaum Wörter aus diesem Bereich in die Umgangssprache eingegangen. Die satirische Attacke Orwells auf die Verwendung der naturwissenschaftlichen und technologischen Fachsprache in der von ihm beschriebenen Diktatur erreicht ihren Höhepunkt in der Bemerkung: „There was, indeed, no word for ‚Science', any meaning that it could possibly bear being already sufficiently covered by the word *Ingsoc*." (249)

Aus dem Willen, die Sprache zu einem leicht manipulierbaren Machtinstrument umzugestalten, ist es auch zu erklären, daß alle geschichtlich bedingten Sonderstrukturen beseitigt werden: es gibt weder unregelmäßige Pluralbildungen – für „men" heißt es im Newspeak „mans" – noch gesonderte Präteritalformen, die nach dem Prinzip des „Ablauts" oder des sog. „Rückumlauts" gebildet wurden; an die Stelle von „he thought" (nach Grimm ein Beispiel für „Rückumlaut") ist „he thinked" getreten. Auch die Wortbildung ist im Newspeak vereinfacht: das Prinzip der Konversion wurde ausgeweitet, so daß jedes Wort als Substantiv, Verbum, Adjektiv oder Adverb verwendet werden kann. Antonyme wie „good-bad" oder „good-evil" wurden aufgegeben; das Gegenteil von „good" heißt „ungood"; damit wurde im Newspeak zwar eine Bahn betreten, die in der deutschen Sprache vorgezeichnet ist, wo es neben den Gegensatzpaaren „gut–schlecht", „gut–böse" auch das Gegensatzpaar „gut–ungut" gibt. Wenn aber im Englischen der Zukunft „bad" oder „evil" abgeschafft sind, dann ist damit auch der spezifische Bedeutungsbereich, den diese Wörter – man denke an die Funktion des Wortes „evil" in der Moraltheologie – haben konnten, beseitigt. Der Bedeutungsgehalt „good" wird ebenso wie sein Gegenteil „ungood" von den Dekreten der Inner Party her definiert.

Die Beispiele für die Vereinfachung der Sprache, die Orwell im Appendix über das Newspeak zitiert, sind zum Teil erfunden; zum Teil gibt es aber auch Parallelen in dem von C. K. Ogden in den 20er Jahren geschaffenen und empfohlenen Basic English. Bei Ogden heißt es beispielsweise: „Basic English makes no distinction between *shall* and *will*, and the insensitiveness of most speakers of Standard English on this point ensures that on almost all occasions the substitution will go undetected . . . The distinction between . . . *should* and *would* can also be neglected".[12] Dem entspricht bei Orwell die Bemerkung „. . . the *shall, should* tenses had been dropped, all their uses being covered by *will* and *would*" (244). Wie Howard Fink in „Newspeak: the Epitome of Parody Technique in Nineteen Eighty-Four" nachgewiesen hat, stand Orwell – ähnlich wie vor ihm Wells und Churchill – den Vorschlägen zur Vereinfachung des Englischen, die Ogden und andere vortrugen, in den Jahren 1941–43 durchaus mit Sympathie gegenüber. Danach rückte er jedoch von diesen Tendenzen ab, wie sein Essay „Politics and the English Language" deutlich beweist. Möglicherweise geht Orwells Kritik an der politisch manipulierten und simplifizierten Sprache nicht nur auf eigene Beobachtungen zurück, sondern auch auf eine intensive Beschäftigung mit F. A. Hayeks Buch *The Road to Serfdom* (1944), das Orwell am 9. April 1944 im *Observer* besprach.[13]

Zu den sprachlichen Manipulationen, die in dem von Orwell beschriebenen Staat vorgenommen werden, gehören auch die langwierigen Bemühungen um eine Neufassung überlieferter Literatur, auf die man aus Prestigegründen nicht verzichten möchte. Ist in Huxleys Neuer Welt Shakespeare nur noch dem Weltkontrolleur zugänglich, so möchte man in Orwells Staat nicht auf Namen wie Shakespeare, Milton, Swift, Byron oder Dickens verzichten. Ihre Werke werden jedoch ins Newspeak übersetzt und ihre dichterische Weltsicht damit dem Ingsoc angepaßt; Übersetzung ist in diesem Falle identisch mit einer völligen Auslöschung der Originalwerke; „when the task had been completed, their original writings, with all else that survived of the literature of the past, would be destroyed". (251)

Um die Menschen in dem von Orwell geschilderten Staat von jeglicher geschichtlicher Tradition abzuschneiden, um den Vergleich zwischen einer anders gearteten, möglicherweise besseren Vergangenheit und einer fragwürdigen Gegenwart zu unterbinden, hat das Ministry of Truth die Aufgabe, Zeitungen und Zeitschriften ständig entsprechend den Direktiven der Partei so zu korrigieren, daß sich die Berichte über bestimmte Ereignisse und Personen stets im Einklang mit der jeweiligen Politik der Partei befinden. So erhält Winston Smith beispielsweise folgenden Auftrag:

times 3. 12. 83 reporting bb dayorder doubleplusungood refs unpersons rewrite fullwise upsub antefiling

der in Standard English übertragen lautet:

The reporting of Big Brother's Order for the Day in *The Times* of December 3rd 1983 is extremely unsatisfactory and makes references to non-existent persons. Rewrite it in full and submit your draft to higher authority before filing. (39)

Winston entdeckt, daß dieser Bericht ein Mitglied der Inner Party namens Withers erwähnte, der inzwischen aus nicht erkennbaren Gründen zur ‚Unperson‘ erklärt worden war. Was mit Withers tatsächlich geschehen ist, vermag niemand zu sagen: er konnte noch irgendwo leben, konnte aber auch ‚liquidiert‘ worden sein. Es gehört zur Taktik der Partei, daß bestimmte Personen für nicht-existent erklärt werden, wenn ihre Existenz aus parteipolitischen Gründen unerwünscht ist. Winston Smith löst die ihm gestellte Aufgabe dadurch, daß er eine Person, den Genossen Ogilvy, erfindet, ihn ein vorbildliches Leben führen und einen – im Sinne der Partei – heldenhaften Tod sterben läßt. Winston verfälscht damit die geschichtliche Wirklichkeit; sein Verfahren wird jedoch jederzeit gebilligt, weil sein fiktiver Bericht den politischen Zielsetzungen und Erwartungen der Herrschenden entspricht.

Goldsteins Buch

Auch Emmanuel Goldsteins Buch „The Theory and Practice of Oligarchical Collectivism", das Winston Smith von O'Brien zur Lektüre erhält, ist ein Instrument, das zur Manipulation des politischen Bewußtseins benutzt wird. Goldstein gilt allgemein als Gegner des bestehenden Regimes; er wird verdächtigt, zusammen mit einem Kreis von Anhängern und Gesinnungsfreunden, die „The Brotherhood" genannt werden, einen Umsturz vorzubereiten. Das Buch, das ihm zugeschrieben wird, stellt in rückhaltloser Offenheit das politische System und die Hypokrisie der Herrschenden dar und erweckt dadurch den Eindruck, daß es nur von einem Kritiker des Systems stammen könne. In Wirklichkeit ist dieses Buch nur ein Mittel, das die Machthaber anfertigen ließen, um Verdächtige, von denen eine Revolution ausgehen könnte, zu entlarven. Goldstein und seine „Brotherhood" sind Erfindungen. Die Lebensgeschichte Winstons beweist, wie sicher dieses Mittel wirkt: er läßt sich durch O'Brien und Goldsteins Buch in die Falle locken, wird entlarvt und dementsprechend bestraft. Schloß sich Orwell mit seinem Appendix über die Prinzipien des Newspeak zeitgenössischer sprachwissenschaftlicher und politologischer Literatur an, die sich mit der Vereinfachung des Englischen aus pragmatischen Gründen oder der Verformung von Sprache in Diktaturen

befaßte, so lehnte er sich auch mit den angeblichen Extrakten aus Goldsteins Buch an zeitgenössisches politisches Schrifttum an. Der Name
Goldstein erinnert an Leo (Lew) Dawidowitsch Bronstein, der ab 1902
den Decknamen Trotzki angenommen und in dem 1932 ins Englische
übersetzten Buch *The Revolution Betrayed* seine Kritik an der politischen
und ökonomischen Entwicklung in Rußland, insbesondere in der stalini-
stischen Ära, vorgetragen hatte. Zugleich brachte Trotzki in diesem Werk
die Hoffnung zum Ausdruck, daß durch eine neue Revolution die Fehl-
entwicklung in Rußland korrigiert werden könnte. Obwohl einige Interpreten im Stil der Goldstein-Passagen deutliche Anklänge an Trotzkis Stil
beobachtet haben, ist es wahrscheinlicher, daß Orwell sich vor allem an
James Burnham, einem zeitweiligen Anhänger Trotzkis, und insbesondere an dessen Buch *The Managerial Revolution* (1941) orientierte, als
er die Kapitel formulierte, die aus Goldsteins Buch stammen sollen.[14]
Gegen eine tiefgreifende Beeinflussung durch Trotzkis Werk spricht, daß
Orwell in keiner Weise auf speziell ökonomische Fragen der neueren russischen Geschichte eingeht und daß bei ihm weiterhin der optimistische
Ausblick auf eine zukünftige Revolution fehlt. Burnham dagegen kon-
zentriert sich auf die Herausbildung des Managerstaates, zu dem seiner
Auffassung nach alle Superstaaten und Machtsysteme hinstreben. Orwell
faßte in seiner Besprechung von Burnhams Buch die Grundideen dieses
Autors wie folgt zusammen:

> Capitalism is disappearing, but Socialism is not replacing it. What is
> now arising is a new kind of planned, centralized society which will be
> neither capitalist nor, in any accepted sense of the word, democratic.
> The rulers of this society will be the people who effectively control the
> means of production: that is, business executives, technicians, bu-
> reaucrats and soldiers, lumped together by Burnham under the name
> of ‚managers‘. These people will eliminate the old capitalist class, crush
> the working class, and so organize society that all power and economic
> privilege remain in their own hands. Private property rights will be
> abolished, but common ownership will not be established. The new
> ‚managerial‘ societies will not consist of a patchwork of small, indepen-
> dent states, but of great superstates grouped around the main industrial
> centres in Europe, Asia, and America. These super-states will fight
> among themselves for possession of the remaining uncaptured portions
> of the earth, but will probably be unable to conquer one another com-
> pletely. Internally, each society will be hierarchical, with an aristocracy
> of talent at the top and a mass of semi-slaves at the bottom.[15]

In dieser Zusammenfassung der Grundideen Burnhams deuten sich bereits die Konturen des Staates an, den Orwell in *1984* und insbesondere in den beiden Kapiteln aus Goldsteins Buch beschrieb. Es ist jedoch festzuhalten, daß Orwell in seiner essayistischen Prosa, insbesondere in dem Essay „Burnham's View of the Contemporary World Struggle" auch Kritik an Burnham übte; er war seinerseits nicht davon überzeugt, daß die von Burnham beschriebene Entwicklung notwendigerweise eintreten müsse:

> Managerialism, with its forced labour, deportation, massacres and frame-up trials, is not really the unavoidable next state in human development, and we must all get together and quell it before it is too late. All the available forces must rally immediately under the banner of anti-Communism. It is essentially a conservative programme, making its appeal to the love of liberty and ordinary decency, but not to international sentiment.[16]

Im Roman fehlt eine derartige Zukunftsperspektive; die Passagen, die Winston Smith seiner Geliebten Julia aus Goldsteins Buch vorliest, erläutern lediglich das bestehende System; die folgenden Ereignisse – Winston und Julia werden verhaftet – beweisen nur, wie perfekt das beschriebene System funktioniert. Der Roman gibt der pessimistischen Analyse Burnhams recht. Er soll aber von Orwell, dem Autor, aus gesehen nicht einer politischen Analyse gleichgesetzt werden, die Anspruch auf unumstößliche Gültigkeit erhebt; der Roman soll vielmehr warnen und damit verhindern helfen, daß jener Zustand eintritt, den die Kapitel aus Goldsteins Buch, der Roman selbst und schließlich auch Burnhams *The Managerial Revolution* beschreiben.

Die Darstellung der Atmosphäre

Um die Technik zu charakterisieren, deren Orwell sich bedient, um die eigentümliche Atmosphäre,[17] insbesondere die Umweltbedingungen, unter denen sich das alltägliche Leben abspielt, zu beschreiben, sei eine Stelle aus I,5 zitiert:

> The fabulous statistics continued to pour out of the telescreen. As compared with last year there was more food, more clothes, more houses, more furniture, more cooking-pots, more fuel, more ships, more helicopters, more books, more babies – more of everything except disease,

crime, and insanity. Year by year and minute by minute, everybody and everything was whizzing rapidly upwards. As Syme had done earlier Winston had taken up his spoon and was dabbling in the pale-coloured gravy that dribbled across the table, drawing a long streak of it out into a pattern. He meditated resentfully on the physical texture of life. Had it always been like this? Had food always tasted like this? He looked round the canteen. A low-ceilinged, crowded room, its walls grimy from the contact of innumerable bodies; battered metal tables and chairs, placed so close together that you sat with elbows touching; bent spoons, dented trays, coarse white mugs; all surfaces greasy, grime in every crack; and a sourish, composite smell of bad gin and bad coffee and metallic stew and dirty clothes. Always in your stomach and in your skin there was a sort of protest, a feeling that you had been cheated of something that you had a right to. It was true that he had no memories of anything greatly different. In any time that he could accurately remember, there had never been quite enough to eat, one had never had socks or underclothes that were not full of holes, furniture had always been battered and rickety, rooms underheated, tube trains crowded, houses falling to pieces, bread dark-coloured, tea a rarity, coffee filthy-tasting, cigarettes insufficient – nothing cheap and plentiful except synthetic gin. And though, of course, it grew worse as one's body aged, was it not a sign that this was *not* the natural order of things, if one's heart sickened at the discomfort and dirt and scarcity, the interminable winters, the stickiness of one's socks, the lifts that never worked, the cold water, the gritty soap, the cigarettes that came to pieces, the food with its strange evil tastes? Why should one feel it to be intolerable unless one had some kind of ancestral memory that things had once been different? (51)

Zum einen hebt Orwell in dieser Beschreibung der Lebensverhältnisse im Staat des Jahres 1984 den Widerspruch zwischen der offiziellen Propaganda, die Reichtum, Überfluß und Wohlstand vortäuscht, und der Kargheit, Armseligkeit und Armut des alltäglichen Lebens hervor. Zum anderen evoziert er dabei Erinnerungen an die letzten Kriegsjahre, die bei seinen Lesern im Jahre 1949, als der Roman erschien, noch kaum verblaßt waren[18]: die Lebensmittel sind von schlechter Qualität und dazu niemals in genügender Menge vorhanden; die Umwelt ist häßlich und trägt überall die Spuren des Verfalls an sich: Orwell bedient sich bei der Beschreibung der Kantine, in der Winston mit seinen Arbeitskollegen ißt, insbesondere bei der Wiedergabe optischer Wahrnehmungen und der

Geruchsempfindungen naturalistischer Stilmittel, um bei seinen Lesern die abstoßende Wirkung des Milieus zu intensivieren. Mit den Angaben über die Lebensverhältnisse, die Orwell an der zitierten Stelle macht, stimmen zahlreiche kürzere Passagen des gesamten Romans überein, die wie Vignetten in die Handlung eingelagert sind: Die Wohnung von Mrs. Parsons, der Nachbarin von Winston Smith, ist ebenso desolat wie die Küche im Untergeschoß eines Hauses, wo er einmal eine Prostituierte aufsuchte. Häuser und manchmal ganze Wohnviertel sind von der Zerstörung des Krieges gezeichnet, Kinder spielen auf Trümmergrundstükken, derweilen die Erwachsenen 60 Stunden in der Woche arbeiten müssen, für ihre Kleider Bezugsscheine benötigen und Tabak ebenso rationiert ist wie schlechte Schokolade. Winston Smith spricht einmal davon, daß er sich bereits 6 Wochen mit derselben Klinge rasiert habe.

An den meisten Stellen sind die Milieubeschreibungen an die Beobachtungs- und Erlebnisperspektive des Winston Smith gekoppelt. Es handelt sich – im Sinne Bernhard Fehrs – um „erlebte Wahrnehmungen" („Substitutionary Perception")[19]: der erzählerische Bericht (in der 3. Person) und die Darstellung der psychischen Reaktionen der beobachtenden und reagierenden Personen gehen ineinander über. Ständig versucht Winston seiner Erinnerung eine konkrete Vorstellung von den Lebensverhältnissen in einer früheren Zeit zu entlocken. Dabei stellt sich schon allein der Versuch, sich eines anderen Zustandes zu erinnern, als eine Form des Protestes gegen das Bestehende heraus, und auch wenn es ihm nicht gelingt, ein detailliertes Bild der Vergangenheit durch das Erinnerungsvermögen heraufzubeschwören, ist er davon überzeugt, daß er altererbte Erinnerungen an eine vergangene und bessere Welt in sich trage. Orwell spielt mit der Wendung „ancestral memory" (51) auf eine Vorstellung an, die C. G. Jung in seiner Psychologie das „Kollektive Unbewußte" und W. B. Yeats „the Great Memory" oder „Spiritus Mundi" nannte. Für Orwell ist charakteristisch, daß sich der Widerspruch gegen das Bestehende, der durch das Erinnerungsvermögen ausgelöst wird, primär in physische Empfindungen umsetzt: „Always in your stomach and in your skin there was a sort of protest . . ." (51)

Winston Smith: der Held des Romans und der Träger der Zentralsperspektive

Der Roman gewinnt insgesamt dadurch an struktureller Geschlossenheit, daß Winston Smith, der Held, durchgehend im Zentrum des Leserinteresses steht. Er ist der typische Durchschnittsmensch – daher heißt er

Smith; er trägt zugleich originelle Züge an sich, die ihn wiederum vom Durchschnittsbürger unterscheiden – daher gab ihm Orwell den Vornamen Winston, der bei allen Lesern in der Nachkriegszeit sofort an Winston Churchill erinnern mußte. Alle Ausführungen über den Staat, die sich in Emmanuel Goldsteins Buch finden und die im zweiten Teil des Romans zitiert werden, alle Darlegungen über die Tätigkeit der Partei und die physischen wie psychischen Herrschaftsmittel, die sie einsetzt, sind auf das Bewußtsein des Winston Smith bezogen. Der Roman *1984* stellt damit ebenfalls einen „Bewußtseinsroman" dar, wenngleich sofort hinzuzufügen ist, daß es sich bei diesem Roman um einen Bewußtseinsroman eigenen Gepräges handelt.[20] An die Techniken des Bewußtseinsromans, wie ihn James Joyce und Virginia Woolf entwickelten, erinnern die Techniken der erlebten Rede und der erlebten Wahrnehmung; Orwell unterscheidet sich bei der Wiedergabe psychischer Vorgänge in Winston jedoch von dem Stil, den Joyce insbesondere entwickelte, als er auf die Darbietung assoziativer Gedankenabläufe verzichtete; die Bewußtseinsprozesse, die sich in Winston abspielen, werden in logisch geordneter Folge dargeboten. Von Joyce und Virginia Woolf unterscheidet er sich weiterhin dadurch, daß es ihm auf die Herausbildung eines bestimmten politischen Bewußtseins ankam: Er studiert die Regungen eines individuellen Bewußtseins, das sich aus den politischen Steuerungsmechanismen der Partei und des Staates zu lösen versucht, sich bei diesem Versuch im Labyrinth und Netzwerk verfängt, das die Partei in ingeniöser Weise ersonnen hat, um alle Ausbruchsversuche aus dem bestehenden System vereiteln zu können. Schließlich schildert Orwell, welche Mittel der Staat bei denjenigen anwendet, deren Ausbruchsversuch gescheitert ist, um in ihnen ein konformes Bewußtsein zu erzeugen.

Winstons „ownlife": sein Tagebuch und seine Träume

Winston Smith bekennt sich – wie aus dem ersten Teil des Romans bereits hervorgeht – schon seit Jahren zum „ownlife", zu einer individuellen Lebensführung, die im Kontrast steht zu der vom Staat verordneten Lebensweise. Er orientiert sich dabei an den Idealen der Gerechtigkeit, der Ehrlichkeit, der Aufrichtigkeit und der Freiheit – Ideale, die in der Tradition des Liberalismus beheimatet sind –, und er verbindet damit eine eigene Philosophie des „common sense". Im ersten Teil des Romans bekundet sich seine Abwehr vom politischen System des Staates in dem, was er zu Hause für sich schreibt, denkt und träumt. Im Gegensatz zu den Gepflogenheiten, die im Leben anderer Parteimitglieder zu beobachten sind – strenge Gebote und Verbote gibt es in diesem Staate nicht, weil sich die Menschen auf diese Weise leichter ‚verunsichern‘ lassen – führt Winston Smith ein Tagebuch, in dem er beispielsweise die Eindrücke von einem Kriegsfilm festhält, gegen den eine Frau aus der Gruppe der Proles protestierte. Diese Reaktion bleibt in Winstons Bewußtsein haften und steigert sich noch, weil er mit der Erinnerung an den Film die Erinnerung an eine Begegnung mit O'Brien assoziiert, den er für einen Gegner des Regimes hält. Während einer Zwei-Minuten-Haß-Sendung hatte O'Brien Winston einen vielsagenden Blick zugesandt, aus dem Winston schloß, daß O'Brien sich auf diese Weise als ein Gegner des Systems zu erkennen geben wollte. Winston überträgt daher die Haßgefühle, die sich nach dem Willen des Staates auf Goldstein richten sollten, auf Big Brother, die Verkörperung der höchsten Gewalt im Staat, und schreibt mehrfach in sein Tagebuch: „DOWN WITH BIG BROTHER" (18). Sogleich ist er sich der unausweichlichen Konsequenz dieses Vergehens bewußt; er handelt sich mit dieser Tagebucheintragung seine Vernichtung durch den Staat ein: „You were abolished, annihilated, *vaporized* was the usual word" (19). Dennoch ist er auch danach in seinen Meditationen immer wieder von der Vorstellung fasziniert, daß es eine Phase in der Geschichte der Menschheit gegeben habe und möglicherweise wieder geben werde, in der Freiheit, Gerechtigkeit und unumschränkte Selbstentfaltung eines jeden Einzelnen möglich sind. Wenn Winston in seinen Tagebucheintragungen weiterhin von einer Begegnung mit einer Prostituierten oder von seiner Einstellung zu den Proles spricht, dann spiegelt sich auch in diesen Ausführungen seine Auflehnung gegen die offiziellen politischen Anschauungen.

Ebenso aufschlußreich wie die Tagebucheintragungen Winstons sind seine Träume.[21] In ihnen melden sich die unterdrückten Vorstellungen zu Wort, die verraten, was er im alltäglichen Leben verschweigen muß, will er sich nicht selbst gefährden. Der erste Traum, an den er sich erinnert, liegt bereits sieben Jahre zurück. Er träumte von einem dunklen Raum und hörte plötzlich jemand sagen: „We shall meet in the place where there is no darkness" (23). Er identifizierte die Stimme als diejenige O'Briens, dem er zu der Zeit, als er den Traum hatte, zum ersten Mal begegnete. Ein zweiter Traum bezieht sich auf seine Mutter und seine Schwester, die wie andere Menschen in diesem Staat plötzlich verschwanden; er ist davon überzeugt, daß er an ihrem Untergang mitschuldig ist. Im Kontrast zum Schuldtraum steht der Traum vom Goldenen Land (the Golden Country Dream): er sieht eine idyllische Landschaft und begegnet einer

Frau, die mit einer raschen Bewegung alle Kleider von sich wirft. Aus diesem Traum spricht die Sehnsucht nach einer utopischen Wirklichkeit und nach einer erotisch-sexuellen Erfüllung, die ihm in der (kinderlosen) Ehe versagt blieb. Der „Geborgenheitstraum" (II,7) – Winston glaubt, in einen gläsernen Briefbeschwerer eingeschlossen zu sein, hält die Oberfläche des Glases für das Himmelsgewölbe und fühlt sich in eine abendliche Sommerlandschaft versetzt – läßt sich als eine Variante des Golden Country Dreams auffassen, während der Alptraum (II,4), an den er sich unwillkürlich erinnert, sobald Julia von einer Ratte spricht, als eine Vorwegnahme der Folterungsszene im dritten Teil des Romans zu deuten ist, auf die auch der erste Traum in verschlüsselter Weise hinweist.

Die Begegnung mit Julia

Die Begegnung mit Julia führt Winstons Revolte insofern einen Schritt weiter, als er nun handelt und sich nicht mehr nur seinen Gedanken und Träumen überläßt. Es ist kennzeichnend für die Atmosphäre des Mißtrauens, die im Staate herrscht, daß Winston Julia nach der ersten Begegnung für eine Spionin hält. Wenn er sich während der beiden Haßminuten in eine Haßhysterie hineinsteigert und in seiner Phantasie ausmalt, wie er sie foltern und quälen könnte, so läßt diese Haltung erkennen, wie tief er von ihrer Schönheit, ihren physischen Reizen angesprochen ist und wie sehr er sich zugleich durch den äußeren Schein täuschen läßt: denn Julia trägt die scharlachrote Schärpe der Junior Anti-Sex League, so daß er annehmen muß, daß sie stets im Einklang mit den offiziellen Anschauungen der Partei lebt.

> He hated her because she was young and pretty and sexless, because he wanted to go to bed with her and would never do so, because round her sweet supple waist, which seemed to ask you to encircle it with your arm, there was only the odious scarlet sash, aggressive symbol of chastity. (16)

Seine späteren Begegnungen mit Julia, die zu erkennen gibt, daß sie Winston liebt, stehen unter einem paradoxen Gesetz: Wenngleich Winston bei Julia die erotisch-sexuelle Erfüllung findet, die ihm in der Ehe versagt blieb, bleibt ihre Partnerschaft im politisch-intellektuellen Bereich problematisch. Julia ist eine Frau, die einigen Mut zeigt, mit pragmatischer Klugheit ausgestattet ist, spontan handelt und mit viel Geschick auch eine Doppelrolle zu spielen versteht; sie bekennt sich äußerlich zur Anti-Sex-

Liga und inszeniert insgeheim ein Rendezvous mit Winston. Sie spielt ihm geschickt die Botschaft zu, daß sie ihn liebt, und weiß ihn mit Umsicht so zu steuern, daß sie eine Verabredung treffen können und er schließlich das Versteck auf dem Lande auch findet. Ihre Beschreibung des Weges zeugt geradezu von militärischer Kompetenz. In ihrem äußeren Verhalten entspricht sie bis in die Gestik hinein dem Verhalten jener Frau, die Winston in seinem Traum vom Goldenen Land wahrnahm, und er findet bei ihr die Erfüllung des sinnlichen Verlangens, nach der er sich sehnte. Julia ist danach auch bereit, die Rolle der Geliebten in einem anderen Milieu weiterzuspielen und sich mit Winston Smith in einem Zimmer über dem Trödelladen des Mr. Charrington zu treffen, das Winston gemietet hat, um sich von der Gesellschaft zurückziehen zu können. Die Gemeinsamkeiten zwischen beiden gehen so weit, daß beide äußerlich nach den ersten Begegnungen von ihren physischen Leiden genesen. Julia trug, als sie Winston die Liebesbotschaft zuspielte, noch den Arm in der Binde, und Winston litt unter einem Krampfaderekzem. Die Liebe schafft für sie gleichsam eine ‚heile' Welt in einem rein physischen Sinn. Schließlich sind sich beide bewußt, daß alle Träume von einer möglichen Flucht abwegig sind, daß sie sich mit ihrem Verhalten außerhalb der gesellschaftlichen ‚Ordnung' stellen und dem von ihnen geforderten Verhalten als Parteimitglieder widersprechen. Daher stimmt Julia Winston letztlich auch zu, als er feststellt, daß sie Tote seien:

‚We are the dead', he said.
‚We are the dead', echoed Julia dutifully. (176)

Bei ihren ersten Begegnungen hatte Julia einer solchen Behauptung noch widersprochen; als Beispiel sei eine Dialogpassage aus dem 3. Kapitel des II. Teiles zitiert:

‚We are the dead', he said.
‚We're not dead yet', said Julia prosaically.
‚Not physically. Six months, a year – five years, conceivably. I am afraid of death. You are young, so presumably you're more afraid of it than I am. Obviously we shall put it off as long as we can. But it makes very little difference. So long as human beings stay human, death and life are the same thing.'
‚Oh, rubbish! Which would you sooner sleep with, me or a skeleton? Don't you enjoy being alive? Don't you like feeling: This is me, this is my hand, this is my leg, I'm real, I'm solid, I'm alive! Don't you like *this*?'

She twisted herself round and pressed her bosom against him. He could feel her breasts, ripe yet firm, through her overalls. Her body seemed to be pouring some of its youth and vigour into his.

,Yes, I like that', he said. (111–12)

Diese Dialogpassage läßt erkennen, daß Julia sich ganz dem Erlebnis der sinnlich-physischen Liebe hingibt. Sie ist nach den Worten Winstons „a rebel from the waist downwards" (127). Damit aber wird zugleich deutlich, daß von Anfang an ein unüberbrückbarer Unterschied zwischen ihnen besteht. Winston verkörpert die Rebellion des kritischen Geistes, Julia die Rebellion des Körpers. Wenn er sich auch ihrer physischen Rebellion anzuschließen vermag, bleibt er in der intellektuellen Auflehnung allein. Julia arbeitet zwar in der Abteilung des Fiction Department, in der pornographische Literatur hergestellt wird, aber sie hat zur Literatur im ganzen kein besonderes Verhältnis. Bücher sind für sie ausschließlich Konsumgüter.

She ,didn't much care for reading', she said. Books were just a commodity that had to be produced, like jam or bootlaces. (107)

Und als Winston ihr einen längeren Auszug aus Goldsteins Buch vorliest, schläft sie ein. Obwohl sie mit Winston die Einladung zu O'Brien angenommen und sich bedingungslos zur „Brotherhood", zum Kreis der Verschwörer, bekannt hatte, dem sich O'Brien dem Schein nach zuordnete, ist sie an politischer Theorie, an den bohrenden Fragen, die Winston beschäftigen, nicht interessiert. Reflexionen über eine mögliche Revolution sind für sie überflüssig; sie hält eine solche politische Entwicklung von vorneherein für ausgeschlossen und ist davon überzeugt, daß die Erzählungen über Goldstein von der Partei mit Absicht in Umlauf gebracht wurden. Daher verfängt sich Julia auch weniger in Illusionen als Winston.

In some ways she was far more acute than Winston, and far less susceptible to Party propaganda (125)

Dennoch geht Julia mit Winston in die von der Thought Police aufgebaute Falle. Als sie Winston getreulich nachspricht: „,We are the dead"', bestätigt eine eiserne Stimme „,You are the dead"' (176). Beide werden verhaftet und verraten sich gegenseitig im Ministry of Love.

Die letzte Phase der Entwicklung Winstons wird von O'Brien gesteuert, der ihn zuvor bereits überwacht hatte. Es stellt sich heraus, daß die Partei den Widerstand gegen das von ihr vertretene System provoziert, um alle Residuen eines individualistischen Widerstandes erkennen und um so besser vernichten zu können. Vom Ende des Romans aus gesehen erweist sich jeder Schritt Winstons als notwendig, logisch und plausibel. Er ist das Opfer eines Plans, der über längere Frist hinweg in die Tat umgesetzt wurde; jede vermeintlich freie Entscheidung Winstons ist einkalkuliert, O'Brien herrscht über ihn und über alle anderen Menschen wie ein Gott, der jedes Schicksal im voraus festlegt. Man könnte vermuten, daß eine solche Konzeption einen langweiligen Roman zur Folge habe. Die Reaktion der meisten Leser und Kritiker auf *1984* beweist das Gegenteil. Wenn auch das Was, der Plan des Geschehens, feststeht und voraussagbar ist – Winston selbst weiß ja: ,,We are the dead" –, so fasziniert doch immer das Wie und Warum. Die Dialoge zwischen O'Brien und Winston im III. Teil zeigen nicht nur, weshalb der Staat die Menschen so grausam behandelt (der Machttrieb der Mitglieder der Inner Party ist das letzte und höchste Weltprinzip), sie zeigen auch, welche Techniken im einzelnen dazu benutzt werden, um das Bewußtsein eines Rebellen umzuformen.

Winston wird zunächst durch äußere Umstände physisch und psychisch konditioniert (wie die Menschen in Huxleys *Brave New World*). Er wartet in einer hohen, fensterlosen Zelle, deren Wände mit Televisoren ausgestattet sind, auf das Verhör; sobald er eine unerlaubte Bewegung macht, wird er von einem der Televisoren aus angeschrien. Da er kein Tageslicht mehr erblickt und auch keine Uhr mehr hat, verliert er bald jeden zeitlichen Orientierungssinn. Hunger und Schmerz sind die einzigen Lebensregungen, die er noch verspürt. Auch die Tatsache, daß er Gefährten in seinem Leiden findet, ändert nichts an seiner Grundsituation. Die Folterungen, die mit dem Erscheinen O'Briens einsetzen, gipfeln darin, daß er schließlich bereit ist, tatsächliche oder erfundene Verbrechen einzugestehen. Die anschließenden Verhöre und das ,brainwashing', bei dem O'Brien die Rolle eines Arztes, eines Lehrers, eines Priesters und eines Inquisitors in sich vereinigt, verfolgen das Ziel, seine Denkfähigkeit zu schwächen, seine Kraft zum Widerstand zu brechen und jegliche Erinnerung an eigenständige Versuche, sich an und in der Wirklichkeit zu orientieren, zunichte zu machen. Die Etappen seiner ,Reintegration' in den Staat heißen: ,,learning, understanding, acceptance" (209). Die Etappe des Lernens wird im 2. Kapitel des III. Teils, die des Verstehens im

3. Kapitel geschildert, in dem O'Brien die Anschauungen der Partei über Sinn und Zweck der Macht vorträgt und sich selber zu den Priestern der Macht rechnet. Die Zustimmung Winstons zur Parteidoktrin erfolgt im 4. und 5. Kapitel: Er zeigt sich nach dem ,brainwashing' zwar bereit anzuerkennen, daß nach der Meinung und nach dem Willen der Partei zwei und zwei gleich fünf ist, hält aber zunächst (in III,4) an seiner Liebe zu Julia und an seinem Haß auf Big Brother fest, obwohl er weiß, daß Julia ihn inzwischen verraten hat. Er wird daher der Rattenfolter in dem berüchtigten Zimmer 101 ausgesetzt (in III,5), wobei er seinerseits Julia verrät und den letzten Rest von humaner Würde und charakterlicher Integrität verliert. O'Brien selbst weist auf Parallelen hin, die zwischen den Methoden der Inquisition und denjenigen bestehen, die er selbst anwendet. Aber er hebt zugleich einen wesentlichen Unterschied heraus: der Staat, für den er steht, will nur gereinigte Opfer.

> . . . the Inquisition killed its enemies in the open, and killed them while they were still unrepentant: in fact, it killed them because they were unrepentant. (203)
>
> But we make the brain perfect before we blow it out. (205)

Das Ziel, zu dem Winston hingeführt wird, ist die freiwillige Unterwerfung unter den Willen des Staates; er wird zu einem leeren Gefäß, das mit den Inhalten der Partei gefüllt wird, so daß die Schlußsätze lauten können:

> He had won the victory over himself. He loved Big Brother. (239)

Winston Smith – ein tragischer Held?

Winston Smith ist in der vorliegenden Sekundärliteratur als ein tragischer Held bezeichnet worden; „er ist tragisch . . . in dem Sinne, daß mit seiner Vernichtung etwas untergeht, was nicht untergehen darf".[22] Wenn man Winston Smith und den gesamten Roman *1984* zu der Shakespeareschen Tragödien-Konzeption in Beziehung setzt (Orwell selbst suggeriert ähnlich wie Huxley in *Brave New World* durch Anspielungen auf Shakespeare eine solche Betrachtungsweise), dann muß zugleich hervorgehoben werden, daß in der Wechselbeziehung zwischen Individuum und Staat im Roman des 20. Jh.s eine deutliche Akzentverlagerung zu beobachten ist. Sieht Shakespeare im Staat noch eine vernünftige Ordnungsform menschlichen Zusammenlebens, die in der Sozialnatur des Menschen begründet, die geschichtlich gewachsen und die letztlich auf eine göttliche

Weltordnung bezogen ist, so hat sich bei Orwell die Perspektive verdüstert: Die Brutalität, die Shakespeare seinen Tyrannen, Intriganten und Usurpatoren zuschreibt, ist hier höchstes und unumstößliches Gesetz geworden. Der Staat ist der Leviathan, der alle verschlingt, die sich ihm widersetzen. Dadurch ist das Individuum auf einen verlorenen Posten gerückt: schon bei der ersten seelischen Regung, die vom verordneten Verhaltensmuster abweicht, spürt Winston, daß er dem sicheren Untergang preisgegeben ist; und es ist bereits in der Forschung hervorgehoben worden, daß „Untergangsmetaphorik" seinen Weg ständig begleitet. Bei der Struktur des gesellschaftlichen und politischen Lebens, das Orwell beschreibt, kann es nicht mehr zu einer Auseinandersetzung zweier ebenbürtiger Gegner kommen wie bei Shakespeare. Es gibt keinen Willenskampf mehr, wie er sich in *Hamlet* zwischen dem Helden und dem König abspielt, sondern nur noch die zunehmende Einsicht, daß individuelles Dasein (im Sinne der liberalistischen Tradition) eine Illusion ist. Ein soziales Miteinander, das sich auf der vollen Entfaltung individueller Fähigkeiten aufbauen könnte, ist in dem Staat Orwells ebenso undenkbar wie eine staatliche Ordnung, die ihrerseits auf die Absicherung von Freiheitsräumen bedacht ist. Wenn daher von Tragik in der Auslöschung des Winston Smith die Rede ist, dann setzt eine solche Deutung voraus, daß einerseits individuelle Freiheit als höchster Wert anzuerkennen ist und daß andererseits die bewußte Negation eben dieses humanen Wertes für unabwendbar angesehen wird. Die Orwellsche Tragik unterscheidet sich jedoch von der Tragik in Shakespeares Dramen dadurch, daß der Held nicht mehr in einen Handlungszusammenhang einbezogen ist. Winstons ,Handeln' ergibt sich nicht aus einer energischen Konfrontation mit den Mächtigen, sondern aus dem Verzicht auf eine solche Konfrontation. Er ist der gescheiterte Eskapist, für den es weder in der ländlichen Idylle noch in einem Raum über dem Trödelladen auf die Dauer individuelles Glück geben kann. Winston steht damit in der Nachbarschaft moderner Romancharaktere – wie sie bei Hardy und Conrad anzutreffen sind –, für die die überindividuellen Mächte und Zwänge so stark sind, daß sie sich ihnen nicht mehr widersetzen können. Während jedoch Hardy und Conrad von Fate und Fortune sprechen, d. h. die Zwänge in die metaphysische Weltordnung transponieren und dem Leser nahelegen, daß der Mensch in einem maliziösen Universum nichts ausrichten könne, findet Orwell das Prinzip maliziöser Macht im Staat und im Menschen selber – wobei er als Autor des Jahres 1949 unterstellt, daß die Menschen noch mächtig genug sind, zu verhindern, was 1984 Realität werden könnte, falls sie in ihrem tagespolitischen Handeln nicht resignieren.

Von den Entwicklungsphasen her, die sich in Winstons Leben abzeichnen, läßt sich auch ein Zugang zur Gesamtstruktur des Werkes gewinnen. Wie H.-J. Lang[23] gezeigt hat, kann von Winston und seinen Beziehungen zu Julia her das Strukturmuster des Romans wie folgt umschrieben werden: Teil I: Alone; Teil II: Together; Teil III: Apart. Und auch die zeitliche Perspektivierung weist eine deutliche Akzentverlagerung auf: In Teil I versucht Winston sich in die Vergangenheit zu versetzen; in Teil II ist er in der Liebesbegegnung mit Julia ganz auf die unmittelbare Gegenwart bezogen; in Teil III lenkt O'Brien seine Gedanken auf seine zukünftige Existenzweise, auf seine ‚regeneratio' im Sinne der Partei.

Auch in der äußeren chronologischen Ordnung der Geschehnisse zeichnet sich ein klares Strukturmuster ab: Der Roman beginnt an einem kalten Apriltag, der erste Ausflug mit Julia ist auf den 2. Mai datiert, weitere Begegnungen finden im Juni statt; nach ihrer Verhaftung begegnen sie sich zum letzten Mal „on a vile, biting day in March" (233). Die Ereignisse, von denen der dritte Teil berichtet, wären demnach in den Winter zu datieren. Winstons Leben wird also eingefangen durch den Zyklus des Jahres. Ein derartiges zyklisches Modell kann zwar in mittelalterlicher Literatur (man denke an den Anfang von Chaucers Prolog zu den *Canterbury Tales*: „Whan that Aprill with his shoures soote . . .") als ein natürliches Symbol für eine ‚regeneratio' verstanden werden, die zugleich auf eine übernatürliche ‚regeneratio' hinweist. In dem Staat, den Orwell beschreibt, und in Winstons Schicksal erscheinen solche Anklänge an die religiöse Tradition jedoch nur in pervertierter und parodistischer Form. Die ‚regeneratio', die Winston unter den Augen des ‚Priesters der Macht' erlebt, fügt ihn ganz in das vom Staat und der Partei konzipierte Schema ein, das auf die ständige Wiederholung des Gleichen abzielt. Im Zyklus der Natur spiegelt sich bei Orwell daher nicht mehr als dieses Gesetz, auf das die staatliche Ordnung abgestellt ist. Wenn die Mai- und Junilandschaft für Winston die Verwirklichung seines Traumes vom Golden Country darstellt, wenn er glaubt, mit Julia eine paradiesische Wirklichkeit zu erleben, so erweist sich diese Vorstellung als eine Illusion, die die Wächter des Staates in dem Augenblick zerstören, in dem er mit der Lektüre von Goldsteins Buch – bildlich gesprochen – die Frucht vom Baum der Erkenntnis pflückt. Daß die Natur und die Zeit auf das Verhängnis, das Winston selbst heraufbeschwört, hindeuten, beweist der erste Satz des Romans; der Apriltag, an dem das Geschehen einsetzt, ist zwar klar, aber auch kalt; und wenn es bei der Zeitangabe abweichend von den englischen

Gepflogenheiten heißt: „and the clock was striking thirteen", dann ist damit eine unheilvolle Vorausdeutung an den Anfang des Romans gestellt, die durch die Leitmotive und Symbole noch abgestützt wird.

Leitmotive und Symbole

Als Beispiel für die Leitmotivtechnik Orwells sei ein Kinderreim angeführt, den Mr. Charrington zitiert, als er Winston das Zimmer über dem Trödelladen zeigt und Winstons Blick dabei auf einen Stich fällt, auf dem die Kirche St. Clement Danes dargestellt ist. Zunächst kann sich Mr. Charrington nur an den Anfang: „Oranges and lemons, say the bells of St. Clement's" (82) erinnern; er weiß jedoch, daß der Kinderreim mit den Zeilen endete: „Here comes a candle to light you to bed, here comes a chopper to chop off your head". Für Winston, der anschließend noch einen Reim des Kinderverses hört, sind diese Zeilen ein Teil der verschütteten Vergangenheit, und wenn er hofft, noch weitere Zeilen aus dem Gedächtnis des Mr. Charrington hervorlocken zu können, dann entspricht dies seiner individuellen Einstellung zur Vergangenheit und zur Geschichte überhaupt. Winston ist überrascht, als bei späteren Gelegenheiten Julia ein weiteres Reimpaar beisteuert (vgl. 120), das sie von ihrem Großvater her in Erinnerung hat, und als ihm schließlich O'Brien die ganze Strophe mitteilt (vgl. 145). Der Kinderreim wird für Winston zu einer Art Geheimsprache, mit der sich all diejenigen verständigen, die wie er sich von der Gegenwart abwenden. Seine Illusion, als Rebell aus dem bestehenden System ausbrechen zu können, spiegelt sich in der Tatsache, daß er dem Schluß des Kinderreims „Here comes a candle to light you to bed, here comes a chopper to chop off your head!", an den sich Mr. Charrington wie Julia ebenfalls erinnern, keine Beachtung schenkt (vgl. 82, 120). Erst als er mit Julia von der Thought Police gestellt wird und das Bild von St. Clement Danes von der Wand fällt, begreift er den Sinn dieses Reimpaars: es wird in dieser Situation erneut von Mr. Charrington gesprochen, der sich auf diese Weise als ein Mitglied der Thought Police zu erkennen gibt.

In ähnlicher Weise werden Sätze wie „We shall meet in the place where there is no darkness" (23), „We are the dead" (111), „If there is hope, it lies in the proles" (59), „Two plus two make four" (200) als Leitmotive verwendet, die – wie bei der Interpretation der Thematik bereits gezeigt wurde – in variierter Form wiederholt werden, um auf die verschiedenen Phasen in Winstons Entwicklung hinzudeuten.

Die gleiche Funktion erfüllen auch zentrale Symbole wie der Briefbeschwerer oder die Ratten.[24] Der Briefbeschwerer, eine gläserne Halbkugel, in die ein Gebilde eingeschlossen ist, das die Form einer Rose oder einer Seeanemone hat, ist für Winston das Symbol der Reinheit und Zartheit, die nur in friedlicher Abgeschlossenheit gedeihen kann. In dem Augenblick, in dem Winstons Rebellion scheitert, wird auch der Briefbeschwerer von einem der schwarzuniformierten Männer, die ihn verhaften, auf der Kaminplatte zerschlagen. Dem Symbol des Briefbeschwerers ist als Kontrast das Symbol der Ratten zugeordnet, die ein Zeichen der grausamen Brutalität sind, die Winston fürchtet und der er sich schließlich unterwirft, als er Julia verrät. Die Verwendung von Leitmotiven und Symbolen läßt erkennen, daß Orwell seinen Roman bewußt strukturiert hat. Es gibt kaum einen Satz, eine Wendung, ein Bild oder eine Dialogpassage, die nicht auf das Ende Winstons bezogen sind. Das System zukunftsgewisser Vorausdeutungen ist in diesem Roman mit größtem erzählerischen Raffinement ausgestaltet. All dies beweist, daß der Roman *1984* ein Beispiel für die „Perfektion der Technik" ist, die das Erzählen im 20. Jahrhundert erreichte.

Die „Perfektion der Technik" im ästhetischen und im politischen Bereich

Diese Perfektion entspricht der Perfektion des politischen Systems, das Orwell darstellen und entlarven möchte. Auch dort ist jeder Schritt perfekt geplant, jeder Vorgang manipuliert (oder manipulierbar). Die Vorstellung, daß der Staat wie ein Kunstwerk aufzubauen sei, die in der Renaissance entstand und auf die bei der Interpretation der *Utopia* Thomas Mores hingewiesen wurde, läßt sich auch auf Orwells Staat übertragen, wenngleich sofort hinzuzufügen ist, daß der Staat, den er schildert, die Beziehungen zur ‚natura' im Sinne des Thomas Morus verloren hat und die Vernunft, die diesen Staat regiert, die Vernunft des technologischen Zeitalters ist. Als autonomes Werk verstanden, ist der Staat, den Orwell schildert, eine Schreckensvision, in der das Humanum – ähnlich wie bei Huxley – nur im scheiternden Helden oder in Ansätzen in den Proles noch faßbar ist.

Der Leser ist gezwungen, Orwells Kommentare zum eigenen Werk hinzuzunehmen, wenn er erfahren möchte, ob es zu dieser Zukunftsvision eine Alternative gibt. Mit diesem Werk verdeutlicht Orwell nicht nur das Dilemma des autonomen Staates, sondern auch das der autonomen Kunst. Als isoliertes ästhetisches Gebilde verstanden, ist *1984* ein Dokument eines künstlerischen Solipsismus, der seine eigene Ausweglosigkeit spiegelt. Als Teil von Orwells politischer Strategie verstanden, erscheint das gleiche Werk als ein Instrument der politischen Schocktherapie, die ein Einzelgänger unter den englischen Sozialisten sich ausdachte.[25]

[1] Vgl. dazu Richard Rees, George Orwell: Fugitive from the Camp of Victory, London, 1961, 97.

[2] Eine übersichtliche und gedrängte Darstellung des gesamten literarischen Schaffens von George Orwell bietet Edward M. Thomas, Orwell, Edinburgh, London, 1965.

[3] Vgl. Burmeese Days (1934), A Clergyman's Daughter (1935), Keep the Aspidistra Flying (1936), Coming up for Air (1939).

[4] Vgl. Down and Out in Paris and London (1935), The Road to Wigan Pier (1937), Homage to Catalonia (1938).

[5] George Orwell, Why I Write, in: George Orwell, The Collected Essays, Journalism and Letters of George Orwell, ed. by Sonia Orwell and Ian Angus, vol. I: An Age Like This 1920–1940, London, 1968, 4–5.

[6] Vgl. hierzu Alex Zwerdling, Orwell and the Left, New Haven, London, 1974.

[7] Zur Rezeption von Orwells *1984* vgl. die Abhandlung von H.-J. Lang, Orwells dialektischer Roman – Nineteen Eighty-Four, in: W. Ritzel (ed.), Rationalität – Phänomenalität – Individualität. Festgabe H. u. M. Glockner. Bonn, 1966, 301–341; insbesondere 301–308.

[8] Vgl. hierzu William Steinhoff, George Orwell and the Origins of 1984, Ann Arbor, 1975, 13–14 sowie Richard J. Voorhees, The Paradox of George Orwell, West Lafayette, Ind., 1961, 61.

[9] Vgl. hierzu auch H. Schulte-Herbrüggen, Utopie und Anti-Utopie: Von der Strukturanalyse zur Strukturtypologie, Beiträge zur Englischen Philologie 43, Bochum, 1960, 175–176.

[10] George Orwell, Will Freedom die with Capitalism, in: Left News, April 1941, 1684.

[11] Zur Frage des „Newspeak" vgl. William Steinhoff, Orwell and the Origins of 1984, 160 ff.

[12] H. K. Ogden, The System of Basic English, New York, 1930, 57. Zitiert nach: Howard Fink, Newspeak: The Epitome of Parody Techniques in Nineteen Eighty-Four, Critical Survey 5 (1971), 160.

[13] Vgl. Howard Fink, Newspeak: The Epitome of Parody Techniques in Nineteen Eighty-Four, 155 ff.

[14] Vgl. hierzu Isaac Deutscher, 1984 – The Mysticism of Cruelty, in: Isaac Deutscher, Russia in Transition, New York, 1957; der Aufsatz ist aufgenommen in: S. Hynes (ed.), Twentieth Century Interpretations of 1984: A Collection of Critical Essays, Englewood Cliffs, N.J., 1971, 29–40; vgl. insbesondere 37–38. Weiterhin sei verwiesen auf: Alex Zwerdling, Orwell and the Left, 86 ff. and 102 f. und William Steinhoff, Orwell and the Origins of 1984, 201 ff.

[15] George Orwell, The Collected Essays, Journalism and Letters, ed. by Sonia Or-

well and Ian Angus, vol. IV: In Front of Your Nose 1945–50, London, 1968, 160–161.

[16] George Orwell, The Collected Essays, Journalism and Letters, IV, 317.

[17] Vgl. hierzu Irving Howe, Politics and the Novel, London, 1961, 243.

[18] Vgl. hierzu Ludwig Borinski, Meister des modernen englischen Romans, Heidelberg, 1963, 265.

[19] Bernhard Fehr, Substitutionary Narration and Description, in: Bernhard Fehr, Von Englands geistigen Beständen, Ausgewählte Aufsätze, Frauenfeld, 1944, 266.

[20] Vgl. in diesem Zusammenhang auch Joseph Slater, The Fictional Values of 1984, in: R. Kirk u. C. F. Main (edd.), Essays in Literary History Presented to J. Milton French, New Brunswick, N.J., 1960, 253.

[21] Zur Funktion der Träume vgl. H.-J. Lang, Orwells dialektischer Roman – Nineteen Eighty-Four, 331 ff.

[22] Bernd-Peter Lange, Literarische Form und politische Tendenz bei George Orwell, Braunschweiger Anglistische Arbeiten, Heft 6, Braunschweig, 1975, 102.

[23] Vgl. H.-J. Lang, Orwells dialektischer Roman – Nineteen Eighty-Four, 338.

[24] Über die Symbolik vgl. H. J. Lang, Orwells dialektischer Roman – Nineteen Eighty-Four, 331 ff. und Keith Alldritt, The Making of George Orwell: An Essay in Literary History, London, 1969, 150–178, insbesondere 169 ff.

[25] Vgl. in diesem Zusammenhang auch die Abhandlung von George Kateb, The Road to 1984, Political Science Quarterly 81 (1966), 564–580, insbesondere 579 f.

1. In welcher Weise steuert Orwell die Leserreaktionen durch die Erzähltechnik?
2. In welcher Weise hat Orwell naturalistische und symbolistische Stilelemente miteinander verbunden?
3. Untersuchen Sie Formen und Funktionen der Satire in *1984*.
4. Welche Funktionen haben religiöse Bilder, Begriffe und Wertvorstellungen in *1984*.
5. Untersuchen Sie die erzählerische Behandlung von Raum und Zeit in *1984*.
6. Interpretieren Sie im einzelnen die Funktion der Träume in *1984*.
7. Analysieren Sie die erzählerische Darstellung der Beziehungen zwischen Winston und Julia.
8. Mit welchen erzählerischen Mitteln schildert Orwell die eigentümliche Atmosphäre, die in dem von ihm entworfenen Zukunftsstaat herrscht?
9. Analysieren Sie die Funktion dinglicher Details in *1984*.
10. Welche Beziehungen sehen Sie zwischen der Situation Englands im Jahre 1948 und den in *1984* dargestellten Verhältnissen?
11. Wie werden in Orwells Zukunftsstaat Tradition und Geschichte bewertet?
12. Wie beurteilt James Burnham in *The Managerial Revolution* (1941) die Entwicklung der Großmächte? In welcher Weise verarbeitete Orwell in *1984* Burnhams Theorien?
13. Wie sieht Orwell in seinem *1984* den englischen Sozialismus? Wie äußert er sich zu diesem Thema außerhalb seines Romans?
14. Vergleichen Sie Orwells *1984* mit Eygenij I. Zamjatins Roman *My* (1924); deutsche Übersetzung von G. Drohla: *Wir*, Köln (1958). Untersuchen Sie die Figurengestaltung und die Thematik.
15. Isaac Deutscher vertritt in seinem vielzitierten Aufsatz „1984 – the Mysticism of Cruelty" die Anschauung: „Like most British socialists, Orwell had never been a Marxist. The dialectical-materialist philosophy had always been too abstruse for him. From instinct rather than consciousness he had been a stanch rationalist." (Zitiert nach Samuel Hynes [ed.], Twentieth Century Interpretations of 1984, Englewood Cliffs, N. J., 1971, 36).
Nehmen Sie zu dieser These Stellung.

16. Irwing Howe bemerkt in seinem Aufsatz „1984: History as Night-mare": „1984 projects a nightmare in which politics has displaced humanity and the state has stifled society. In a sense, it is a profoundly antipolitical book, full of hatred for the kind of world in which public claims destroy the possibilities for private life; and this conservative side of Orwell's outlook he suggests, perhaps unconsciously, through the first name of his hero." (Zitiert nach Samuel Hynes [ed.], Twentieth Century Interpretations of 1984, 44.)

Teilen Sie die Meinung, *1984* sei „a profoundly antipolitical book"? Begründen Sie Ihr Urteil an Hand von Textstellen.

17. Richard Gerber wandte gegen Orwells *1984* folgendes ein: „A utopia cannot bear such tragedy. A utopian tragedy tends to be hysterical or sentimental. Being seriously crushed by a utopian hypothesis is the sign of a morbidly brooding mind." (Richard Gerber, Utopian Fantasy: A Study of English Utopian Fiction since the End of the Nineteenth Century, London, 1955, 129).

Trifft dieses Urteil zu? Versuchen Sie Ihre Stellungnahme aus dem Text zu belegen.

XXVIII AUSWAHLBIBLIOGRAPHIE ZU GEORGE ORWELL

Alldritt, K., The Making of George Orwell. An essay in literary history. London, 1969

Alldritt, K., „George Orwells 1984", in: W. Erzgräber (ed.), Interpretationen 9, Englische Literatur von Oscar Wilde bis Samuel Beckett. Frankfurt/M. 1970, 190–219

Atkins, J., George Orwell: A Literary Study. London, 1954

Brander, L., George Orwell. London, 1954

Broich, U., Gattungen des modernen englischen Romans, Wiesbaden, 1975, 112–116

Calder, J., Chronicles of Conscience: A Study of George Orwell and Arthur Koestler. London, 1968

Deutscher, I., „1984 – The Mysticism of Cruelty", in: Russia in Transition and Other Essays. New York, 1960

Elsbree, L., „The Structured Nightmare of 1984", Twentieth Century Literature 5 (1959), 135–141

Fink, H., „Newspeak: the Epitome of Parody Techniques in Nineteen Eighty-Four", Critical Survey 5 (1971), 155–163

Greenblatt, S. J., Three Modern Satirists: Waugh, Orwell, and Huxley. New Haven, Conn., 1965

Gross, M. (ed.), The World of George Orwell. London, 1971

Hamblock, D., George Orwell: Versuch einer literarischen Bestandsaufnahme. Diss. Bochum, 1969

Harris, H. J., „Orwell's Essay and 1984", Twentieth Century Literature 4 (1959), 154–161

Hollis, C., A Study of George Orwell: The Man and His Work. London, 1956

Hopkinson, T., George Orwell. (Writers and their Work, 39), London, 1953

Howe, I., Politics and the Novel. New York, 1957

Howe, I. (ed.), Orwell's Nineteen Eighty-Four: Text, Sources, Criticism. New York, 1963

Hynes, S. (ed.), Twentieth Century Interpretations of 1984. A Collection of Critical Essays. Englewood Cliffs, N.J., 1971

Kalechofsky, R., George Orwell. New York, 1973

Kateb, G., „The Road to 1984", Political Science Quarterly 81 (1966), 564–580

Krause, G., „George Orwells Utopie 1984. Ein Beitrag zur Würdigung des Dichters und politischen Kritikers", Die Neueren Sprachen 3 (1954), 529–543

Kubal, D. L., Outside the Whale: George Orwell's Art and Politics. Notre Dame, Ind., 1972

Lang, H.-J., „Orwells dialektischer Roman – Nineteen Eighty-Four", in: W. Ritzel (ed.), Rationalität – Phänomenalität – Individualität. Festgabe H. u. M. Glockner. Bonn, 1966, 301–341

Lang, H.-J., George Orwell, in: R. Sühnel und D. Riesner (edd.), Englische Dichter der Moderne. Berlin, 1971, 423–438

Lange, H.-D., Literarische Form und politische Tendenz bei George Orwell. (Braunschweiger Anglistische Arbeiten 6), Braunschweig, 1975

Lee, R. A., Orwells Fiction. Notre Dame, Ind., 1969

Maddison, M., „1984: A Burnhamite Fantasy?", Political Quarterly 32 (1961), 71–79

Meyers, J., A Reader's Guide to George Orwell. London, 1975

O'Brien, C. C., Writers and Politics. New York, 1964

Potts, P., Dante Called You Beatrice. London, 1960

Rahv, P., „The Unfuture of Utopia", Partisan Review (1949), 743–749

Rees, R., George Orwell: Fugitive from the Camp of Victory. London, 1961

Rieff, P., „George Orwell and the Post-Liberal Imagination", Kenyon Review (1954), 49–70

Sandison, A., The Last Man in Europe: An Essay on George Orwell. London, 1974

Seeber, H. U., Wandlungen der Form in der literarischen Utopie. Studien zur Entfaltung des utopischen Romans in England. (Göppinger Akademische Beiträge 13), Göppingen, 1970, 219–233

Slater, J., „The Fictional Values of 1984", in: R. Kirk u. C. F. Main (edd.), Essays in Literary History Presented to J. Milton French. New Brunswick, N.J., 1960, 249–264

Small, C., The Road to Miniluv: George Orwell, the State, and God. London, 1975

Steinhoff, W., George Orwell and the Origins of 1984. Ann Arbor, 1975

Thomas, E. M., Orwell. Edinburgh, London, 1965

Trilling, L., „George Orwell and the Politics of Truth", in: The Opposing Self. New York, 1959, 151–172

Tuzinski, K., Das Individuum in der englischen devolutionistischen Utopie. Tübingen, 1965

Voorhees, R. J., The Paradox of George Orwell. West Lafayette, Ind., 1961

Westlake, J. H. J., „Aldous Huxley's Brave New World and George Orwell's Nineteen Eighty-Four: A Comparative Study", Die Neueren Sprachen 21 (1972), 94–101

Williams, R., Culture and Society. London, 1958

Williams, R., George Orwell. New York, 1971

Williams, R. (ed.), George Orwell: A Collection of Critical Essays. Englewood Cliffs, N.J., 1974

Woodcock, G., The Crystal Spirit: A Study of George Orwell. Boston, 1966

Woodcock, G., „Utopias in Negative", Sewanee Review 64 (1956), 81–97

Zwerdling, A., Orwell and the Left. New Haven, London, 1974

XXIX AUFGABEN FÜR EINE ABSCHLIESSENDE BETRACHTUNG
(Bearbeiten Sie eines der beiden folgenden Themen)

1. Der utopische Staat, den Morus 1516 schilderte, ist nach den Darlegungen von Hythlodeus auf den Prinzipien der Natur und der Vernunft aufgebaut. Inwiefern kann man sagen, daß damit auch Leitmotive benannt sind, die sich durch die Geschichte der englischen Utopie und auch der Anti-Utopie hindurch verfolgen lassen? In welcher Weise hat sich die Bedeutung des Vernunft- und Naturbegriffes im 19. und 20. Jahrhundert im Vergleich zu dem Bedeutungsgehalt der Begriffe „ratio" und „natura" bei Thomas Morus gewandelt?

2. In der Rede, die Max Frisch anläßlich der Verleihung des Friedenspreises des Deutschen Buchhandels 1976 in der Frankfurter Paulskirche hielt, finden sich folgende Sätze: „Ob es die Utopie ist von einer brüderlichen Gesellschaft ohne Herrschaft von Menschen über Menschen oder die Utopie einer Ehe ohne Unterwerfung, die Utopie einer Emanzipation beider Geschlechter; die Utopie einer Menschenliebe, die sich kein Bildnis macht vom anderen, oder die Utopie einer Seligkeit im Kierkegaardschen Sinn, indem uns das allerschwerste gelänge, nämlich daß wir uns selbst wählen und dadurch in den Zustand der Freiheit kommen; die Utopie einer permanenten Spontaneität und Bereitschaft zur Gestaltung-Umgestaltung (nach Johann Wolfgang Goethe: des ewigen Sinnes ewige Unterhaltung), alles in allem: die Utopie eines kreativen und also verwirklichten Daseins zwischen Geburt und Tod – eine Utopie ist dadurch nicht entwertet, daß wir vor ihr nicht bestehen. Sie ist es, was uns im Scheitern noch Wert gibt. Sie ist unerläßlich, der Magnet, der uns zwar nicht von diesem Boden hebt, aber unserem Wesen eine Richtung gibt in schätzungsweise 25000 Alltagen. Ohne Utopie wären wir Lebewesen ohne Transzendenz." (Zitiert nach: Frankfurter Allgemeine Zeitung, 20. September 1976, Nr. 210, S. 5–6).

   Max Frisch bezieht sich auf Kierkegaard und Goethe; erläutern Sie, in welcher Weise sich auch Verbindungslinien zu den in diesem Studienbuch behandelten Werken ziehen lassen.

   Wie deuten Sie den letzten Satz von Max Frisch: „Ohne Utopie wären wir Lebewesen ohne Transzendenz."?

REGISTER

Von Claudia Stehle

Vorbemerkung

1. Die aufgeführten Werke sind ausschließlich Texte der Primärliteratur; Werke der Sekundärliteratur wurden nicht erfaßt.
2. Im Sachregister wird nur eine Auswahl von Belegstellen für die aufgeführten Stichwörter verzeichnet. Stellen, die keinerlei Aufschluß über Bedeutung und Funktion der genannten Begriffe vermitteln, blieben unerwähnt.

Personen- und Werkregister